桑园子黄河大桥建设笔记

甘肃路桥建设集团有限公司 ◇ 编著

人民交通出版社

北京

内容提要

本书系统全面地介绍了桑园子黄河大桥的设计与施工。全书分为五篇：第一篇为工程概况，介绍了斜拉桥的发展和桑园子黄河大桥的概况；第二篇为工程设计，介绍了大桥总体施工设计、关键临时设施设计、主要机械设备规划；第三篇为工程管理，介绍了大桥各方面管理方法；第四篇为工程施工，介绍了大桥的施工总体部署、施工方案和构件施工方法等内容；第五篇为文化建设，介绍了大桥的党建文化与人才培养。

本书为桥梁设计与施工类著作，可供行业内相关设计、施工技术人员参考使用，也可作为高等院校高年级本科生及研究生的参考资料。

图书在版编目(CIP)数据

桑园子黄河大桥建设笔记／甘肃路桥建设集团有限公司编著. — 北京：人民交通出版社股份有限公司，2024.8. — ISBN 978-7-114-19705-5

Ⅰ．U448.22

中国国家版本馆 CIP 数据核字第 2024RY6364 号

Sangyuanzi Huang He Daqiao Jianshe Biji

书　　名：	桑园子黄河大桥建设笔记
著 作 者：	甘肃路桥建设集团有限公司
责任编辑：	郭晓旭
责任校对：	赵媛媛　卢　弦
责任印制：	刘高彤
出版发行：	人民交通出版社
地　　址：	(100011)北京市朝阳区安定门外外馆斜街 3 号
网　　址：	http://www.ccpcl.com.cn
销售电话：	(010)85285857
总 经 销：	人民交通出版社发行部
经　　销：	各地新华书店
印　　刷：	北京市密东印刷有限公司
开　　本：	787×1092　1/16
印　　张：	20.75
字　　数：	385 千
版　　次：	2024 年 8 月　第 1 版
印　　次：	2024 年 8 月　第 1 次印刷
书　　号：	ISBN 978-7-114-19705-5
定　　价：	88.00 元

(有印刷、装订质量问题的图书，由本社负责调换)

本书编委会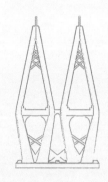

主　　编：杨黎明

副 主 编：王　伟　　柯正雄　　惠鹏嘉

参编人员：王树明　　方　顺　　毛　红　　成金刚　　郑尚进

　　　　　张录生　　张大宇　　杨爱兵　　杨世平　　陈瀚霖

　　　　　岳　阳　　柳胜荣　　姜国朋　　赵梓轩　　赵志刚

　　　　　谈存红　　康　雨　　康　健　　廉建辉　　陈斌贵

　　　　　李　振　　车　永

PREFACE 前言

桑园子黄河大桥是世界上首座采用屈曲耗能支撑连接的分幅联塔斜拉桥,也是全国交通运输行业首个"揭榜挂帅"制实施的工程项目。桑园子黄河大桥位于甘肃省榆中县黄河桑园峡谷,跨越黄河、陇海铁路、省道公路、桑园子天险文保区。作为 G312 线清水驿至傅家窑公路工程的控制性工程和甘肃省境内仅有的双向八车道四塔三跨钢混组合梁斜拉桥,该桥是国内地震烈度Ⅷ度以上地震区最大跨径分幅联塔斜拉桥,同时也是黄河上游最宽、规模最大的斜拉桥。桑园子黄河大桥在建设施工过程中,项目参建人员克服诸多挑战,经过 1600 多个日夜的坚守和付出,大桥最终顺利建成通车。桑园子黄河大桥对构建黄河上游交通生态廊道,加快推动兰州与周边区域交通一体化发展具有重要意义。

本书依托桑园子黄河大桥项目设计、施工及技术创新成果,系统总结了桑园子黄河大桥项目建设过程中设计、施工、管理、科技创新、文化方面取得的成果。全书分为五篇,第一篇为工程概况,介绍了斜拉桥的发展和桑园子黄河大桥的概况;第二篇为工程设计,介绍了大桥总体施工设计、关键临时设施设计、主要机械设备规划;第三篇为工程管理,介绍了大桥各方面管理方法;第四篇为工程施工,介绍了大桥的施工总体部署、施工方案和构件施工方法等;第五篇为文化建设,介绍了大桥的党建文化与人才培养。

本书由杨黎明担任主编,统筹全书编写工作,王伟、柯正雄、惠鹏嘉担任副主编,分别负责各篇的统筹编写工作。第一~四章、第六章、第十二章及第十四章由王树明负责编写,第五章由康健负责编写,第七章由谈存红、成金刚负责编写,第八章由郑尚进负责编写,第九章由王树明、杨世平、车永、康雨、赵梓轩、谈存红、郑尚进负责编写,第十章由张录生、陈斌贵、成金刚、杨爱兵、康雨、王树明、张大宇、姜国朋、陈瀚霖、柳胜荣、岳阳、方顺、廉建辉、康健、毛红、

李振负责编写,第十一章由王树明、康雨负责编写,第十三章由王树明、赵志刚负责编写。全书由王树明统稿,校对。

  本书为桥梁设计与施工类著作,可供行业内相关设计、施工技术人员参考使用,也可作为高等院校高年级本科生及研究生的参考资料。本书汇集了编委会的集体智慧,感谢人民交通出版社为本书的出版所付出的辛勤劳动。尽管编委会对于本书的编写投入了大量的时间及精力,但由于认识的局限及书稿涉及内容之广泛,书中难免存在不足之处,恳请专家及读者谅解、指正。

  谨以此书献给桑园子黄河大桥项目的建设者们,他们克服了极端环境、技术空白等重重困难,构筑了一条具有里程碑意义的现代化交通要道,桑园子黄河大桥必将成为丝绸之路上一颗璀璨明珠。

本书编委会
2024 年 6 月

CONTENTS 目 录

第一篇 工程概况

第一章 斜拉桥发展 ······ 3
第二章 双幅联塔斜拉桥特点及应用 ······ 11
第三章 桑园子黄河大桥斜拉桥概况 ······ 15
第四章 组织架构及人员配置 ······ 27

第二篇 工程设计

第五章 总体施工设计 ······ 41
第六章 关键临时设施设计 ······ 49
第七章 主要机械设备规划 ······ 65

第三篇 工程管理

第八章 增值税策划总体效益 ······ 111
第九章 项目管理 ······ 117

第四篇 工 程 施 工

第十章 施工技术 ……………………………………………………………… 181
第十一章 智慧建造 …………………………………………………………… 285
第十二章 科研创新 …………………………………………………………… 293

第五篇 文 化 建 设

第十三章 党建+文化建设 …………………………………………………… 315
第十四章 人才培养 …………………………………………………………… 319

参考文献 ………………………………………………………………………… 322

第一篇 工程概况

CHAPTER 01
第一章

斜拉桥发展

斜拉桥是一种以主梁、桥塔受压弯为主、拉索受拉的桥梁，是由梁、塔、索三部分组成的一种组合体系结构。斜拉桥以其合理的结构形式、优美的外形和相对经济的造价已成为当代大跨径桥梁的最主要桥型之一。最早在17世纪就出现了斜拉桥的雏形，但是由于当时对于斜拉桥不够了解，相关理论知识和施工技术都不成熟，导致斜拉桥的研究一直处于停滞状态，直到第二次世界大战以后，理论知识、新型材料以及科学技术的发展为斜拉桥的发展搭建了舞台。慢慢地，斜拉桥进入了大众视野。整个斜拉桥的发展大致分为三个阶段。

第一阶段：1956—1967年，属于稀索体系时期。斜拉桥的设计施工主要依靠手算，因为有关施工控制的软件还没问世，因此，工程师无法准确分析斜拉桥各结构的力学行为，大多靠经验来把控施工质量。这一阶段的代表性桥梁有：1956年建成于瑞典的斯特罗姆桑德大桥，如图1.1所示；1962年建成于德国的诺德雷尔贝大桥，如图1.2所示；1962年建成于委内瑞拉的马拉开波湖桥，如图1.3所示。

图1.1　斯特罗姆桑德大桥

第二阶段：1967—1985年，密索体系时期。此时已经可以通过计算机进行桥梁结构分析和计算，实现多次超静定结构的满足精度的计算。这一阶段的代表性桥梁有：1967年建成于德国的弗里德里克·埃伯特大桥，如图1.4所示；1974年建成于德国的科尔布兰德大桥，如图1.5所示；1984年建成于西班牙的卢纳桥，如图1.6所示。

图1.2 诺德雷尔贝大桥

图1.3 马拉开波湖桥

图1.4 弗里德里克·埃伯特大桥

图 1.5　科尔布兰德大桥

图 1.6　卢纳桥

第三阶段:1985 年至今,超大跨径时期。由于科技的不断进步,计算机技术得到了迅速的发展,使得有限元理论不断创新和完善、材料技术不断进步,斜拉桥从此进入快速发展时期,在结构形式、工序材料、宽度和跨径等方面都发生了翻天覆地的变化。近年来,已经有越来越多的学者加入对斜拉桥各种力学行为的研究中。这一阶段的代表性桥梁有:2012 年建成于俄罗斯的俄罗斯岛大桥,如图 1.7 所示;2018 年建成于中国的港珠澳大桥,如图 1.8 所示。可以看出,未来的斜拉桥发展将朝着大跨径方向发展。

随着对斜拉桥研究的不断深入,出现了一种钢混组合梁斜拉桥。该型桥是主梁下部采用钢箱梁结构，桥面采用混凝土结构，主梁与桥面通过连接件连接实现两者共同受力的一种斜拉桥。它的特点是跨越能力强、造价低、经济实用，这符合桥梁发展的主流方向。在钢混组合梁斜拉桥的设计中，利用混凝土桥面板来承担梁体的主要压应力，通过钢梁承担主要拉应力。这种双梁体系设计可将两种材料的优势发挥到最大，从而很大程度上提升整桥的受力性能，因此，这种钢混组合梁结构不仅有良好的结构性能、使用性能和经济效益，而且使得各种材料形成性能互补，充分发挥混凝土和钢材的优势，令斜拉桥的发展进入一个崭新的时代。

图 1.7　俄罗斯岛大桥

图 1.8　港珠澳大桥

随着斜拉桥的不断发展,世界上很多国家开始建设大跨径组合梁斜拉桥。表1.1所示是21世纪以来世界部分钢混组合梁斜拉桥工程实例。

21世纪以来世界部分钢混组合梁斜拉桥工程实例   表1.1

序号	桥名	主跨(m)	国家	建成年份
1	里奥-安托里恩大桥	560	希腊	2003
2	堪恰纳披色大桥	500	泰国	2007
3	苏腊马都大桥	434	印尼	2009
4	釜山巨济岛桥	475	韩国	2010
5	俄罗斯岛大桥	1104	俄罗斯	2012
6	新曼港大桥	470	加拿大	2012
7	釜山港大桥	540	韩国	2014

20世纪50年代左右,我国在冶金、煤矿、交通和电力等领域开始应用这种组合梁结构。从20世纪80年代开始,国内一些桥梁领域的专家对组合结构、剪力连接件和相关理论进行了试验研究,以聂建国为代表的众多专家针对钢混组合结构进行了大量试验理论研究,推动了我国组合梁和组合梁斜拉桥的发展。随着研究的深入,斜拉桥相关理论和技术逐渐走向成熟,人们不再满足于小跨径的组合梁桥,开始论证组合梁斜拉桥跨径经济性和可行性,发现组合梁斜拉桥的跨径在300~600m时相对比较经济,因此国内开始建设大跨径组合梁斜拉桥,例如1991年建成的跨径423m的南浦大桥,是我国第一座大跨径组合梁斜拉桥;2000年建成的主跨312m的芜湖长江大桥,是我国第一座公铁两用组合梁斜拉桥;2001年建成的跨径605m的青州闽江大桥是建成时我国乃至世界上跨径最大的组合梁斜拉桥。此外,还有杨浦大桥、鹤洞大桥、香港汀九大桥、香港汀水门桥等一批优秀的组合梁斜拉桥工程,见表1.2,使得我国已建大跨径钢混组合梁斜拉桥数量占世界总量的50%以上,并不断在跨径、形式上取得突破。

我国部分钢混组合梁斜拉桥工程实例   表1.2

序号	桥名	主跨(m)	建成年份
1	上海杨浦大桥	602	1993
2	香港特别行政区汀九大桥	475	1998
3	福建青州闽江大桥	605	2001
4	浙江东海大桥主航道桥	420	2005

续上表

序号	桥名	主跨(m)	建成年份
5	江苏苏通长江公路大桥	1088	2008
6	重庆江津观音岩长江大桥	436	2009
7	浙江清水浦大桥	468	2011
8	浙江椒江二桥	480	2014
9	广东港珠澳大桥青州航道桥	458	2018

CHAPTER
第 二 章

双幅联塔斜拉桥
特点及应用

第一节 双幅联塔斜拉桥结构特点

随着科技的进步和设计理念的创新,斜拉桥的设计水平和施工技术也在不断提高,除了主梁采用钢混结构增加桥梁的跨越能力,主塔结构形式也日新月异。为了满足交通量的需求,增大桥面的横向宽度,分幅联塔的设计应运而生。分幅联塔式斜拉桥的桥塔通常采用单塔和双塔两种形式,其中双塔又可采用分离、联塔两种结构形式。斜拉桥采用的拉索通常分为单索面和双索面两种,当桥面较宽时采用四索面的方式。而双幅联塔斜拉桥所采用的拉索方式就是四索面的方式,这种方式能够更好地应对较宽桥面的需要。

分幅联塔式主梁斜拉桥是一种设计和施工高度耦合的桥型,一般采用悬臂浇筑和悬臂拼装的分节段施工法。随着跨径和桥宽的增大,收缩徐变、温度效应、风荷载等引起的时空效应表现得越来越明显,给设计及施工带来了一定的难度。例如,拉索挠度过大、主梁和索塔中的压应力过大、主梁的抗扭刚度及侧向刚度不足、抗风稳定性差、施工中索力及高程难以控制以及斜拉索的使用寿命较短等。同时,独特的联塔结构也带来了一系列独特的力学行为。两幅桥主梁分离,索塔相联,两幅桥的受力呈现出耦合状态。一幅桥除受直接作用的斜拉索索力、恒载及其他荷载影响外,还对另一幅桥的斜拉索索力、恒载和其他荷载有一定的响应,该响应通过两索塔连接部位传递,响应程度不甚明确,取决于塔柱以及联结部位的刚度。在非一致作用下(如两幅桥施工进度不一,温度场,风荷载等非一致纵、竖、横向荷载与变形作用),联结部位均将承受复杂的弯扭剪等复合内力传递,在联结点处会产生较大的局部应力。塔联结部位结构的力学行为不仅与联塔本身构造相关,也受到塔主体结构形式、塔上横梁体系和其他结构构造的影响。

第二节 双幅联塔斜拉桥工程实例

目前,斜拉桥多采用的拉索布置是单索面和双索面形式,当桥面较宽时也可采用四索面形式,而双幅联塔这种结构形式正好对应四索面斜拉桥。双幅联塔四索面分幅主梁斜拉桥在国内外均比较罕见。

1. 弗雷德·哈特曼桥

世界上第一座双联塔四索面分幅主梁斜拉桥是主跨381m的弗雷德·哈特曼桥,位于美国得克萨斯州休斯敦港的主航道上,如图2.1所示,建成于1995年。本桥的最大特点是两座孪生桥并列修建,基础与桥面梁体分离,但两个菱形桥塔则是相连的,即形成双联塔结构。

图2.1 弗雷德·哈特曼桥

2. 丹山斜拉桥

丹山斜拉桥主桥为半漂浮体系双幅联塔四索面预应力混凝土斜拉桥,位于青银高速公路青岛段,跨径组合为(43 + 96 + 136)m。

该桥主梁采用双主梁的开口断面形式,主梁顶宽18.35m,中间设8m渐变段,边主梁高2.0m,桥面板厚25cm,每4m设一道横隔梁。中塔柱顺桥向长度3m,横桥向1.8m,下塔柱顺桥向长度从3m渐变至塔根部的4.6m,横桥向2.5m。桥塔横梁上设有滑动支座,辅助墩与共用墩顶均设置滑动支座,两幅桥塔相互固结成连体结构。这种造型为国内首创,造型十分新颖。该桥于2000年10月竣工,是我国第一座主塔连体斜拉桥。

还有其他经典的双幅联塔斜拉桥,例如位于澳门的西湾是一座双幅联塔四索面分幅主梁斜拉桥,其主跨为180m,如图2.2所示,建成于2004年;涡河五桥是安徽省亳州市蒙城县涡河流域上第一座独塔不对称斜拉桥,其主跨为165m,如图2.3所示,建成于2022年。

双幅联塔形式结构新颖,增大了横向抗弯惯性矩,在双幅主梁不加以横向连接的情况下,可提高全桥的横向刚度和稳定性。

图 2.2 西湾大桥

图 2.3 涡河五桥

CHAPTER 03
第 三 章

桑园子黄河大桥
斜拉桥概况

第一节 项目简介

一 项目概况

清水驿至傅家窑段公路(简称清傅公路)是 G312 上海至霍尔果斯公路的重要组成部分,也是榆中生态创新城至兰州市的快速通道之一。清傅公路起于榆中县清水驿乡,与 G312 顺接,途经夏官营镇、桑园子村、什川镇,止于皋兰县忠和镇,与已建兰秦快速路相接,全长 61.074km。桑园子黄河大桥如图 3.1 所示。

图 3.1 桑园子黄河大桥

作为 G312 清水驿至傅家窑公路工程的控制性工程,桑园子黄河大桥位于兰州榆中县黄河桑园峡谷,跨越黄河、陇海铁路、省道公路、桑园子天险文物保护区。桑园子黄河大桥建成后,对于构建甘肃省"三廊六通道"交通主骨架和黄河上游交通生态廊道,完善便捷顺畅、经济高效、绿色集约、智能先进、安全可靠的综合立体交通网,加快推动兰州与周边区域交通一体化发展,助推交通运输科技创新转型升级等具有十分重要的意义。

二 技术指标

桑园子黄河大桥采用设计施工总承包模式建设,桥梁全长1148m,桥塔采用菱形"双子塔"造型,南塔塔高152m,北塔塔高133m,其中南、北塔上塔柱高97m,南塔下塔柱高55m,北塔下塔柱高36m,桥轴线与黄河斜交约60°。大桥按双向八车道设计,左右幅分幅布置,全桥右幅跨径组合为(4×40)m钢混组合梁(南岸)+(45+106+328+94+57)m斜拉桥+(4×40)m钢混组合梁(北岸),桥梁全长959m,全桥左幅跨径组合为(2×40)m钢混组合梁+70m钢桁组合梁(南岸)+(57+94+328+94+57)m斜拉桥+(4×40)m钢混组合梁(北岸)。桑园子黄河大桥右幅设计参数如图3.2所示。

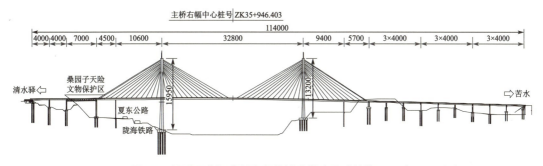

图3.2 桑园子黄河大桥右幅设计参数(尺寸单位:cm)

三 项目难点

桑园子黄河大桥作为甘肃境内仅有的双向八车道四塔三跨钢混组合梁斜拉桥,是国内地震烈度Ⅷ度以上地震区最大跨径分幅联塔斜拉桥,也是黄河上游最宽、规模最大的斜拉桥。在建设施工过程中,面临的挑战可以归纳为"三个多",即工程条件难点多、填补空白纪录多、施工环节攻关多,如图3.3所示。

a) 工程条件难点　　b) 填补空白纪录　　c) 施工环节攻关

图3.3 桑园子黄河大桥工程特征

1. 工程条件难点多

（1）地震烈度高：作为国内地震烈度Ⅷ度以上地震区最大跨径的分幅联塔斜拉桥，桥梁地处青藏高原东北部地震区、兰州7.5级潜在震源区内，区内发育了规模较大的活动断裂22条。基本地震动峰值加速度为$0.261g$，50年基准期、超越概率2%（罕遇地震）下地震动峰值加速度为$0.497g$，特征周期$0.65s$，大桥桥塔受地震影响大。

（2）风速影响较大：桥址处具有明显的峡谷效应（即当气流由开阔地带流入峡谷时，空气被压缩，风速增大，空气会加速流过峡谷），风速放大系数最大值为1.46，尾流风对桥梁施工及建成运营后的影响极为突出。桑园子地形风速影响示意图如图3.4所示。

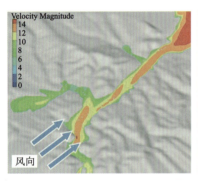 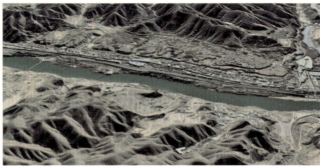

图3.4　桑园子地形风速影响示意图

（3）地质施工条件不利：桑园子黄河大桥桥址区河谷开阔，为开阔"U"形谷，河床宽160～220m，桥梁横跨黄河，河谷两岸阶地发育，桥址区高程在1485～1580m之间，相对高差约95m。河床内存在大量裸露角闪片岩，如图3.5所示，岩体坚硬，分布不均，成桩困难，给施工带来了较大的难度（图3.6、图3.7）。

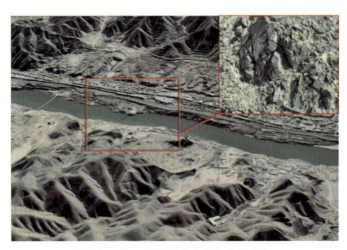

图3.5　施工场地河床内角闪片岩密布

图 3.6 施工条件现场图(一)

图 3.7 施工条件现场图(二)

(4)文物保护提升工程难度:桑园子黄河大桥左幅第三跨跨越桑园子天险文物保护区,最小跨径70m,受主桥限制,采用单跨钢桁梁结构,钢主桁及杆件截面尺寸较大,造成运输、安装困难。

2. 填补空白纪录多

作为黄河上游最宽、规模最大的斜拉桥,桑园子黄河大桥在设计及施工过程中,不但填补了国内桥梁设计施工的多项空白,也创造了多个"首个纪录"。

(1)甘肃省桥梁设计中地震效应最大:本桥最典型的建设条件就是地震烈度高,罕遇地震下地震动峰值加速度接近$0.5g$,造成地震效应非常强。通过多方案的研究,最终采用了分幅联塔的布置形式。双幅桥主梁分离而桥塔横向联成整体的四索面斜拉桥在国内外应用实例较少,目前已经建成通车的主要有美国弗雷德·哈特曼桥、中国青岛丹山特大桥、中国澳门西湾大桥,这些大桥桥址处的地震烈度均不高。且目前国内外现有的绝大多数桥梁工程抗震设计规范只适用于中等跨径桥梁,对于跨径超过 150m 的桥梁,抗震设计则无规范可循,设计难度较大。

(2)黄河中上游首座大体量免涂装耐候钢桥梁:为提高桥梁钢结构耐久性和环保性,降低运营养护成本,桑园子黄河大桥全桥钢结构均采用免涂装耐候钢,这在甘肃省桥梁建设中属首次应用。全桥用钢量为 12580t,设计耐大气腐蚀性指数 $I\geqslant 6.5$,建成后将成为黄河中上游首座大体量免涂装耐候钢桥梁。

(3)甘肃省首次应用钢桁-超高性能混凝土(UHPC)轻型组合梁:桑园子黄河大桥左幅第三跨采用钢桁-UHPC 轻型组合梁设计,这种结构体系在甘肃省属首次使用,且在国内尚处于起步阶段。钢桁-UHPC 轻型组合梁相比传统钢-混凝土组合梁或组合桁架结构,力学性能更好、跨越能力更强、结构自重更轻、装配化施工程度更高。

3. 施工环节攻关多

作为甘肃境内最大体量钢混组合梁斜拉大桥,在基础建设、主梁制作、主梁安装各个环节均存在各类技术难点需要攻关。

(1)安全控制难点多,施工保通任务重:大桥跨越桑园子黄河峡谷、黄河、陇海铁路、省道公路,多条横向平交路需保持原效率畅通,施工组织难。尤其上跨我国铁路大动脉——陇海铁路,涉及两处涉铁施工项目,施工过程中的安全控制难点多、风险点多。

(2)规模大工序复杂:本项目主塔结构复杂,南、北主塔下塔柱呈"V"形,斜率为 1∶5.9;上塔柱呈倒"V"形,斜率为 1∶5.6,南北主塔在横梁处实现角度转换,加之施工电梯、塔式起重机、墩旁托架、主动横撑、爬模等各类预埋件较多,上下塔柱钢箱斜撑、钢管斜撑、横梁弧形段、无黏结预应力钢棒(多达 37656 根)、索导管、钢锚梁等的安装施工,给主塔钢筋定位安装、混凝土浇筑等增加了诸多困难。

(3)多项关键科创研发应用:作为黄河上游最宽、规模最大的斜拉桥,桑园子黄河大桥在设计、施工、养护运营中采用了多种新材料、新设备与新技术,如超高性能混凝土配合比设计、国内最大吨位金属消能器、阻尼器的研发及应用、机器人自动焊接技术、基于建筑信息模型(Building Information Modeling,BIM)的项目动态管理系统等,如图 3.8 所示。

(4)工期紧迫:桑园子黄河大桥施工总工期为 54 个月,考虑汛期及极端天气影响,实际有效施工工期有限,并且受气候、地形、水文地质、铁路等外部因素的影响,加之桥梁本身技术复杂,存在较大的工期延误风险。同时,面临大量新增用地和征地拆迁,施工期交通组织要求高,对施工管理效率提出较高要求。

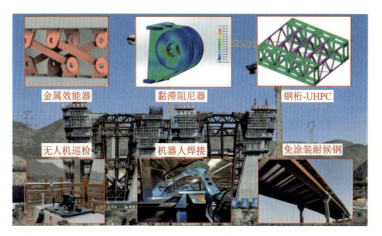

图 3.8　新技术、新工艺大量使用

四　项目定位及目标

1. 项目定位

打造全国高速公路平安百年品质工程建设的标杆工程、助推交通运输科技创新转型升级的示范工程、引领陇原交通运输事业蓬勃发展的样板工程。

2. 项目目标

管理目标："四高、三好、二确保、一争创"。

"四高"即"高起点、高标准、高效率、高品质","三好"即"设计好、建造好、效益好","二确保"即"确保获得甘肃省建设工程飞天金奖、确保获得优秀工程勘查设计奖及李春奖","一争创"即"争创中国建筑工程鲁班奖"。

第二节　结构设计亮点

一　精细化抗震设计理念

1. 双钻石四索面的"双子型"桥塔抗震设计

桑园子黄河大桥最典型的建设条件就是场区地震烈度高,地震效应非常强,通过多方案和抗震措施的研究，在桥型设计时最终采用了分幅联塔的布置方式。为了提高桥塔体系的抗震、抗风性能，在设计时成功攻克了结构受力和景观需求两个相对矛盾的对立因素，创造性地采用了双钻石四索面的"双子型"桥塔形式（图3.9），结构轻盈，线形流畅。钻石形桥塔的斜拉索与主梁形成了稳定的三角受力体系，使得梁体获得较高的扭转自振频率以提高其临界颤振风速，且横向刚度较大，有利于抗风、抗震。

在美观设计角度上，桥塔采用"线梭子"景观寓意，将甘肃当地蚕桑文化融入结构设计，对景观需求与结构受力进行了很好的协调，但是这种空间剪刀撑的受力体系在国内应用较少，无可借鉴的先例。

图3.9 双钻石四索面的"双子型"桥塔形式

2. 国内最大吨位塔间金属消能器

桑园子黄河大桥位于高地震烈度区，为减小横向地震作用下的地震效应，确定了合理的支撑体系，两联塔之间横桥向设置了剪切型金属消能器，其剪切屈服强度居全球之最，极大地减小了塔根处截面尺寸，减少了所用钢筋数量。同时，设置了塔间金属消能阻尼器，如图3.10所示。

该设计有以下创新性及优势：

（1）采用牛腿分段安装，在浇筑横梁时预埋牛腿底部预应力连接件，通过预应力使得牛腿端部构件与底部构件结合。

（2）设置了钢腹板连接结构，钢腹板一端与牛腿端钢板焊接连接，一端从桥塔主筋空隙插入桥塔锚固。

（3）设置了X形交叉式布置的金属消能器，在横向地震动作用下，能够大幅减少分幅联塔斜拉桥两联塔塔壁之间的竖向位移差,确保分幅联塔斜拉桥两联塔的安全,同时 X 形交叉式布置的消能器共同受力提高了消能器的耗能能力。

图 3.10　塔间金属消能器示意图

通过该设计创新,可有效降低施工成本,总体节约造价达到 8.6% 左右;施工速度快、操作安全可靠,保证了施工质量,加快了施工速度,总体缩短工期 5.4% 左右;保障了高地震烈度区桥梁的结构稳定性,工效较高,减少了原材料消耗。

3. 最大阻尼力达 6500kN 的黏滞阻尼器

为满足结构抗震性能要求,针对桑园子黄河大桥设计了最大阻尼力 6500kN、最大行程 ±740mm 的黏滞阻尼器。为使黏滞阻尼器的性能达到最优,对桥梁挡块和施工方法进行了深化设计。2022 年 12 月,完成大吨位纵向黏滞阻尼器首件验收试验,首次实现了大吨位黏滞阻尼器制造、生产、试验国产一体化。

4. 钢箱及钢管斜撑体系

大桥桥塔受地震影响大,因此设计采用了分幅联塔总体方案,并设置了纵向液压黏滞阻尼器和横向金属阻尼器来降低大桥地震响应,但桥塔的横向地震响应仍然较大,综合考虑结构力学性能及材料性能,大桥采用了桥塔钢管斜撑、塔间钢箱斜撑以加强塔柱间横向联系。下塔柱钢管斜撑采用插入式锚固,塔间钢箱斜撑采用张拉预应力高强螺纹钢筋的方式进行锚固。

作为横向联系的主要构件,下塔柱塔间钢箱斜撑、桥塔钢管斜撑整体受力较大,且其与塔柱相接位置受力复杂,斜撑需要可靠锚固以确保传力途径有效,从而保证桥塔结构在地震作用下的安全性。

二 免涂装耐候钢桥梁设计

桑园子黄河大桥地理位置特殊,对结构承载力要求较高,需要保证结构受力合理,提高桥梁钢结构耐久性和环保性。免涂装耐候钢桥与传统涂装钢桥不同,耐候钢通过自身在服役过程中产生的致密稳定锈层,阻止钢材锈蚀的持续发展,达到长期防腐的目的,大幅节省了设计使用年限内的涂装维护费用。然而,我国西北地区地域辽阔,区域性气候特征较为明显。在西北地区大气环境下(尤其是兰州地区属于典型的工业大气环境),耐候钢的腐蚀行为和腐蚀规律及免涂装使用的适用性相关研究仍然缺失。另外,焊接接头复杂,性能较为脆弱,是钢结构的薄弱环节。因此,对耐候钢焊接接头在西北地区大气环境中的腐蚀行为及免涂装使用适用性进行研究具有重大工程意义。钢箱梁耐候钢现场结构图如图 3.11 所示。

图 3.11　钢箱梁耐候钢现场结构图

该设计有以下创新性及优势:

(1)经济效益:在桥梁建设期,耐候钢比普通结构钢成本增加 10% 左右,全生命周期成本可降低 36.7% ~ 39.8%,而且由于后期维护频率低,维护风险小。

(2)社会效益:耐候钢的使用响应了黄河流域生态高质量发展要求,践行了百年工程全生命周期理念,减少了后期养护运营成本,避免了与初始涂装有关的健康和安全问题,产生了显著的经济和社会效益,为在甘肃省乃至全国的推广应用奠定了一定的理论和实践基础。

三 钢桁-UHPC 轻型组合梁设计

桑园子黄河大桥左幅第三跨跨越桑园子天险文物保护区,最小跨径 70m,受主桥限制,只能设计成单跨结构。70m 单跨简支组合结构普通混凝土桥面板重量大,造成钢主桁及杆件截面尺寸较大,继而造成运输、安装困难。为此,桑园子黄河大桥科研团队采用钢桁-UHPC 轻型组合梁设计。70m 钢桁效果图如图 3.12 所示。

该 70m 跨径简支结构采用板厚 8cm 的轻型 UHPC 华夫型桥面板,如图 3.13 所示,桥面板下方的纵横肋交错布置,肋高 14cm、宽 18cm,桥面板与主桁、横梁之间通过布置于主桁、横联上弦杆上的剪力焊钉群连接。考虑结构受力及抗震需求,在大桥锚拉板锚固区、伸缩缝预留槽均使用 UHPC 进行填充。桑园子黄河大桥使用的 UHPC 华夫型桥面板最小厚度仅为 8cm,与常规桥面板相比,自重可降低 30% 以上,具有结构轻、强度高、耐久性好等特点,是集力学和美学为一体的新型材料结构。

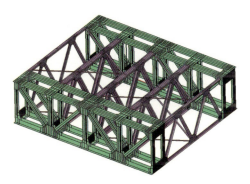

图 3.12　70m 钢桁效果图

图 3.13　UHPC 华夫型桥面板

这种结构的应用目前在国内虽然不多,但发展迅速,人们普遍认为该体系桥梁具有很好的发展前途,若应用合理,有明显的经济效益和社会效益。钢桁-UHPC 轻型组合梁相比传统钢混组合梁或组合桁架结构,力学性能更好、跨越能力更强、结构自重更轻、装配化施工程度更高。这种新的结构体系在甘肃省属首次使用,为这种新结构、新材料在甘肃省乃至全国的推广应用奠定了基础。

CHAPTER 04
第 四 章

组织架构及人员配置

第一节　组织架构

项目组织机构配置项目经理1名、总工程师1名、副经理1名,下设五部两室一处,包括工程质检部、预算合约部、设备材料部、安全环保部、财务部、综合办公室、工地试验室、南北岸施工处,拌和站、钢筋厂及预制厂各设负责人1名。具体项目人员框架如图4.1所示。

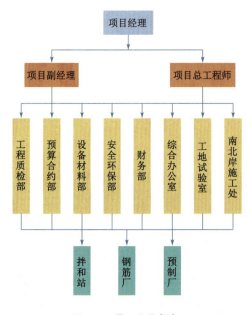

图4.1　项目人员框架

第二节　项目主要管理人员配置及岗位职责

项目主要管理人员配置见表4.1。

项目主要管理人员配置 表4.1

序号	级别		岗位	人员数量
1	项目负责人		项目经理	1
2			项目总工程师	1
3			项目副经理	1
4	工程质检部	部长	工程质检部部长	1
5		科员	工程质检部科员、资料员、质检员、测量员	5
6	预算合约部	部长	预算合约部部长	1
7		部员	科员、劳资专员	2
8	设备材料部	部长	设备材料部部长	1
9		部员	设备材料员	1
10	安全环保部	部长	安全环保部部长	1
11		部员	安全员	4
12	财务部	部长	财务部部长	1
13		部员	出纳	1
14	综合办公室	部长	综合办公室主任	1
15		部员	综合办公室文员	3
16	工地试验室	部长	工地试验室主任	1
17		部员	试验员、资料员	5
18	南北岸施工处	处长	施工处处长	2
19		部员	技术员	6
20	拌和站	站长	拌和站站长	1
21		部员	管理人员	2
22	钢筋厂	厂长	钢筋厂厂长	1
23		部员	技术员	
24	预制厂	厂长	预制厂厂长	1
25		部员	技术员	—
26	人员合计			44

备注：其中职工24人

主要管理人员的岗位职责如下。

1. 项目经理

(1)项目经理是项目管理的核心,是甘肃路桥建设集团有限公司(简称"甘肃路桥")法人代表的代理人,代表项目部(甘肃路桥)对工程项目全面负责,履行与建设单位签订的工程承包合同书面承诺,努力完成与甘肃路桥签订的经营目标责任书和施工任务令。

(2)负责组建精干高效的项目经理部,对参建人员负有管理、培养责任。

(3)负责贯彻执行国家的有关法律、法规和工程所在地政府的相关政策并严格执行甘肃路桥的各项管理制度。

(4)严格财务制度,加强财经管理,正确处理国家、企业与个人的利益关系,严格控制项目成本,努力提高经济效益。

(5)对承建的本合同段的工程施工进行有效控制,严格执行有关技术规范和标准,积极推广应用"四新"技术,确保工程质量和工期,实现安全生产、文明施工。

(6)负责制定本合同段的总体控制计划和阶段性目标,组织测算项目的阶段性成本,组织编制并审核项目年度、月度成本计划,审批成本计划以及项目管理层各部门、施工队、班组和个人的成本控制目标,并确保目标的实现。

(7)按照合同要求和上级指令,保证施工人员、设备按时进场,做好材料供应工作,确保施工能力满足合同及工程要求。

(8)深入施工现场,了解情况、解决矛盾。

(9)负责协调各职能部门、各工作面之间的工作。

(10)在项目部核准的工资总额内制定项目职工的收入分配方案。

(11)定期主持召开项目部的经济活动分析会议,对会议提出的造成成本差异的内外部原因和改进措施进行审阅,及时决策。

(12)负责组织已完工程的交验。

(13)工程完工后,及时做好资产清算工作并向甘肃路桥提交审计报告,自交工之日起,3个月内完成工程竣工文件的编制和移交工作,以便审计和交接。

(14)负责工程缺陷责任期的修复、质量回访、清收工程款等工作。

(15)接受上级的监督、检查,按时上缴各项费用。

(16)完成甘肃路桥领导交办的其他事务。

2. 项目总工程师

(1)贯彻执行国家有关技术政策及上级技术管理制度,对本项目部施工技术全面负责。

(2)组织技术人员熟悉合同文件,掌握设计意图;参加设计技术交底和图纸会审,主持现场调查、复核。

(3)主持项目部施工组织设计的编制和实施。

(4)主持本项目部的图纸审核,并形成记录。

(5)负责向技术人员进行书面技术交底(包括技术标准、质量控制、施工操作规程、施工工艺、施工安全等)和技术保密知识教育,做好技术资料、实物的保密设防措施。

(6)主持工程开工前的技术交底工作,并形成记录。

(7)指导施工技术人员严格按照设计图纸、施工规范、操作规程组织施工。

(8)在施工过程中,负责变更、追加、索赔及审核签发变更设计报告等工作,并对变更设计的有关施工方案、技术措施进行书面交底。

(9)负责编制开工前的测量控制方案和技术方案。负责编制施工预算,定期召开工程成本分析会,对工程成本进行有效控制。

(10)负责计量和对各劳务队的结算工作,做到日清月结。

(11)负责工程质量创优计划的制定并组织实施。负责技术质量事故的调查与处理,并及时向上级报告。

(12)组织项目技术交流和员工岗前培训,制定年度培训计划并指导实施。

(13)经常深入工地,检查技术管理工作和技术安全措施实施情况,加强施工全过程的技术控制工作,指导解决技术难题。

(14)负责推广应用科技进步成果,主持编制工程项目科研技术、质量攻关计划,并组织实施。

(15)组织有关科研课题和新设备、新技术、新材料、新工艺"四新"技术推广应用项目的实施。

(16)主持交竣工技术文件资料的编制,并参加交竣工验收。组织撰写施工技术总结和学术论文并负责审核和向上级推荐。

(17)组织"QC"(质量控制)小组进行技术攻关。对一些具有代表性的工程,组织施工技术人员进行现场观摩和技术交流。

(18)完成项目经理安排的其他工作。

3.项目副经理

(1)项目副经理是项目经理的助手,受项目经理的委托,组织实施生产计划。

(2)熟悉图纸,掌握规范;懂技术,会管理。

(3)深入现场解决问题,处理施工中的质量问题和其他难题,协调解决同当地居民的纠纷问题,负责全标段现场施工与管理。

(4)安排好生产任务,保证工程进度按计划进行。

(5)根据工程情况,合理调动人员、机械、材料等。

(6)合理安排各施工工序,做好衔接工作,保障顺利进行。

(7)加强落实项目管理的基础工作,保证各类文件资料、数据等信息准确及时地传递和反馈,保证工程按时结算。

(8)负责协调各职能部门、各工作面之间的工作。

(9)完成项目经理交办的其他工作。

4. 工程质检部部长

(1)熟悉合同文件和图纸,按要求制定施工方案和技术措施,并向班、组长进行施工技术交底和技术安全交底。

(2)严格执行施工技术规范和技术标准及施工图纸,对于方案变更,施工难题、安全、质量隐患要及时上报,加强施工过程的技术控制、指导,并负责检查班组自检、互检、交接检工作。

(3)积极配合质检负责人和监理工程师进行质量管理和质量检查。

(4)做好施工原始记录,每月及时统计上报本月工程完成情况和制定下月的工作计划。

(5)积极撰写技术论文和技术工作总结,参加技术交流活动。

(6)做好分项工程开工、中间检查、工程变更的报批和签证工作。

(7)认真执行合同文件、标准、规范、规程及有关制度和办法。

(8)负责完成施工过程的质量检查,进行分项工程质量检验评定(自检),办理质量报表,检查指导班组质量自检、互检、交接检工作。

(9)负责配合驻地监理工程师进行工程质量检查和验收,办理报验资料。负责收集来自驻地监理工程师的各种质量信息,并及时报告质检负责人。

(10)检查指导工地试验室的工作,审核检测结果和试验报告。负责对材料、半成品、构配件、工程设备和检(测)验设备的检验,并进行标识。

(11)负责对质量事故和不合格品的评审和处理,参加上级组织的质量检查活动和质量事故调查工作。

(12)负责本项目部纠正和预防措施的制定并监督实施。制止违章操作、野蛮施工及使用不合格材料的现象,并有权给予相应经济处罚。

(13)负责质量体系的日常管理工作,适时进行内审,分析和评价项目管理,识别质量持续改进区域,确定改进目标,实施选定的解决办法。

(14)组织质量管理工作经验交流和现场质量会。

(15)整理竣工资料,参加交工验收工作。

(16)完成领导交办的其他工作。

5. 预算合约部部长

(1)认真落实甘肃路桥合同管理制度及办公自动化(OA)合约管理相关要求,负责将项目部所有合同自签订之日起24h内录入合约管理系统。

(2)负责项目部各类合同的审查、签订、履行、变更及索赔工作,做好合同管理台账的建立及登记工作。

(3)全面熟悉合同文件、工程量清单,了解合同规范、设计图纸,紧密配合专业工程师严格按照合同文件和监理程序及时准确做好计量支付和月进度报表工作。

(4)负责对劳务队的基本信息、履约信誉、施工业绩等资料的收集、审查、考核,负责建立合格劳务队名单及报备工作。

(5)根据甘肃路桥发布的指导价、施工现场周边的市场价,测算劳务分包单价、内部作业组承包单价,及时与劳务队签订劳务合作协议书。

(6)负责工程结算工作,严格执行"日清月结"制度,按月(旬)建立项目结算台账。

(7)负责项目部全面预算和成本管理工作,每月底向项目经理提供结算台账及其他相关数据,便于项目经理及时掌握工程成本动态,为施工决策提供数据。

(8)牵头组织项目部各部门收集工程造价数据和资料,测算工时定额、机械台班定额,并定期上报。

(9)每年度末或工程竣工验收后,认真总结合同管理工作经验,做好工作总结,不断提高合同管理水平。

(10)完成项目经理交办的其他工作。

6. 安全环保部部长

(1)负责监督和管理施工安全工作,组织贯彻执行国家和甘肃省有关安全生产、劳动保护的政策法规,对施工现场安全生产情况进行监督检查。

(2)负责项目部各项安全生产管理制度的制定和落实工作。

(3)做好项目部专项施工方案和安全技术措施的检查和落实工作。

(4)定期组织安全生产检查评比工作,及时掌握施工场所和设备安全状况,采取有效措施消除事故隐患,对职工和施工现场作业人员进行安全教育和安全技术交底,并对安全责任制落实进行考核。

(5)在施工现场布设与安全相关的警戒标志和宣传条幅,负责伤亡事故的调查、统计、报告和处理工作。

(6)严格执行有关环境保护的国家法律法规和建设单位的强制性条款。

(7)建立健全环境保护组织机构并制定检查制度,负责检查、督促工程施工过程中环保措施的落实,定期或不定期开展检查,解决施工中存在的环保方面的问题。

(8)组织学习国家环境保护法律法规及业主有关环境保护的要求,负责环境保护宣传教育和知识培训,制定环保宣传计划。

(9)加强与建设单位、环境监理及地方政府环境、水保部门的联系,接受其检查、监督及指导,对自查及上级、建设单位环保检查中指出的问题积极组织整改落实。

(10)完成项目经理交办的其他工作。

7. 财务部部长

(1)负责本项目财务核算、资金调度,拟定相应的管理办法并公布实施。

(2)严格监控债权债务的清理工作,督促所属劳务队按期完成工程计价、债务清理等有关事宜。

(3)严格审核各项费用的报销凭证,对存疑的内外部工程付款、物资、设备、工程材料、招待费用等进行追踪查证并向项目经理汇报。

(4)掌握和控制资金流转情况,及时向建设单位报送资金需求计划和报表,组织开展增收节支活动,保证施工用款及时到位。

(5)严守财经纪律,始终重视经济活动核算和质量成本分析。

(6)完成项目经理交办的其他工作。

8. 设备材料部部长

(1)负责本项目材料的招标及采购工作。

(2)负责本项目部对建设单位提供产品的控制工作。

(3)负责本项目部产品标识和可追溯性的管理工作。

(4)按质、按量、按期做好材料供应工作,保证工作顺利进行。

(5)材料采购要合理,节约材料资金,以免造成材料资金占用。做到合理布局、分类存放。

(6)入库材料应严格验收,对质量、数量不符合要求的材料有权拒绝入库,采购人员应对所采购材料的质量、数量负责。

(7)负责本项目部的材料搬运和储存工作。

(8)坚持供应、节约、使用齐管的原则,把供、用、节约结合起来,做好材料管理。

(9)定期对所购材料进行盘点,核对实物账和明细账,做到账实相符、账账相符。

(10)项目部所购的材料,依据发票或材料调拨单,填制领料单。材料出库时,应填制领料单或运单,由领料人签字认可,并及时转交财务部,准确记录每日收发明细账。

(11)严格遵循甘肃路桥及项目部制定的各项管理制度。

(12)采购计划按审批程序报项目经理批准后方可采购。无采购计划或计划未经审批,材料名称、规格、数量不清,有权拒绝采购。

(13)月末装订种类单据,存档封存,以备核对。

(14)保障本项目所有设备的正常安全使用。

(15)及时维修、定期维护保养生产设备,并做好维修、维护保养记录。

(16)建立设备台账及点检记录,做好贵重设备使用记录工作。

(17)收集保管所有设备的技术资料。

(18)做好新购设备的选型、验收、安装指导等工作。

(19)计量仪器仪表的定期计量。

(20)设备改造、改良。

(21)根据项目进展情况,配合项目主管领导完成部门编制、岗位设置。

(22)合理安排工作,做好设备、机具、驾驶员的检查、考核、评比。

(23)按时完成上级单位及项目经理交办的其他工作。

9.综合办公室主任

(1)协助领导作出决策、下达管理指令。

(2)收发往来函件、指令、决定、报告、记录、纪要等文件,并负责造册登记、传阅、处理、保管。

(3)归档往来函件、指令、报告、记录、纪要等文件。

(4)管理驻地内的设备、财产、服务设施,办公、生活等物品。

(5)负责会议安排及接待工作。

(6)做好项目部的后勤管理工作,负责项目部人员的考勤。

(7)负责项目部印鉴、介绍信等重要证件的使用和保管工作。

(8)加强宣传报道,组织编制项目部工程简报,展示企业形象。

(9)做好项目部施工现场工程影像资料的收集、整理工作。

(10)负责组织项目部全体职工的思想政治理论学习工作,负责项目部党、工、团小组各项活动的开展和组织工作。

(11)协助领导协调各部门的工作,做好各项服务工作。

(12)贯彻国家有关征地拆迁、环境保护、水土保持、林业等方面的法律法规,执行地方政府的相关标准、规定,落实甘肃路桥的各项规章制度。

(13)联系当地政府、相关单位、项目公司及各施工处,解决施工中的征迁问题。

(14)协调办理施工用水、用电、通信等事宜,并对其进行合理规划。

(15)负责协调和指导各施工处处理施工过程中与当地村镇和居民、企业和团体的矛盾纠纷。

(16)完成项目领导交办的其他工作。

10. 工地试验室主任

(1)认真执行试验技术管理制度,保质保量、及时完成试验检测工程师交付的各项任务。

(2)全面熟悉工程合同文件,编制工程试验项目的总体实施方案、实施计划图表。

(3)严格执行技术操作规定,严守工作岗位,遵守劳动纪律,认真填写原始记录,确保试验结果的真实性。

(4)维护试验仪器设备,严格执行使用规定,认真维护保养,保持试验仪器设备和工作场所的整洁、整齐,发现问题及时上报。

(5)负责所有试验项目原始记录、试验资料的整理、归档,并整理提供与试验工作相关的交竣工资料,参加交竣工验收。

(6)在日常工作中与上级单位主管试验工作的职能部门取得联系,及时解决上级主管部门安排的工作并及时汇报工作。

(7)完成领导交办的其他工作。

11. 南北岸施工处处长

(1)熟悉合同,了解设计意图,掌握设计要点,并按照实施性施工组织设计制定的施工方案和技术措施,拟定具体的实施方法和补充必要的技术保障措施。向班、组长进行施工技术和技术安全交底。

（2）认真负责自己的本职工作，严格服从主管部门或领导的工作安排。

（3）严格按照施工技术规范、技术标准及施工图纸，加强施工过程的技术控制，指导、检查班组自检、互检、交接检查，参加分项工程的中间检查验收，认真填写施工原始记录和进行各项工程检验表的分类、收集、整理，及时移交主管部门。

（4）积极配合质检人员和监理工程师进行质量管理和质量检查。

（5）随时了解掌握施工过程的技术问题，指导班组解决有关技术难题。

（6）做好施工日志记录工作，认真并规范填报有关技术记录表。

（7）合理安排现场施工生产任务，在保证安全质量的前提下推进现场工程工作。

（8）根据现场施工进度，合理调动人员、机械、材料等。

（9）合理安排各施工工序，做好工序衔接工作，保障顺利进行。

（10）完成领导交办的其他工作。

12.拌和站站长

（1）执行国家、行业有关规范、标准、公司的各项规章制度、工地试验室《质量管理手册》及实施细则的各项规定。

（2）做好水泥、沙、石、钢材、填料等原材料的取样及送样，沙、石含水率的测定，混凝土配合比的试拌调整及施工配合比的计算，混凝土施工配料单挂牌和检查。

（3）做好混凝土拌合物坍落度测定。

（4）混凝土检测试件制作和养生。

（5）做好混凝土搅拌和施工记录。

（6）及时收集整理各项试验原始资料，定时或不定期上报。

（7）参与现场混凝土施工质量控制工作。

第二篇 工程设计

第 五 章 CHAPTER 05

总体施工设计

第一节　总体建设思路

响应贯彻国家《交通强国建设纲要》，准确把握建设单位总体建设思路，在建设单位大力推进品牌工程的契机下，以工程总承包模式为基础，以精细化设计为推手，实践全方位、全周期建设理念；持续改进，打造学习型、创新型团队；攻坚克难，以项目孵化创新技术。

第二节　标准化建设

一　项目驻地

项目部驻地使用甘肃路桥清河高速公路项目部驻地，位于黄河北岸、主桥右侧约 800m 处，周围交通便利，通信顺畅，靠近施工区域，满足"靠前指挥"理念，生活用水引入附近圈湾子村自来水。项目驻地平面布置如图 5.1 所示。

项目部驻地除了宿舍、办公区域，还有独立浴室、羽毛球场地和篮球场地等生活设施，为项目部人员提供了良好的生活环境。

二　拌和站

在黄河北岸、南岸分别建设 hzs180 混凝土集中拌和站和 hzs120 混凝土集中拌和站。所有混凝土拌和站场区采用围栏封闭，入口安装自动洗车台，避免污染物进入场区，并设污水沉淀池。拌和站内料仓采用彩钢瓦全封闭，其中北岸混凝土拌和站考虑冬季施工的需求，料仓内铺设地暖，水泥罐顶安装脉冲式除尘器，站内安装循环净化水设备，配备数字显示设备。拌和站内通道采用 20cm 厚 C25 混凝土硬化，其他区域采用 20cm 厚 C20 混凝土硬化。

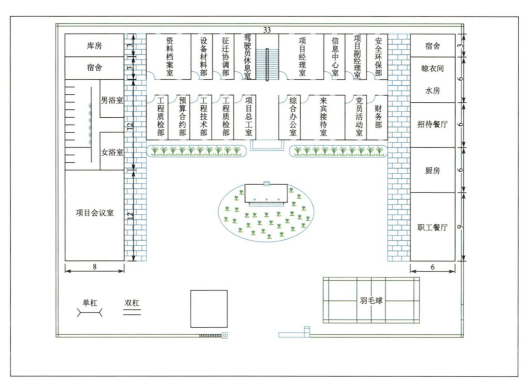

图 5.1 项目驻地平面图（尺寸单位：m）

为满足现场检测试验需要，按照建设单位和甘肃路桥标准化建设的要求，桑园子黄河大桥项目部设置一个工地试验室，根据标准化建设要求设置力学室、水泥室、标准养生室、土工室、操作室、化学分析室、样品室等业务室。工地试验室设置在搅拌站旁边，方便管理。试验室所有仪器由计量部门标定，再由甘肃省交通建设工程质量监督局对其进行技术资质审查合格并确定试验范围后，方可进行试验检测工作。在进入现场后，尽快配备工地试验室的设备和人员，加快试验室建设，取得临时资质。

工地试验室的主要职责如下：组织和协调项目经理部范围内试验工作；负责水泥、钢筋等外购材料进场后的复检工作；负责钢筋接头检验；负责检测试验工作（混凝土用砂、石检验；混凝土及砂浆配合比设计；钻孔桩护壁泥浆试验；斜拉索、钢绞线的委外检测等）；负责施工控制（砂、石含水率的检测；混凝土配合比的试拌与调整；混凝土坍落度的测定；混凝土强度检测等）；了解重要材料的进场情况，协助料库做好检查验证工作；参加有关工程质量检查及事故分析;做好试验原始资料的整理、保管工作。

四 桥梁建造中心

1.钢筋集中加工场标准化建设

为满足施工需要,减少土地占用,节约成本,方便材料加工与运输,本着就近原则,在桑园子黄河大桥北岸右幅侧 K36+340 附近建设智能化钢筋集中加工场,进行钢筋智能加工。投入先进的数控式钢筋加工设备,配备专业化操作人才,运用信息化手段,实现钢筋加工的机械化、精细化和标准化。

采用可编程逻辑控制器(Programmable Logic Controller,PLC)电控系统和触摸屏操作,旋转速度、行驶速度可调节,保证钢筋笼成型质量。采用数控机械化作业,配备自动上料分料系统,主筋、箍筋间距均匀,保证钢筋笼直径一致,产品质量达到标准;采用模块化设计,吊运、转运方便,减少人力成本。

桩基钢筋笼分两条生产线进行加工,分别为主桥桩基生产线、引桥桩基生产线,44m、35m 钢筋笼每天加工一套,85m 钢筋笼每 2d 加工一套,场内可以存放 4 套。通过合理组织、充分协调,钢筋笼的生产效率完全满足生产需求。

2.智能化预制板场标准化建设

考虑到桥型分布情况和现有场地条件,方便预制构件预制和使用,缩短场内运输距离,本着方便、合理、经济及满足工期的原则,拟在桑园子黄河大桥北岸右幅侧 K36+340 附近设置智能化预制板场,占地约 9000m²,用于 900 块桥面板预制和路基拱形骨架等其他小型构件预制。引入工厂智能化生产设备和流水化作业流程,保证预制构件生产成品标准化、集成化、工厂化,提高原材料的利用率,降低成本损耗,满足全桥预制构件施工需求,从而提高项目利润。

设置台座 15 个,计划日生产 4 块。根据设计要求,桥面板需要储存 6 个月以上。桥面板存放按照 4 层考虑。预制场设 2 台 20t(34m/15m)门式起重机。使用全自动喷淋养生设备,该设备操作简单方便,实现了过程全自动控制,减少人为因素的影响。自动喷淋养生系统喷出的是气雾状水,喷淋均匀,可以达到全天候、全湿润的养生质量标准,养生效果极为显著。

3. 科技体验馆标准化建设

桑园子黄河大桥在设计中使用了许多"四新"技术。在设计时创新了塔柱连接结构，并将本土文化融入结构设计。主桥结构复杂、施工难度大，为展现项目的整体形象、技术成果，建立基于3D虚拟技术的科技体验馆，科技体验馆设置在主桥北岸右幅侧钢筋集中加工中心附近，距离主桥约25m，利用虚拟实景模拟，让项目参建人员更加真实地了解项目概况，掌握关键点施工工艺及施工工序；体验者进入虚拟环境后，可对细部点进行学习，激发工人参加技术交流和安全教育的兴趣，为项目施工带来科技体验感，注入原动力。

五、第五代移动通信技术（5G）+智慧桥梁控制中心

为展现项目的整体形象、技术成果，设置建立5G+智慧桥梁控制中心。5G+智慧桥梁控制中心在主桥北岸右幅侧钢筋集中加工中心附近，距离主桥约25m，设置智慧桥梁中心、安全体验馆、安全文化长廊、宣传栏等，如图5.2所示。

图5.2　5G+智慧桥梁控制中心

由于该桥址处高地震烈度区、结构形式复杂、异性构件多等因素,因此通过利用信息化技术,可以解决传统手段难以解决的复杂问题。5G+智慧桥梁控制中心通过数字化仿真模拟项目的真实信息,贯穿项目的规划、勘察、设计、施工、运营维护等各阶段,实现项目全生命周期内各参与方在同一多维建筑信息模型基础上的数据共享,为精细化设计、工业化建造和产业链贯通提供技术保障。

根据项目地理位置、地形条件,在充分利用现有的国省干线及地方道路基础上,在桑园子黄河大桥附近布置1条横向施工便道,连通夏东公路与桑园子黄河特大桥施工区域。便道位于K29+300处,便道长1668m、宽4m,如图5.3中箭头所示线路。受黄河两岸地理条件限制,主桥上、下游各有一座小跨径悬索桥可供车辆通行,但桥梁服役期已久,且限高5m,限载5t,无法满足施工机械与材料运输车辆通行需求。为满足施工需要,在主桥下游附近修建钢栈桥,连通黄河南北两岸,满足施工人员、施工车辆和材料运输车辆通行,同时为主桥施工创造工作面。

图5.3 施工便道规划图

七 临时用电

为满足桑园子黄河大桥项目部现场以及场站施工用电要求，主桥南岸布置1台1000kV·A变压器和1台630kV·A变压器，位于南岸主塔附近，可满足南岸桥梁施工需要。北岸布置1台1000kV·A、1台630kV·A和1台400kV·A变压器，满足北岸桥梁及场站施工。其中，1000kV·A变压器布置在主塔附近，基本满足桩基施工用电需要；630kV·A变压器布置在钢筋集中加工中心，富余量可用于北岸主塔施工；400kV·A变压器布置在辅助墩附近，与主塔附近1000kV·A变压器协同用于北岸引桥桩基及主塔施工。

钢筋集中加工中心、预制场内采用智慧用电系统，预制场内电缆线布设在排水沟电缆支架上方，从而减少场内临时电缆线，确保施工用电安全。场外所有临时电线走线采用架空方式，方便检修的同时有利于后期回收利用。

南岸(北岸)主塔桩基施工用电状况：最多同步作业12根桩基，需配备12台冲击钻，额定功率为1020kW；配备3套气举反循环清渣设备，其中空气压缩机额定功率为225kW，滤砂机额定功率为204kW；二保焊焊机1台，额定功率为30kW。气举反循环清渣时，钻孔及二保焊停止作业，故一岸主塔桩基施工时，最大用电容量为998.75kW。

南岸(北岸)塔柱，施工用电有：2台塔式起重机，额定功率为190kW；3部施工电梯，额定功率为120kW；4台桥面起重机，额定功率为300kW；4台振捣棒，额定功率为12kW；12台电焊机，额定功率为180kW。以上设备在生产高峰期，会同时作业，故塔柱最大用电量为(190 + 120 + 300 + 12 + 180)kW = 802kW。

智能化钢筋配送超市及工人生活区，施工用电有：2台门式起重机，额定功率为30kW；2台滚焊机，额定功率为120kW；10台二保焊，额定功率为100kW；1台钢筋弯曲机，额定功率为4kW；1台钢筋切断机，额定功率为5.5kW；1台钢筋套丝机，额定功率为8kW；1台钢筋调直机，额定功率为7.5kW；照明用电，按3kW控制；工人生活区照明及生活用电，72间宿舍，平均每间按3kW控制，用电量为216kW。以上用电器存在同时工作的情况，因此最大电容量为494kW。

南岸桥梁施工，用电最大工况为桥塔施工同时南岸桩基施工。根据施工进度计划，南岸桩基每循环6根，因此南岸最大用电容量为1544kW，配置1000kV·A、630kV·A变压器各1台。北岸桥梁施工时，最大用电工况与南岸基本相同，但增加了智能化钢筋超市及工人生活区同时用电，配置1000kV·A、630kV·A和400kV·A变压器各1台。

CHAPTER 06
第六章

关键临时设施设计

第一节 钢 栈 桥

一 钢栈桥设计方案

钢栈桥长210m,宽6m,便桥跨径布置为(12×8+15+4.5×2+21+5×12+9)m=210m,考虑到可能的通航,需要在便桥中间位置预留21m。通过整跨提升的形式提高通航空间,整跨提升后可满足河道内游船、采砂船通行。钢栈桥桥面高程为1508.00m。面层体系自上而下依次为专用桥面板(8mm花纹钢板+I12.6工字钢,间距24cm),横向分配梁为I22a工字钢,间距75cm,横向采用7片贝雷片(通航孔10片加强型),贝雷片间距90cm(加密间距45cm)。便桥下部结构采取排架桩基,排架平联采用 $\phi 273mm \times 6mm$ 规格钢管,剪刀撑采用[20a槽钢,排架横梁采用双拼I40a。为提高便桥整体稳定性,在距15号、20号桩位3m处上下游共设置4根锚固桩,桩基采用 $\phi 630mm \times 8mm$ 钢管,最大桩长23m,最小桩长13m。便桥桥面采用U型钢焊接护轮带,划定车辆行驶路线。

(1)设计水位:按50年一遇洪峰水位考虑,设计洪水位1505.36m,测时水位1499.86m。

(2)设计流速:根据桥址区水文资料,50年一遇洪水水流速度为2.52m/s。桥址处不同频率洪水位如表6.1所示。

桥址处不同频率洪水位　　　　表6.1

频率	0.33%	1%	2%	5%	10%	实际
水位(m)	1506.34	1505.61	1505.36	1505.01	1504.7	1499.86
流速(m/s)	2.63	2.55	2.52	2.48	2.44	1.86
流量(m³/s)	7120	6500	6290	5990	5740	—

(3)风速:百年一遇最大风速为27.6m/s,年平均风速为0.9m/s。

(4)河床线高程:参考特大桥施工图,工程断面黄河主河床最深处约为1492.86m,如图6.1所示。

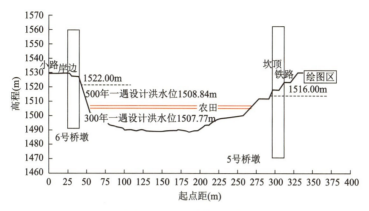

图 6.1 河道实测断面图

(5) 主桁梁:桁梁采用 321 型标准贝雷梁拼装,贝雷梁每节长 3m,高 1.5m。构件材料为 16Mn 合金结构钢,每片贝雷梁质量为 270kg。

(6) 支撑架:竖向支撑架为 90 型,竖向支撑架用于两片相邻桁梁端部,在桁梁每端均设置。支撑架采用撑架螺栓及螺母与桁梁进行连接,连接时将其空心圆锥套筒插入桁梁弦杆或端竖杆支撑架螺栓孔内,用支撑架螺栓固定,其作用主要是提高便桥整体性。

(7) 分配梁:分配梁采用 I22a 热轧普通工字钢,每根长度为 6m,分配梁下部与桁梁上弦杆采用专用夹具固定,主栈桥分配梁在纵桥向每隔 75cm(平均间距)布设一根。

(8) 贝雷销、保险销:相邻桁梁的连接采用贝雷销,贝雷销上销锥端有一小孔,供插保险销用,另一端面上有一凹槽,其方向与保险销孔相同,在安装时若看不见销孔,可借导向槽方向定销孔方向,有助于顺利插入保险销。贝雷销材料为 30CrMnSi 合金结构钢,直径为 49.5mm,质量为 3kg。保险销由一小钢片卷成,插入贝雷销小孔内,防止贝雷销松落。

(9) 支撑架螺栓:支撑架螺栓用于固定支撑架与桁梁之间的连接,与支撑架配套使用,每根支撑架匹配 4 根撑架螺栓。

(10) 桥面板:桥面板为装配式构件,面板采用 8mm 厚花纹钢板,标准尺寸为 2m×6m,由工厂专门加工,与横梁之间采用专用桥面板夹具固定。

(11) 桩顶承重梁:桩顶承重梁用于栈桥纵向贝雷梁安放,材料采用双拼 I40a 型号 Q235B 热轧普通工字钢。

(12) 钢管桩基础:栈桥基础采用 φ630mm×8mm 规格螺旋钢管桩。

(13) 桩间平联、剪刀撑:桩间平联采用 φ273mm×6mm 规格钢管,剪刀撑采用 I20a 规格槽钢。

第二节 主塔横梁支架

桥塔横梁结构为单箱单室截面形式，高6m，宽6m，顶板、腹板、底板壁厚均为1.2m，横桥向尺寸为24m。横梁下方为圆弧隔板，隔板厚度为4m，南塔圆弧隔板由半径分别为768cm和1228cm的4条圆弧组成，北塔圆弧隔板由半径分别为620cm和1105cm的4条圆弧组成。

圆弧隔板与横梁施工采用同一套落地式管桩支架系统，管桩支架钢管为$\phi 820mm \times 10mm$的螺纹钢管，共设置2排，每排3根。管桩支架间设置联结系和扶墙结构，联结系采用$\phi 426mm \times 8mm$的螺纹钢管，与管桩立柱焊接连接；扶墙采用$\phi 426mm \times 8mm$的螺纹钢管，一头与管桩立柱焊接连接，一头与塔柱预埋件连接。

管桩支架支撑排架分为排架A、排架B、排架C。排架A、排架B用于支撑横梁底部施工，排架B和排架C用于支撑弧形隔板底板施工。

排架A为工字钢组成的桁架体系，排架立杆与斜撑杆均采用I20a工字钢，排架A顶部与排架联结系连接，排架联结系上支撑横梁底部模板。排架A底部与排架联结系连接，排架联结系坐落在与钢管支架连接的主分配梁上，排架A两端与塔柱的预埋牛腿连接。其中，排架联结系采用I25b工字钢，主分配梁采用$488mm \times 300mm$的双拼H型钢。当圆弧隔板施工完毕后，排架A两端对应位置塔柱施工时预埋好牛腿，管桩支架在合理高程处搭设分配主梁并安装排架A，支撑弧形隔板范围以外的横梁底模。排架A构造图如图6.2所示。

图6.2 排架A构造图（尺寸单位：mm）

排架B、C为工字钢组成的桁架体系，立杆与斜撑杆均采用I20a工字钢，二者之间通过插销方式连接，并与顶部排架联结系连接，排架联结系上支撑圆弧隔板底部模板。排架C靠与塔柱的预埋牛腿支撑,排架 B 靠管桩支架支撑,如图 6.3 所示。为保证混凝土浇筑完成后模板的拆卸,在排架 C 与牛腿连接处设置了脱模垫块,排架 A、B 与管桩支架连接处设置了砂筒。脱模垫块及砂筒构造图如图 6.4、图 6.5 所示。

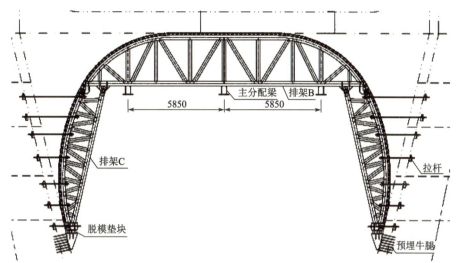

图 6.3 排架 B、C 整体布置图（尺寸单位：mm）

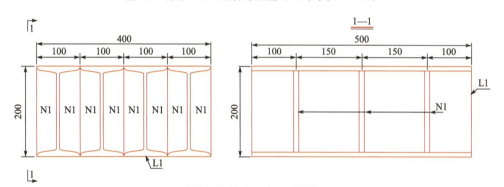

图 6.4 脱模垫块构造图（尺寸单位：mm）

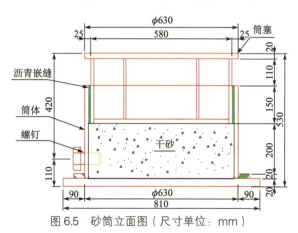

图 6.5 砂筒立面图（尺寸单位：mm）

第三节 主梁墩旁托架

墩旁托架由立柱、预埋件、钢筋网片、对应连接系、柱头、分配梁等部分构成,如图6.6所示。其中立柱N1、N3采用φ820mm、材质为Q235B的钢材;立柱N2、N4采用φ630mm、材质为Q235B的钢材,剩余材料除钢筋网片采用HRB400钢筋,拉杆采用PS785钢材外,均为材质为Q235B的钢材。

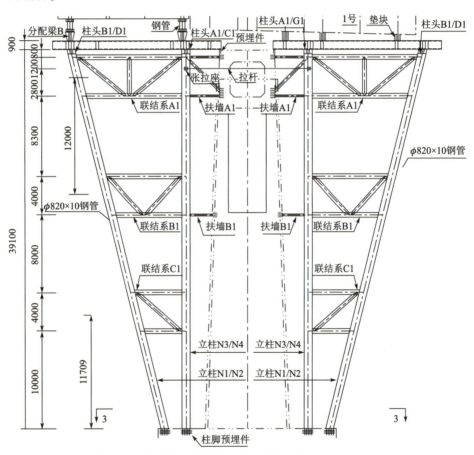

图6.6 北塔横梁墩旁托架立面布置图(尺寸单位:mm)

一 墩旁托架安装原则

(1)墩旁托架安装顺序应严格遵循"自下而上,分步安装,下部构件先安装,上部构件后安装"的原则,分步进行。墩旁托架安装必须自下而上逐层进行,严禁上下同时作业,不得上下同时安装,安装的构件应分类堆放,便于运输、保管和安装。

(2)墩旁托架安装作业必须按照施工方案有序进行,禁止现场人员自行安装。

(3)墩旁托架安装作业人员必须按照要求使用安全防护用品,高空作业人员作业前必须检查安全帽、安全带是否扣紧。作业人员上岗前必须经过安全技术交底,确保做到心中有数。

(4)墩旁托架安装过程中,必须确保安装的架体具有稳定性。安装墩旁托架时下方做好警戒工作,非工作人员不得靠近。

二 墩旁托架安装顺序

(一)北主塔墩旁托架安装顺序

北主塔墩旁托架安装顺序分为三步:

第一步:0~24m 的安装。安装上游侧的立柱 N3 与中间的立柱 N4,在上游侧立柱 N3 上安装扶墙 B1,在中间立柱 N4 上安装扶墙 B2,同时安装联结系 C1、C2,再分别在联结系 C1、C2 上安装立柱 N1、N2,最后安装联结系 D 将 C1 与 C2 连接。按照相同步骤将下游侧与中间相连接。

第二步:24~36m 的安装。上游侧与中间同时作业,分别安装立柱 N3、N4,在上游侧立柱 N3 上连接扶墙 A1,在中间立柱 N4 上连接扶墙 A2,同时安装联结系 B1 与 B2,再分别在联结系 B1、B2 上安装立柱 N1、N2,最后安装联结系 D 将 B1 与 B2 连接,按照相同步骤将下游侧与中间相连接。

第三步:剩余部分的安装。将上游侧与中间立柱 N3、N4 安装完毕,安装扶墙与张拉座,将拉杆穿过预留位置先行张拉,上游侧安装联结系 A1,中间安装联结系 A2,再分别在联结系 A1、A2 上安装立柱 N1、N2,用联结系 D 将 A1 与 A2 连接。安装柱头 A、B,分配梁等依次从下向上安装。按照相同步骤将下游侧与中间相连接。

(二)南主塔墩旁托架安装顺序

南主塔墩旁托架安装顺序分为四步:

第一步:0~24m 的安装。安装上游侧的立柱 N3 与中间的立柱 N4,在上游侧立柱 N3、中间立柱 N4 上安装扶墙 D,同时安装联结系 E1、E2,再分别在联结系 E1、E2 上安装立柱 N1、N2,安装联结系 F 将 C1 与 C2 连接。安装联结系 D1、D2,再分别在联结系 D1、D2 上安装立柱 N1、N2,最后安装联结系 F 将 D1 与 D2 连接。按照相同步骤将下游侧与中间相连接。

第二步:24～36m 的安装。上游侧与中间同时作业,分别安装立柱 N3、N4。在上游侧立柱 N3、中间立柱 N4 上安装扶墙 C。同时安装联结系 C1、C2,再分别在联结系 C1、C2 上安装立柱 N1、N2,最后安装联结系 F 将 C1 与 C2 连接。按照相同步骤将下游侧与中间相连接。

第三步:36～48m 的安装。上游侧与中间同时作业,分别安装立柱 N3、N4。在上游侧立柱 N3、中间立柱 N4 上安装扶墙 B。同时安装联结系 B1、B2,分别在联结系 B1、B2 上安装立柱 N1、N2,最后安装联结系 F 将 B1 与 B2 连接。按照相同步骤将下游侧与中间相连接。

第四步:剩余部分的安装。将上游侧与中间立柱 N3、N4 安装完毕,同时安装扶墙与张拉座 A、B,将拉杆穿过预留位置先行张拉,上游侧安装联结系 A1,中间安装联结系 A2,再分别在联结系 A1、A2 上安装立柱 N1、N2,最后用联结系 F 将 A1 与 A2 连接,安装柱头 C、E,分配梁等依次从下向上安装。按照相同步骤将下游侧与中间相连接。

第四节 主塔劲性骨架

为满足塔柱高空、倾斜状况下施工中钢筋定位的需要,同时方便测量放线,塔柱施工时设置劲性骨架。为方便安装,劲性骨架采用矩形小断面桁架结构,在后场分榀分节段加工,运至现场后用塔式起重机吊装。劲性骨架设计在满足施工要求的前提下力求简洁。

一 劲性骨架设计方案

本桥塔柱为菱形结构,上下塔柱均为倾斜塔柱,上下塔柱劲性骨架结构形式相同,由立柱与水平桁架组成。立柱采用∠100mm×10mm 角钢,水平及斜撑采用∠63mm×4mm 角钢,每节段塔柱安装一次骨架,安装高度高出本节段混凝土浇筑面 20cm。上下塔柱劲性骨架结构图如图 6.7、图 6.8 所示。

塔柱与混凝土相对位置示意图如图 6.9 所示,塔柱劲性骨架横截面示意图如图 6.10 所示。

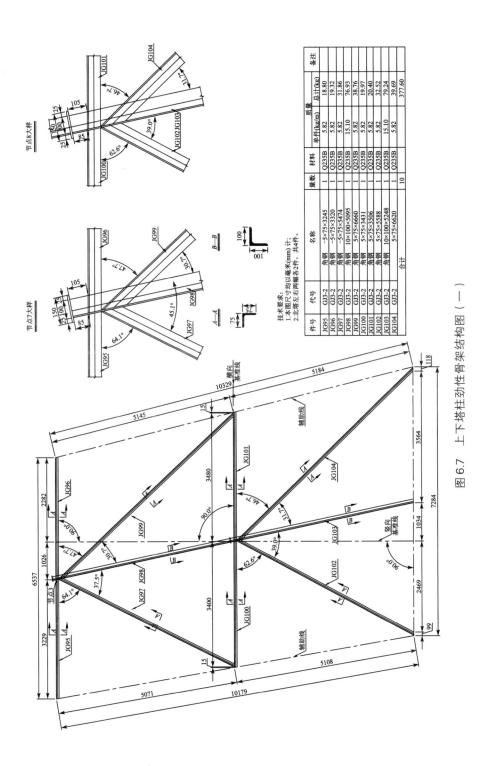

图 6.7 上下塔柱劲性骨架结构图（一）

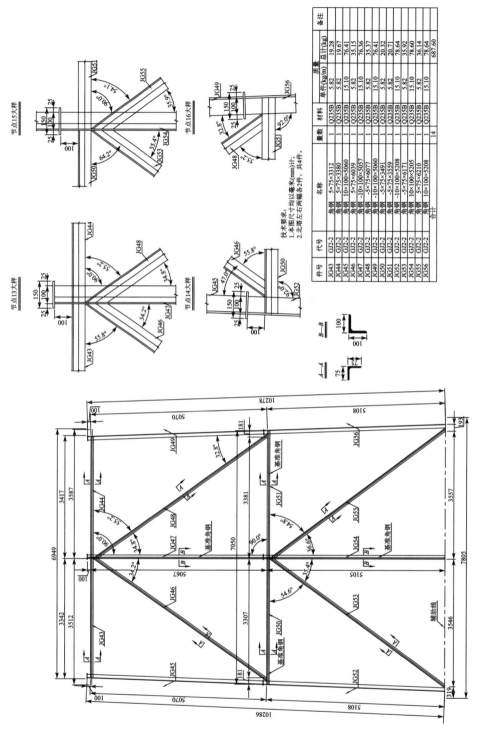

图 6.8 上下塔柱劲性骨架结构图（二）

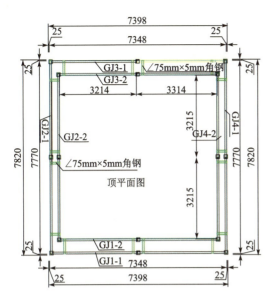 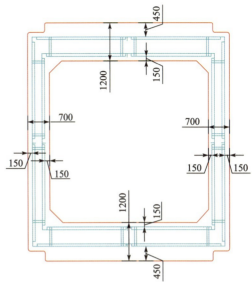

图 6.9　塔柱与混凝土相对位置示意图　　　图 6.10　塔柱劲性骨架横截面示意图
（尺寸单位：mm）　　　　　　　　　　　　（尺寸单位：mm）

二、劲性骨架制作

1. 劲性骨架制作

主塔劲性骨架由型钢焊接组成具有一定的强度和刚度的桁架式结构，作为钢筋支撑、定位的辅助结构。主塔劲性骨架在现场加工和安装。劲性骨架主桁片均为∠100mm×10mm角钢，连接系均为∠63mm×5mm角钢。

2. 劲性骨架安装

主塔劲性骨架在承台施工时预埋，后续施工时根据塔柱分节长度依次安装各节劲性骨架，劲性骨架每节长度可根据现场实际情况适当调整，作为钢筋安装成型的整体胎架和支撑结构。钢筋绑扎前，将劲性骨架接高，使之高出需绑扎的钢筋，然后按照设计的钢筋保护层厚度安装劲性骨架之间的连接件（兼做钢筋定位辅助件），每节劲性骨架均采用焊接连接。

劲性骨架加工及安装后应填写测量检查资料，经验收合格后方可进入下一道工序。

劲性骨架采用分段分片安装。劲性骨架分段分片整体制作，安装时逐一将片状骨架与已安装劲性骨架对接固定，焊接水平联系杆件，使之成为一个整体。

劲性骨架施工过程使用倒链配合起重机进行劲性骨架安装，吊装时避免与其他结构碰撞，减小吊装变形。

第五节 上塔柱横撑

南、北塔的上塔柱设置4道主动横撑,主动横撑钢管为$\phi 820mm$、壁厚10mm钢材,每道临时横撑设两根$\phi 820mm$钢管。

南塔上塔柱主动横撑施加时机、位置及主动支撑力如下:

(1)第1道横撑施加时机为主塔16号节段施工后,第1道横撑钢管中心高程为1584.63m,单个钢管主动横撑力为750kN,长度为21.8m。

(2)第2道横撑施加时机为主塔18号节段施工后,第2道横撑钢管中心高程为1599.405m,单个钢管主动横撑力为800kN,长度为17.15m。

(3)第3道横撑施加时机为主塔21号节段施工后,第3道横撑钢管中心高程为1614.155m,单个钢管主动横撑力为800kN,长度为12.45m。

(4)第4道横撑施加时机为主塔23号节段内、外肢施工后,第4道横撑钢管中心高程为1625.955m,单个钢管主动横撑力为750kN,长度为8.69m。

南塔主动横撑布置立面图如图6.11所示。

主动横撑钢管之间采用$\phi 426mm \times 10mm$钢管进行平联。主动横撑俯视图如图6.12所示。

临时横撑示意图如图6.13、图6.14所示。

索塔临时横撑的工作平台设置在相对应的节段上。工作平台的预埋件示意图如图6.15所示。每个塔柱的工作平台底层有10根I25工字钢与预埋件相连接。I25工字钢上铺设I10工字钢;I10工字钢上铺厚度为50mm的脚手板。工作平台外围设置高度为150cm的防护栏杆或防护网,如图6.16所示。

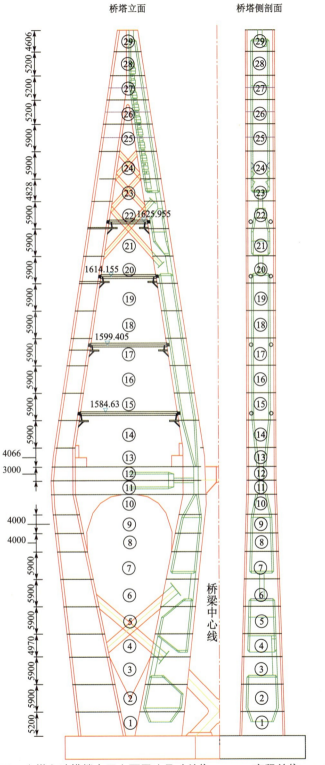

图 6.11 南塔主动横撑布置立面图（尺寸单位：mm；高程单位：m）

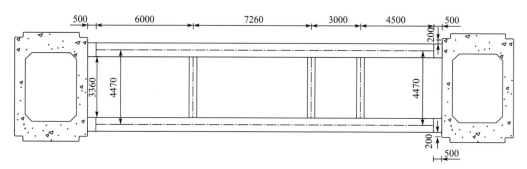

图 6.12　主动横撑俯视图（尺寸单位：mm）

图 6.13　临时横撑正视图

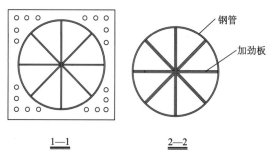

图 6.14　横撑侧视图

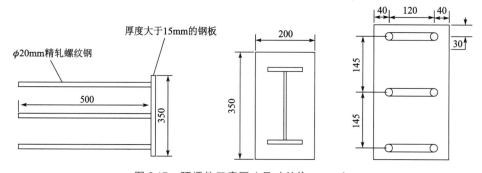

图 6.15　预埋件示意图（尺寸单位：mm）

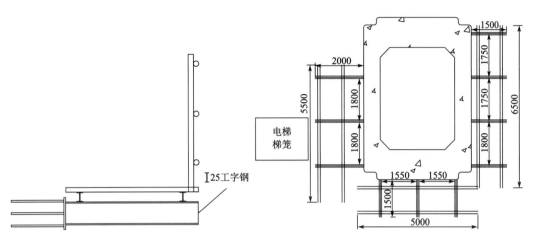

图 6.16 工作平台立面图（尺寸单位：mm）

CHAPTER 07
第 七 章

主要机械设备规划

第一节 塔式起重机

一、塔式起重机相关参数

（1）塔式起重机整机性能参数见表7.1。

塔式起重机整机性能参数　　　　　　表7.1

整机工作级别				A4				
传动机构工作级别	起升机构			M4				
	回转机构			M4				
	变幅机构			M4				
额定起重力矩(kN·m)				1600				
最大起重力矩(kN·m)				1900				
最大起升高度(m)	固定式		行走式	附着式	60	60.5	61	265
	支腿固定式	底架固定式						
工作幅度(m)				最大值	65			
				最小值	2.5			
臂长组合(m)				65/60/55/50/45/40/35/30				
最大起重量(t)				10				
起升机构 H37FP25-530P	起升倍率			2		4		
	速度(m/min)			95	38	47.5	19	
	最大起重量(t)			1.25	5	2.5	10	
	容绳量(m)			530				
	功率(kW)			37				
变幅机构 BP55B	速度(m/min)			0~55				
	功率(kW)			5.5				
回转机构 S55FA-130.195LA12/14A(E) S55FN-130.195LA12/14A(E)	速度(r/min)			0~0.79				
	功率(kW)			5.5×2				
顶升机构 BZ-7.5-31.5	工作压力(MPa)			31.5				
	速度(m/min)			0.48				
	功率(kW)			7.5				
总功率(kW)				53.5(不含顶升机构)				
供电电源				-380V(±10%)/50Hz				
平衡重	起重臂臂长(m)			65	60	55	50	45	40	35	30
	平衡臂臂长(m)			15.3	15.3	15.3	15.3	15.3	15.3	15.3	15.3
	质量(t)			18.00	17.25	17.25	15.90	15.90	13.8	12.45	10.35

表 7.2 T6515-10E 起重性能参数表

起重臂长度(m)	倍率	最大起重量 起重量(t)	最大起重量 幅度(m)	幅度(m) 10.0	12.5	15.0	17.5	20.0	22.5	25.0	27.5	30.0	32.5	35.0	37.5	40.0	42.5	45.0	47.5	50.0	52.5	55.0	57.5	60.0	62.5	65.0
65	2	5.0	26.8	5.00	5.00	5.00	5.00	5.00	5.00	5.00	4.84	4.35	3.93	3.58	3.28	3.01	2.78	2.57	2.39	2.22	2.07	1.94	1.81	1.70	1.60	1.50
65	4	10.0	14.8	10.00	10.00	9.84	8.21	7.00	6.08	5.35	4.76	4.27	3.85	3.50	3.20	2.93	2.70	2.49	2.31	2.14	1.99	1.86	1.73	1.62	1.52	1.42
60	2	5.0	29.8	5.00	5.00	5.00	5.00	5.00	5.00	5.00	5.00	4.96	4.49	4.10	3.76	3.47	3.21	2.97	2.77	2.58	2.42	2.26	2.13	2.00		
60	4	10.0	16.4	10.00	10.00	9.28	7.94	6.90	6.09	5.43	5.00	4.88	4.42	4.02	3.68	3.39	3.13	2.90	2.69	2.50	2.34	2.19	2.05	1.92		
55	2	5.0	32.0	5.00	5.00	5.00	5.00	5.00	5.00	5.00	5.00	5.00	4.90	4.47	4.11	3.79	3.51	3.26	3.04	2.84	2.66	2.50				
55	4	10.0	17.6	10.00	10.00	10.00	9.28	8.60	7.50	6.62	5.91	5.32	4.82	4.40	4.03	3.71	3.43	3.18	2.96	2.76	2.58	2.42				
50	2	5.0	32.4	5.00	5.00	5.00	5.00	5.00	5.00	5.00	5.00	5.00	4.99	4.56	4.19	3.86	3.58	3.33	3.10	2.90	2.82					
50	4	10.0	17.8	10.00	10.00	10.00	10.00	8.75	7.63	6.73	6.01	5.41	4.91	4.48	4.11	3.79	3.50	3.25	3.02							
48	2	5.0	34.5	5.00	5.00	5.00	5.00	5.00	5.00	5.00	5.00	5.00	5.00	4.91	4.52	4.17	3.87	3.60								
48	4	10.0	18.9	10.00	10.00	10.00	10.00	9.38	8.19	7.24	6.46	5.83	5.29	4.83	4.44	4.09	3.79	3.52								
45	2	5.0	34.7	5.00	5.00	5.00	5.00	5.00	5.00	5.00	5.00	5.00	5.00	5.00	4.94	4.55	4.20									
45	4	10.0	19.0	10.00	10.00	10.00	10.00	9.44	8.24	7.28	6.51	5.87	5.33	4.87	4.47	4.12										
35	2	5.0	34.4	5.00	5.00	5.00	5.00	5.00	5.00	5.00	5.00	5.00	5.00	5.00	4.90											
35	4	10.0	18.9	10.00	10.00	10.00	10.00	9.37	8.17	7.22	6.45	5.81	5.28	4.82												
30	2	5.0	20.0	5.00	5.00	5.00	5.00	5.00	5.00	5.00	5.00	5.00	5.00													
30	4	10.0	18.7	10.00	10.00	10.00	10.00	9.22	8.04	7.11	6.36	5.72														

（2）T6515-10E 起重性能参数见表 7.2。

（3）主要构件质量见表 7.3。

主要构件质量表　　　　　　　　　　表 7.3

序号	部件名称	规格型号	单位	数量	质量(t)	备注
1	起重臂	30m	套	1	6.9	
2	前平衡臂	—	套	1	1.7	
3	后平衡臂	—	套	1	3.6	含起升机构
4	回转机构总成	—	—	—	4.1	
5	过渡节	—	—	—	1.9	
6	爬升系统	—	—	—	5.9	含顶升横梁、顶升油缸、泵站等
7	标准节	2×2×3	—	—	2	
8	基础节	2×2×7.5	—	—	4.15	
9	配重(平衡)	3.45t×3	—	—	—	30m 臂长

二 塔式起重机基础制作

1. 基础示意图

T6515-10E 支腿固定式基础示意图如图 7.1 所示。

2. 技术要求

（1）主筋保护层厚 50mm，固定支腿先用定位筋固定，使 4 个支腿中心线与水平面垂直度误差控制在 1.5/1000 以内，固定支腿周围混凝土填充率大于 95%。

（2）混凝土强度等级为 C35，养生期大于 15d。

（3）钢筋与固定支腿干涉时允许钢筋避让，但不允许切断钢筋。

（4）接地杆插入地面以下部分长度必须大于或等于 1.5m，不得与建筑物基础的金属加固件连接。

（5）接地电缆为横截面面积不小于 16mm^2 的绝缘铜电缆。

（6）基础上平面平整度误差不大于 20mm。

（7）预埋支腿上平面的水平误差不大于 2mm。

（8）将调整好的 4 个预埋支腿用钢筋与上下钢筋网片牢固焊接，以防浇筑混凝土时受冲击变形。加固完毕后,再次检测水平度。

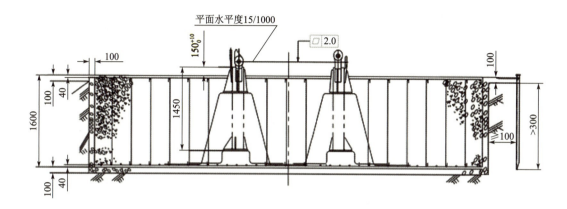

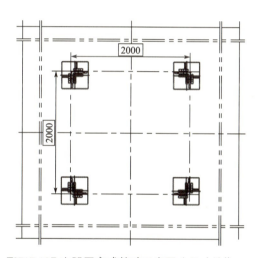

图 7.1　T6515-10E 支腿固定式基础示意图（尺寸单位：mm）

（9）建议用溜槽浇筑混凝土,混凝土从基础的中间部位泄下。

（10）项目部做好基础的各项验收工作并存档。

（11）塔式起重机基础采用强度等级不低于 C35 的混凝土浇筑。基础浇筑完成后,混凝土强度达到 30MP 以上,方可进行后续安装作业。

三　安装前的准备工作

1.塔式起重机基础验收

（1）塔式起重机基础由项目部负责制作。

(2)在制作基础混凝土基础时,应按照 T6515-10E 塔式起重机基础设计方案要求配置钢筋,并做好控制记录和质量验收。预埋件安置与钢筋绑扎同步进行,预埋件与基础混凝土钢筋主筋必须焊接牢固,避免振动跑偏。

(3)确保固定底脚 4 个角水平度在 1/1000 以内。当混凝土强度达到 30MPa 以上通过并安全、质检部门验收后,方可安装。

(4)在塔式起重机进场安装前,须根据以下有关基础资料进行验收并填写基础验收单:混凝土基础的强度报告(要求达到 30MPa 以上),混凝土基础隐蔽工程验收资料,钢筋原材质保书,钢筋绑扎施工验收单,塔式起重机基础施工几何尺寸、制作工艺、施工图、变更计算书等,预埋锚固脚(预埋螺栓)水平度测量报告。

(5)由项目部安全、质检部门对塔式起重机基础进行验收,各方在验收表上签字认定并报项目施工监理签字,进行塔式起重机安装作业。

2. 塔式起重机安装前项目部准备工作

(1)根据施工组织设计对塔式起重机进行合理布置和准确定位。

(2)为满足塔式起重机安装及正常使用需求,配备符合安全要求的专用二级配电箱,并距塔式起重机中心不大于 5m。T6515-10E 固定式塔式起重机正常工作需用电容功率为 61kW。

(3)清理好基础周边 50m 范围内的建筑材料,保证进场道路畅通,便于运输车辆的进退场。汽车起重机就位处地面应平整夯实,铺垫路基板,满足汽车起重机行驶、站位、吊装等基本要求。

(4)划分塔式起重机安装专用区域,设置警戒线,指派专职安全员负责监督,非塔机安装作业人员严禁入内。不得安排交叉作业。

3. 塔式起重机安装前设备公司准备工作

(1)施工技术准备。

设备公司技术人员必须提前进行现场实地勘测,仔细考虑在安装中可能碰到的问题,制定切实可行的施工方案;对疑难问题,应及时同桑园子黄河大桥项目部沟通,共同商讨解决对策,以确保安装作业安全顺利地进行。

(2)安装前做好塔式起重机的检查、维护保养,清理安装部件,做好装运准备。

(3)做好设备、机具的准备工作。

根据 T6515-10E 塔式起重机安装需要,配备的施工设备、机具及安全防护用品见表 7.4。

施工设备、机具及安全防护用品　　　　表 7.4

序号	机具名称	规格型号	单位	数量	备注
1	链条葫芦	2t	只	2	
2	重型套筒	32 件	套	1	
3	活动扳手	21 件	套	1	
4	梅花扳手	21 件	套	1	
5	大锤	4-18P	套	1	
6	万用电表	—	只	1	
7	电工常用工具	—	套	1	
8	接地摇表	—	只	1	
9	塔式起重机起重臂钢丝绳		根	2	12m
10	塔式起重机平衡臂钢丝绳	6×37-1770-ϕ24mm	根	4	8m
11	塔式起重机塔身部件钢丝绳		根	4	8m
12	铁丝/麻绳	8 号/ϕ20mm	kg/m	5/40	
13	对讲机/口哨	—	台/个	3/2	
14	撬棍	0.5m/1m/1.2m	根	各2	
15	各种规格吊卡具	1t/2t/3t/4t/5t	只	各4	
16	安全带、防滑鞋、安全帽	—		按现场作业人数配备	

安装前,作业班长要对所有要使用的索具、吊具进行全面的安全检查,确认完好无损后方可使用;大锤及扳手等工具应采取防坠落措施。

4. 钢丝绳的选用

本次以 4 根 8m 长钢丝绳进行吊装,选用纤维芯钢丝绳,规格为 24mm。控制吊索与垂直线的夹角不大于 45°,按 45°进行计算,因此,每根钢丝绳所承受的最大拉力 P 为 20.4kN。

塔式起重机吊装的钢丝绳安全系数为 6,荷载不均匀系数为 0.82,动荷载系数为 1.1,则每根钢丝绳的最小破断拉力为 167kN,从《重要用途钢丝绳》(GB 8918—2006)中钢丝绳主要性能数据查得,选用抗拉强度为 1770N/mm^2、直径为 24mm 的钢丝绳(最小破断拉力为 336kN),可以满足吊装安全需求。

四 塔式起重机的安装流程

1. 作业流程

作业流程如图 7.2 所示。

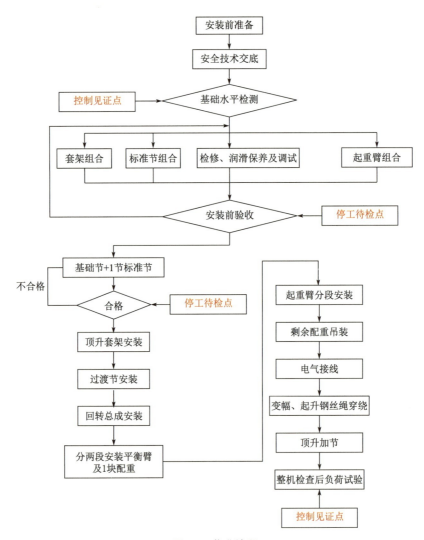

图 7.2　作业流程

2. 塔式起重机各部安装工序

(1) 安装一节基础节和一节标准节、套架总成。

70t 汽车起重机进场就位，距塔式起重机基础中心 10m 处停车。回转半径 10m 以内，主臂伸长34.3m,额定起重量13.5t,满足安装吊装要求。

①塔身安装一节基础节和一节加强节,使之达到塔式起重机安装高度。锤击安装 $\phi 65mm$ 销轴,并用 $\phi 20mm$ 插销将 $\phi 65mm$ 销轴固定,装上开口销。注意:爬爪的方向要安装正确,有踏步的一面要与建筑物垂直。

②顶升套架整体吊装包括顶升套架、顶升横梁、顶升油缸和液站。

a. 吊装时,应选择四点吊。

b. 吊装时,用卸扣将四点吊吊索固定在顶升套架上部四角的销轴孔内,缓缓吊起,徐徐降落,套进基础节组合的塔身(顶升套架上有油缸的一侧要对准塔身有踏步的一侧)。注意:爬爪的方向要安装正确,有踏步的一面要与建筑物墙面垂直。

该过程中,所有的作业人员要按照规范牢固地系好安全带和安全帽;作业人员应在塔身内侧站位,并保证顶升套架的开口方向;作业时指挥信号要明确,听从专人指挥。大锤及扳手等工具要做好防坠落措施,严防高空坠物;汽车起重机起吊时要确保吊物吊装平稳。安装区域60m范围内设置警戒线,并设专人看守,无关人员一律不得入内。

(2)安装过渡节和回转支座总成。

汽车起重机位置不变,回转半径10m以内,主臂伸长34.3m,额定起重量13.5t,满足安装吊装要求。

①吊装时,应选择四点吊。

②吊装时,用卸扣将四点吊吊索固定在回转的四角的吊装孔内,缓缓吊起,移动至塔身节上方,确保与塔身节爬梯一致后,缓缓落下,将特殊节支腿与套架耳板孔对准后,插入销轴及开口销,同时将特殊节与塔身节用销轴紧固。过渡节及回转总成吊装如图7.3所示。

该过程中,所有的作业人员要按照规范牢固地系好安全带、戴好安全帽;作业时指挥信号要明确,听从专人指挥。汽车起重机起吊时,要确保吊物吊装平稳;大锤及扳手等工具要做好防坠落措施,所有小型工具配件装包或装箱,严防高空坠物;安装区域50m范围内拉设警戒线,并设专人看守,无关人员一律不得入内。

(3)前平衡臂节安装。

70t汽车起重机位置不变,主臂伸长34.3m,回转半径控制在10m以内,额定起重量13.5t,满足起重要求。

吊装时,应选择两点吊。

①在地面将前平衡臂节和中平衡臂节连接为一个整体。

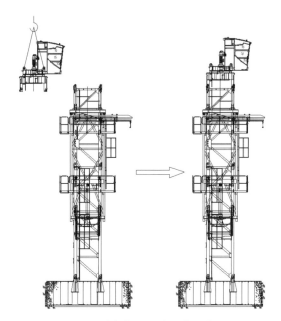

图 7.3　过渡节及回转总成吊装图

②在前中平衡臂前、后各系 1 根 30m 的导向牵引绳。

③索固定在前中平衡臂上弦杆中部对称约 2m 的位置,将此段平衡臂缓缓吊起,在离地约 1m 高度时暂停,观察并确认其水平度与稳定性正常后,再继续缓缓吊起至稍高于回转销轴接连接点,然后徐徐下放吊钩,使此段平衡臂坐落在回转上支座,通过销轴连接锁定。

④解除平衡臂前、后端的导向牵引,汽车起重机退出此安装工序。

(4)后平衡臂安装。

平衡臂转向汽车起重机方向,70t 汽车起重机位置不变,主臂伸长 34.3m,回转半径控制在 10m 以内,额定起重量 13.5t,满足起重要求。

吊装时,应选择四点吊。

①在地面将平衡臂的平台、护栏拼装完毕,并将起升机构安装就位。

②在平衡臂前、后各系 1 根 30m 的导向牵引绳。

③吊索固定在后平衡臂上专用吊点的四吊装孔位置,将此段平衡臂缓缓吊起,在离地约 1m 高度时暂停,观察并确认其水平度与稳定性正常后,再继续缓缓吊起至稍高于臂节一的销接连接点,然后徐徐下放吊钩,使此段平衡臂根部的耳板插入联板中,用销轴连接锁定,穿上弹簧销锁定。汽车起重机稍稍起钩,平衡臂尾部翘起,将平衡臂拉杆和塔头节的拉杆用销轴连接锁定,最后安装插销,并用开口销开口予以锁定。

④继续下降汽车起重机吊钩,将起重臂慢慢放下,平衡臂拉杆绷直受力。

⑤解除平衡臂前、后端的导向牵引,解除钢丝绳,汽车起重机退出此安装工序。

(5)配重安装。

平衡臂转向汽车起重机方向,70t 汽车起重机位置不变,主臂伸长 34.3m,回转半径 10m,额定起重量 13.5t,满足起重要求。本次先安装一块 3t 配重。

①平衡重靠前放置,左右居中放置,平衡臂两侧到平衡臂两侧主弦的间隙均匀。

②平衡重销轴端面必须超出平衡重支撑板。

(6)起重臂配置。

塔式起重机起重臂可分开安装,亦可整体安装。起重臂安装长度为 30m,荷载较小,故采用整体吊装。不同臂长起重臂组合配置如图 7.4 所示。

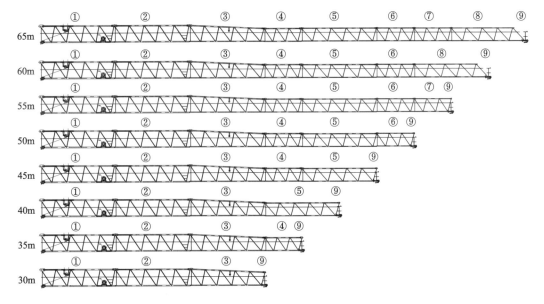

图 7.4　不同臂长起重臂组合配置

注:图中序号表示起重臂由①、②、③等节段拼装而成。

(7)起重臂吊装。

塔式起重机起重臂转向汽车起重机方向,70t 汽车起重机位置不变,主臂长 34.3m,回转半径控制在 10m 以内,额定起重量 13.5t,满足起重要求。

吊装时,应选择两点吊。

①在地面上将变幅小车安装到起重臂上,并用 8 号铁丝将小车固定在起重臂上。

②在起重臂前、后各系 1 根 30m 的导向牵引绳。

③吊索固定在起重臂根部 11.6m 的位置(重心),将起重臂缓缓吊起,在离地约 1m 高度时

暂停,观察并确认其水平度与稳定性正常后,再继续缓缓吊起至稍高于前端平衡臂的销接连接点,然后徐徐下放吊钩,使此段起重臂的根部和前端平衡臂顶部销轴连接点对接,用销轴固定此段起重臂的上部,并用插销相连,最后安装插销,并用开口销开口予以锁定。

④解除起重臂前、后端的导向牵引,退出此安装工序。

(8)剩余配重安装。

塔式起重机30m臂长平衡重配置为3块×3.45t/块=10.35t。因为之前已安装了一块3.45t配重,故本次继续安装剩余2块配重。

70t汽车起重机位置不变,主臂伸长34.3m,回转半径控制在12m以内,额定起重量11.6t,塔式起重机平衡臂稍稍转向汽车式起重机方向,满足起重要求。

吊装时,应选择两点吊。

①平衡重靠前放置,左右居中放置,平衡臂两侧到平衡臂两侧主弦的间隙均匀。

②平衡重销轴端面必须超出平衡重支撑板。

(9)穿绕起升钢丝绳。

①将载重小车开至起重臂臂根,并在载重小车正下方的地面上放置临时支架,吊钩竖直固定。

②从起升机构卷筒拉出起升绳的绳头,同时启动起升机构下降挡,将钢丝绳依次穿过平衡臂上的钢丝绳托辊、起重臂臂节Ⅰ上的起重量限制器滑轮、起重臂臂节Ⅰ臂根转向滑轮,并穿过载重小车和吊钩上的滑轮组。钢丝绳穿绕示意图如图7.5所示。

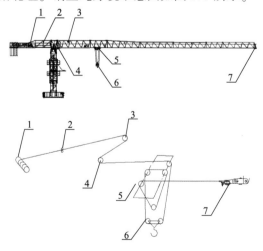

图7.5 钢丝绳穿绕示意图

1-卷筒;2-托辊;3-起重量限制器;4-臂根滑轮;5-载重小车;6-吊钩;7-防扭装置

③用两个绳夹将起升绳固定在载重小车上的合适位置,并留不小于1.2m的余量。

④将拆下起重臂臂尖防扭装置上的楔形接头,将起升绳与其连接,并把起升绳的尾部用软的钢丝绑住,如图7.6所示,再使其折回后用固定绳夹固定住。

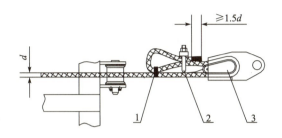

图7.6 钢丝绳夹固定示意图
1-钢丝;2-起升绳;3-楔形接头

⑤缓慢启动起升机构,提升吊钩至离地1m高处,确认起升钢丝绳已固定牢固。

⑥启动变幅机构,将载重小车和吊钩开至起重臂臂尖。

⑦将楔形接头固定在臂尖防扭装置上,缓慢把小车下降到臂尖下面的支架上,拆卸载重小车上固定起升绳的绳夹,松开起升钢丝绳。防扭装置示意图如图7.7所示。

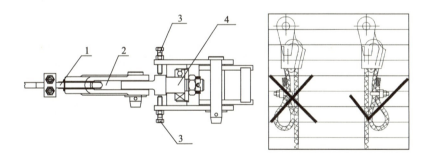

图7.7 防扭装置示意图
1-起升绳;2-楔形接头;3-锁紧螺钉;4-防扭装置

需要注意的是:

①起升绳为不旋转钢丝绳时,塔式起重机在工作状态,防扭装置应将锁紧螺钉锁紧。

②起升绳为旋转钢丝绳时,塔式起重机在工作状态,防扭装置应将锁紧螺钉3打开。

③新换钢丝绳后,空载运行时吊钩旋转,此时应打开防扭装置。

④塔式起重机在长时间使用后,钢丝绳伸长并产生轻微扭转,此时应暂时打开防扭装置,待钢丝绳张紧后再次锁紧。

⑤一旦钢丝绳散股,防扭装置将会加速钢丝绳的破坏,所以应及时更换钢丝绳。

（10）电气安装。

待机械安装全部完成后，由专业电工将临时电源解除，根据使用说明书和电气原理图对塔式起重机整机进行电气安装。

①接通三大机构主电源，检查正反转。

②连接各安全装置并调试（力矩限制器只接电，调试工作后续进行）。

③连接控制线。

④连接障碍灯、风速仪等。

⑤三大机构可靠接地。

⑥空载试运行各个动作直至动作无误。

3. 塔式起重机顶升加节

（1）顶升前的准备。

①顶升时需要使用二倍率副吊钩吊装。

②按液压泵站要求给其油箱加油。确认电动机接线正确，风扇旋向右旋，手动阀操纵杆操纵自如，无卡滞。

③清理好各个标准节，在标准节连接销孔内涂上黄油，将待顶升加高用的标准节排成一排，放在顶升位置时的起重臂的正下方。基于此，塔式起重机在整个顶升加节过程中可不使用回转机构，使顶升加节过程所用时间最短。

④放松电缆长度，使其略大于总顶升高度，并紧固好电缆。

⑤将起重臂旋转至爬升架前方，平衡臂处于爬升架的后方（顶升油缸正好位于平衡臂正下方）。

⑥在爬升架上层平台上准备好4根塔身与过渡节安装用的临时销轴，在爬升架中层平台上准备好塔身标准节连接销轴。

（2）顶升注意事项。

①顶升前塔机回转部分必须进行配平。

②最高处风速大于14m/s时，塔式起重机不得进行顶升作业。

③顶升作业前，一定要检查顶升系统的工作是否正常。

④严禁在顶升系统正在顶起或已顶起时进行吊重。

⑤严禁在顶升系统正在顶起或已顶起时进行小车移动。

⑥顶升过程中必须保证起重臂与引入标准节（或标准节）方向一致，并利用回转机构制动

器制动起重臂,载重小车必须停在顶升配平位置。

⑦若要连续加高几节标准节,则每加完一节后,在用塔式起重机自身起吊下一节标准节前,塔身各主弦杆和过渡节必须有 4 根 $\phi 63 mm$ 销轴连接。

⑧所加标准节上的踏步,必须与已装标准节(或标准节)踏步对齐。

⑨无论顶升是否完成,在过渡节与塔身未使用 8 根 $\phi 65 mm$ 销轴连接好之前,严禁进行起重臂回转、载重小车变幅和吊装作业。

⑩在顶升过程中,若液压顶升系统出现异常,应立即停止顶升,收回油缸,将过渡节落在塔身顶部,并用 8 根 $\phi 65 mm$ 销轴将过渡节与塔身连接牢靠后,再排除液压系统的故障。

⑪顶升结束后,所有标准节之间均用 8 根 $\phi 65 mm$ 的标准销轴连接,最顶部标准节与过渡节之间用 8 根 $\phi 65 mm$ 轴连接。

(3)顶升配平。

①塔式起重机配平前,先用 $M 20 mm \times 80 mm$ 螺栓组装配标准节与提升装置,然后将提升装置连同标准节吊起放置在过渡节引进梁上,重新吊起一节标准节或其他同等重量的重物运行至配平位置。

②拆除过渡节与标准节的连接销轴;将液压顶升系统操纵杆推至顶升方向,使爬升架顶升至过渡节支脚刚刚脱离塔身的主弦杆的位置。

③检验过渡节与标准节相连的支脚与塔身主弦杆是否在一条垂直线上,并观察爬升架上 16 个导轮与塔身主弦杆间隙是否基本相同,以检查塔式起重机是否平衡。若不平衡,则调整载重小车的配平位置直至平衡,使得塔式起重机上部重心落在顶升油缸梁的位置上。

④记录载重小车的配平位置,也可用布条系在该处的斜腹杆上作为标志,以便拆卸时使用。但要注意,标志位置随起重臂长度不同而改变。

⑤操纵液压系统使爬升架下降,连接好过渡节和标准节间的连接销轴。

(4)顶升加节。

①卸下塔身顶部与过渡节连接的销轴。

②开动液压顶升系统,伸出油缸将顶升挂板挂在距离最近的一组标准节踏步(a)的槽内,如图 7.8 所示,插入安全销。

③确认无误后,继续顶升,将爬升架及其以上部分顶起 10~50mm。

注意:维持此状态 10min 左右,检查顶升横梁等爬升架传力部件是否有异响、移位、变形,油缸活塞杆是否有自动回缩等异常现象。

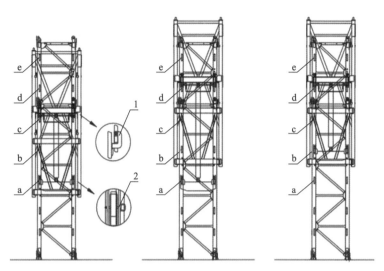

图7.8 顶升作业

④确认正常后,继续顶升;顶起爬升架,使换步挂板略高过标准节踏步(c),使爬升架上的换步挂板位于踏步(c)上方,停止顶升,并回缩油缸,使换步挂板落在踏步(c)上。

注意:确保2个换步挂板都准确地压在踏步顶端,爬升架及其以上部分的重量由2个换步挂板承受,且无局部变形、异响等异常情况。

⑤确认2个换步挂板都准确地压在踏步槽上并承受住爬升架及其以上部分的重量后,拔出安全销,将油缸活塞全部缩回,顶升挂板上升,然后挂在上方最近的一组踏步槽(b)内。

⑥再次伸出油缸,使坐落在踏步(c)上的换步挂板上升至踏步(d)上方。

⑦停止顶升,并回缩油缸,使换步挂板落在踏步(d)上。

⑧确认2个换步挂板都准确地压在踏步槽上并承受住爬升架及其以上部分的重量后,拔出安全销,将油缸活塞全部缩回,顶升挂板上升,然后挂在上方最近的一组踏步槽(c)内。插入安全销,此时塔身上方恰好有能装入一个塔身节的空间。

⑨将过渡节引进梁上的标准节引至塔身正上方,稍微缩回油缸,将新引进的标准节落在塔身顶部,对正。

⑩卸下标准节与提升装置连接的4套M20mm×80mm螺栓,用8根销轴将上下标准节连接牢靠。

⑪将提升装置沿引进梁推出,依次通过吊钩放下提升装置。

⑫继续缩回油缸,将过渡节落在新引进的标准节的顶部,并用8根ϕ65mm销轴

连接。

⑬至此即完成一节标准节的加节工作。若连续加标准节,则按照以上步骤重复。

⑭用经纬仪检查塔式起重机的垂直度,其垂直度应不超过塔身总高度的4/1000。

第二节 施工升降机

一 施工升降机概况

在北岸2个桥墩中间安装1台直线梯(现场编号:1号施工升降机),待0号块施工完毕后,在北岸桥墩中间和上游侧面钢平台各安装一台曲线梯(现场编号:2号和3号施工升降机)。

二 施工升降机技术参数

1号施工升降机主要技术参数见表7.5。

1号施工升降机主要技术参数 表7.5

技术参数	单位	数值
倾斜角度	°	0
数量	台	1
额定载重量	kg	2000
额定安装载重量	kg	1000
架设高度	m	52.5
标准节数量	节	35
起升速度	m/min	36
限速器	—	SAJ40-1.2
吊笼尺寸	mm×mm×mm	3200×1500×2500

续上表

技术参数	单位	数值
标准节规格	mm×mm×mm	650×650×1508
电机功率	kW	2×11
吊笼重量(含传动机构)	kg	2000
标准节重量	kg	145
附墙架型号	—	Ⅱ型
附墙架间距	m	6.0/4.5
附墙水平距离	m	2.8~4.2
附墙次数	次	7
基础形式	—	混凝土基础

2号和3号施工升降机主要技术参数见表7.6、表7.7。

2号施工升降机主要技术参数　　　　　　　表7.6

技术参数	单位	数值
倾斜角度	°	7.29
数量	台	2
额定载重量	kg	1200
额定安装载重量	kg	800
吊杆额定载重量	kg	200
架设高度	m	91.5
标准节数量	节	61
起升速度	m/min	36
限速器	—	SAJ40-1.2
吊笼尺寸	mm×mm×mm	2400×1500×2500
标准节规格	mm×mm×mm	650×650×1508
电机功率	kW	2×11
吊笼重量(含传动机构)	kg	1800
标准节重量	kg	125
附墙架型号	—	Ⅱ型
附墙架间距	m	6.0/4.5
附墙水平距离	m	2.8~4.2
附墙次数	次	15
基础形式	—	索塔侧面钢平台

3号施工升降机主要技术参数　　　　　　表7.7

技术参数	单位	数值
倾斜角度	°	8.8
数量	台	2
额定载重量	kg	1200
额定安装载重量	kg	800
吊杆额定载重量	kg	200
架设高度	m	91.5
标准节数量	节	61
起升速度	m/min	36
限速器	—	SAJ40-1.2
吊笼尺寸	mm×mm×mm	2400×1500×2500
标准节规格	mm×mm×mm	650×650×1508
电机功率	kW	2×11
吊笼重量(含传动机构)	kg	1800
标准节重量	kg	145
附墙架型号	—	Ⅱ型
附墙架间距	m	6.0/4.5
附墙水平距离	m	2.8~4.2
附墙次数	次	15
基础形式	—	索塔侧面钢平台

三　施工升降机基础

1. 1号施工升降机混凝土基础形式及受力校核

1号施工升降机共安装32个标准节,每个标准节长1508mm,重145kg,升降机额定载重量为2000kg,吊笼尺寸为3200mm×1500mm,吊笼重为2000kg,外笼重为1480kg。1号施工升降机混凝土基础配筋图如图7.9所示。此升降机不带对重装置。

基础承载 $P = n \times ($吊笼自重 G_0 + 载重 G_1 + 底架护栏自重 G_2 + 导轨架自重 G_3 + 附件重量 G_4 + 附墙架重量 $G_5)$。

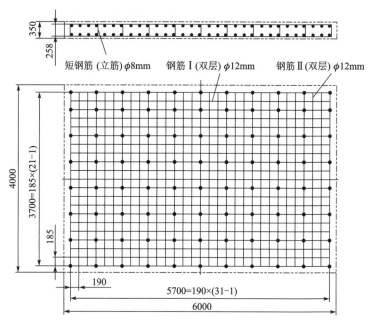

图7.9 北岸桥墩1号施工升降机混凝土基础配筋图（尺寸单位：mm）

其中，考虑动载、自重误差及其他因素对基础的影响，取系数 $n=2$。对于该施工升降机：吊笼重 $G_0=2\times2000\mathrm{kg}$(含传动机构)$=4000\mathrm{kg}$；载重 $G_1=2\times2000\mathrm{kg}=4000\mathrm{kg}$；底架护栏自重 $G_2=1480\mathrm{kg}$；导轨架自重 $G_3=35\times145=5075\mathrm{kg}$；电源电缆、电缆导向装置、紧固件等附件重量约为导轨架的10%，即 $G_4=508\mathrm{kg}$；附墙架重量 $G_5=146\times7=1022\mathrm{kg}$，故施工升降机基础承载：

$$P=0.02\times(G_0+G_1+G_2+G_3+G_4+G_5)=0.02\times(4000+4000+1480+5075+508+1022)=321.7\mathrm{kN}。$$

混凝土基础尺寸为 $6\mathrm{m}\times4\mathrm{m}$，则1号施工升降机混凝土基础地基承载力要求为 $321.7\mathrm{kN}/24\mathrm{m}^2=13.4\mathrm{kN}/\mathrm{m}^2=13.4\mathrm{Pa}$。

2.2号施工升降机钢结构支架基础形式及受力校核

2号施工升降机共安装61个标准节，每个标准节长1508mm，重145kg，升降机额定载重量为1200kg，吊笼尺寸为 $2500\mathrm{mm}\times1500\mathrm{mm}$，吊笼重为1800kg（含传动机构），外笼重为980kg，此升降机不带对重装置。

基础承载 $P=n\times$（吊笼自重 G_0+载重 G_1+底架护栏自重+导轨架自重+附件重量+附墙架重量）。

其中,考虑动载、自重误差及其他因素对基础的影响,取系数 $n=2$。对于该施工升降机:吊笼重 $G_0=1800\text{kg}$(含传动机构);载重 $G_1=1200\text{kg}$;底架护栏自重 $G_2=980\text{kg}$;导轨架自重 $G_3=61\times145=8845\text{kg}$;电源电缆、电缆导向装置、紧固件等附件重量约为导轨架的10%,即 $G_4=885\text{kg}$;附墙架重量 $G_5=146\times15=2190\text{kg}$,故施工升降机基础承载:

$$P=0.02\times(G_0+G_1+G_2+G_3+G_4+G_5)=0.02\times(1800+1200+980+8845+885+2190)$$
$$=318\text{kN}$$

2号施工电梯钢平台采用I50b工字钢(材质Q235b)双排型钢钢架,如图7.10所示。

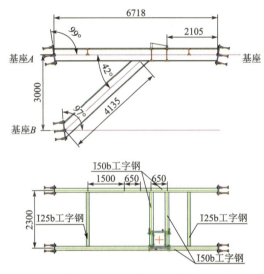

图7.10 北岸桥墩2号施工升降机钢平台基础图(尺寸单位:mm)

按均布荷载考虑,电梯基础4个支点受力为79.5kN,经有限元分析,各节点反力如图7.11所示。

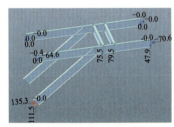 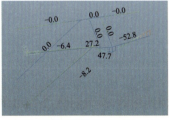 

a)节点反力示意图(单位:kN)　　b)钢梁弯矩示意图(单位:kN·m)　　c)钢梁应力示意图(单位:kN/m²)

图7.11 各节点反力示意图

由分析可知,钢梁最大应力为 $32694\text{kN/m}^2=32.7\text{MPa}\leqslant215\text{MPa}$,满足要求。

3.3号施工升降机钢结构支架基础形式及受力校核

3号施工升降机共安装61个标准节,每个标准节长1508mm,重145kg,升降机额定载重量为1200kg,吊笼尺寸为2500mm×1500mm,吊笼重为1800kg(含传动机构),外笼重为980kg,此升降机不带对重装置。

基础承载 $P = n \times ($吊笼自重$G_0 + $载重$G_1 + $底架护栏自重$ + $导轨架自重$ + $附件重量$ + $附墙架重量$)$。

其中,考虑动载、自重误差及其他因素对基础的影响,取系数 $n = 2$。对于该施工升降机:吊笼重 $G_0 = 1800$kg(含传动机构);载重 $G_1 = 1200$kg;底架护栏自重 $G_2 = 980$kg;导轨架自重 $G_3 = 61 \times 145 = 8845$kg;电源电缆、电缆导向装置、紧固件等附件重量约为导轨架的10%,即 $G_4 = 885$kg;附墙架重量 $G_5 = 146 \times 15 = 2190$kg,故施工升降机基础承载:

$$P = 0.02 \times (G_0 + G_1 + G_2 + G_3 + G_4 + G_5) = 0.02 \times (1800 + 1200 + 980 + 8845 + 885 + 2190) = 318 \text{kN}。$$

3号施工电梯钢平台采用I 50b 工字钢(材质 Q235b)双排型钢钢架。

按均布荷载考虑,电梯基础4个支点受力为79.5kN,由图可知主钢梁 A 受力较大,故以校核主钢梁 A 受力,受力模型如图7.12所示。

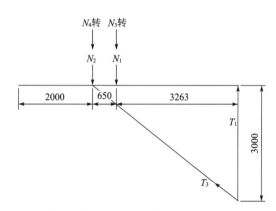

图7.12 均布荷载受力模型示意图(尺寸单位:mm)

由上述可知 $N_1 = N_2 = N_3 = N_4 = 79.5$kN; N_3 和 N_4 等效转移到主钢梁 A 的力为 $N_{3转} = N_{4转} = 79.5 \text{kN} \times (2.3\text{m} - 0.325\text{m})/2.3\text{m} = 68.3 \text{kN}$。

则主钢梁最大弯矩在 N_1 受力处为80.1kN,查表可得I 50b 工字钢抗弯截面模量 $W = 1940 \text{cm}^3$; $\sigma = M/W = 80100 \text{N} \cdot \text{m}/1940 \text{cm}^3 = 41.3 \text{MPa} \leqslant 215 \text{MPa}$,满足要求。

4. 施工要求和质量安全技术措施

(1)严格按设计尺寸,安排专人指挥和测量放线,测设锚固件准确位置,在桥墩承台上埋设时不得损坏承台钢筋。

(2)基础表面应平整,平整度允许偏差不应大于5mm。

(3)升降机周边设有良好排水措施。

(4)混凝土基础施工应在升降机安装前进行,根据放置的钢平台支架的位置线,由专业施工人员按图施工。

四、施工升降机安装

1. 施工升降机安装前的准备

(1)施工升降机钢结构支架以现场实际工期为准,组织具体时间安排搭设。由施工处负责钢平台搭设前对施工人员进行安全和技术交底,施工中加强过程控制,严格按照方案施工,施工完毕要按照规范要求进行验收,验收合格后方能安装施工升降机。

(2)技术准备:熟悉图纸,熟悉施工现场地形、环境,确定施工升降机安装位置及高度,学习有关规范、规程。

(3)机具准备:架子扳手15个,力矩扳手3把。

(4)材料准备:$\phi 48mm \times 3.5mm$ 钢管;14号槽钢;厚50mm、宽200~300mm、长4000mm脚手板;直角扣件;旋转扣件;对接扣件。

(5)吊装所需机械设备见表7.8。

吊装所需机械设备　　表7.8

序号	名称	规格	单位	数量
1	平板拖车	—	台	—
2	起重机械	—	台	1
3	梅花扳手	32~36	把	4
4	活动扳手	12	把	2
5	撬棍	—	根	2
6	摇表	—	只	1
7	平口解刀	5	支	1
8	十字解刀	5	支	1
9	电工刀	—	把	1

续上表

序号	名称	规格	单位	数量
10	黄油	—	kg	10
11	绝缘胶布	—	卷	2
12	老虎钳	—	把	1

(6)现场准备。

①场地清理,清除场内道路上的障碍物,保证具备应有的作业空间,地面平整,高空无电线。

②组织安装队伍在作业前进行必要的安全技术交底。

③检查导轨架等金属结构有无变形、裂缝等,并检查金属结构的连接件是否牢固、可靠,确保安装开始前整台机器处于完好状况。

④对升降机的基础部位、附墙位置及其隐蔽件,根据有关规定进行检查验收,合格后方可进行安装作业。

⑤所有作业人员须戴好安全帽,高空作业人员系好安全带,对索具、专用扳手等用具检查合格后方可使用。

2. 安装工艺流程

底盘、护栏安装→吊笼安装→试车→导轨架安装→附壁杆件安装→电缆导向装置安装→调试→安全限位安装及试运行→防雷接地→验收。

3. 底盘、护栏安装

(1)将底盘安装到位,使用4个M30螺栓穿过底盘孔,与钢结构支撑平台预留孔连接,并用标准节底节对接管口,并塞实底盘下空隙,拧紧螺栓(注意连接螺栓的防锈处理,如加入黄油)或直接将地盘焊接在钢结构支撑平台上。

(2)将侧围栏与底盘相连接,依次连接后围栏、边围栏,然后装好电源柜门框,并且安装围栏螺栓。

(3)用塔式起重机吊装外笼门,应防止吊点不正确导致外笼门变形的情况。

(4)固定所有外笼螺栓,安装好外笼对重滑道,调整外笼保持水平。

(5)分左、右将电缆滑车安装于底盘上,并安装好第一条工字形滑车导轨。

(6)用塔式起重机加装2个标准节并拧紧标准节螺栓。

(7)安装好外笼门支撑并调整吊放吊笼尺寸。

(8)安装好缓冲弹簧底座,并加入缓冲弹簧。

4. 吊笼安装

(1)准备好塔式起重机,配备4名以上工作人员,吊笼吊点平衡锁扣应锁紧。待准备完成,适合吊装后,指挥塔式起重机平缓起吊。

(2)相邻塔式起重机平缓摆至外笼上部,离基础面约5m高度处平缓下放,并缓慢套入标准节内。吊笼套入标准节时应注意吊笼下放过程中各方位位置,使其安全平稳放在缓冲弹簧内。按此方法把另一吊笼套入标准节内,同时安装固定笼顶安全围栏。

(3)松开传动电机制动装置螺栓并检查其是否有效,安装电机防雨板。

5. 试车

(1)检查理顺连接线路,并按线号固定连接螺栓(此时注意线号与线色)。

(2)检查工地进入此设备电源是否正常,用电安全装置是否合理、完善、安全。

(3)在确定符合通电试用条件下打开电源,试用各保护装置是否灵敏有效,同时确定进电源是否错相(根据错相保护器显示),如有错相,现场断开进电源总电源,并派专人看守,对进电源动力线进行换相序处理。

(4)检查吊笼顶部是否有悬挂物,零部件是否放置平稳,不得露出安全栏外,吊笼启动前再次全面检查,确保升降机运行通道无障碍,消除安全隐患。

(5)吊笼启动试运行必须在笼顶操作。

(6)运行前,应保证接地装置与升降机金属结构连通,接地电阻不大于4Ω。

6. 导轨架安装

(1)施工升降机利用自带拔杆安装。

(2)在逐节安装过程中,应注意导轨架的垂直度控制在千分之一范围内,同时可以通过附墙斜撑组合调节并固定。

(3)安装标准节时,应注意以下几点:
①拧紧所有标准节螺栓。
②安装时严禁超过额定安装载重量。
③严禁夜间作业。

7. 附墙安装

根据本工程实际情况,附着高程表如下。

(1)1号施工升降机附着高程表见表7.9(施工电梯基础高程：1530.066m)。

1号施工升降机附着高程表　　　　　　表7.9

道次	高程(m)
1	1538.416
2	1544.416
3	1550.416
4	1556.416
5	1562.416
6	1568.416
7	1574.416

(2)2号、3号施工升降机附着高程表见表7.10(施工电梯基础高程：1575.882m)。

2号、3号施工升降机附着高程表　　　　　　表7.10

道次	高程(m)
1	1581.032
2	1587.032
3	1593.032
4	1599.032
5	1605.032
6	1611.032
7	1616.032
8	1621.032
9	1626.032
10	1632.032
11	1638.032
12	1644.032
13	1647.032
14	1653.032
15	1659.032

(3)1号施工升降机附着形式。

1号施工升降机第1道附着焊接在两桥墩之间的"X"形钢梁上，后续6道附着在两桥墩之间的临时钢横梁支撑上。

(4)1号施工升降机附着受力校核。

根据 1 号施工升降机说明书,采用两种不同间距的附着形式。

按说明书最不利工况情况下(附着间距拉到极限 10m 以上,工程实际远未达到),附着一和附着二最大水平单点支反力为 70kN,其余附着最大单点支反力为 77kN。根据简单力学分析可知,附着三受力对钢梁抗弯负载最大,故此处校核附着三钢梁受力。

为简化超定静计算模型,假设 N_1 和 N_2 的水平方向反力全部被斜撑 T_3 和 T_4 抵消,则最大弯矩在 T_3 和 T_4 与主梁连接受力点处,即 $M = 77kN \times 1.533m = 118kN \cdot m$。$\sigma = M/W = 118000N/m^2 \times 423cm^3 = 139.5MPa \leqslant 215MPa$,满足要求。

(5) 2 号和 3 号施工升降机附着受力校核。

根据升降机使用说明书,附墙架用于建筑物上,力 F 应满足:

$$F = L \times \frac{60}{B} \times 2.05$$

2 号、3 号施工升降机附墙架形式为 Ⅱ 型,$B = 2000mm$,$L = 3400 \sim 4200mm$。此处按最大受力校核(取 $L = 4200mm$),实际距离 L 约为 3600mm。其中,L 为升降机中心道墙体之间的距离,B 为附着点之间的距离。

施工升降机附墙受力应满足 $F \geqslant 4200 \times \dfrac{60}{2000} \times 2.05 = 61.5kN$。

根据本工程实际情况,施工升降机附墙竖向距离为 4.5~6.0m(随分层爬模进度)。

施工升降机导轨中心到升降机吊笼边距离为 1640mm,施工升降机吊笼边距爬模平台沿边距离为 150mm。

施工升降机至最上面一道附壁杆件以上悬出高度不得大于 7.5m,按索塔附壁杆件架设要求安装附壁杆件。附壁杆件与索塔的固定,采用在索塔上预埋锥形套筒,用 8.8 级强度 M24 螺栓固定的方式进行安装。

安装附墙杆件时必须注意:

① 拧紧所有螺栓,开口销必须张开。

② 最大悬臂不得超过 7.5m。

8. 电缆导向装置安装

(1) 当标准节安装至一定高度时,安装中间挑线架并固定螺栓。

(2) 在吊笼上安装电缆托架,将动电缆的一端接入吊笼接线端上并固定,动电缆的另一端接入外笼电源箱。

(3) 安装中间接线盒及静电缆,将静电缆的一端接入中间接线盒并将其固定在标准节上,每 6m 固定一次。

（4）取下外笼电源箱一端的动电缆,并将此端头与中间接线盒处的静电缆连接,并固定在挑线架上。

（5）拆下吊笼一端的动电缆,穿过电缆滑车并固定在电缆托架上,将电缆接入吊笼电源箱内。

（6）将静电缆另一端接入外笼电源箱内。

（7）安装电缆装置必须注意：

①注意对电缆的保护,防止划破漏电伤人。

②观察试运行电缆装置的滑车是否正常。

③电缆滑车轮是否灵活,中间挑线架安装位置是否合理,滑车轮导向是否正常。

④根据吊笼的运行高度安装电缆滑车导轨和电缆保护架。

9. 调试

（1）检查各部连接是否可靠。

（2）传动小齿轮与传动齿间隙是否符合使用标准。

（3）导轮间隙是否符合运行要求。

（4）限速器齿距是否符合运行条件,无异常。

10. 安全限位安装及试运行

（1）导轨架、附壁杆件按规定要求安全逐节提升至施工爬模层所需高度。

（2）在吊笼底部安装下限位碰铁,使其在操作失效情况下能自动切断电源。

（3）在所需导轨架高度上安装防冲顶装置,防止意外发生,同时必须保证上限位开关和极限开关同时有效。

（4）安装各门限位、外笼门及吊笼的机械联锁装置,确保所有装置工作可靠。

（5）复查升降机的所有性能是否符合试运行要求,并且按使用说明书批示各润滑部位进行润滑。

（6）在吊笼顶部用上操作盒进行试运行,并逐层检查附墙连接是否可靠,电缆装置是否运行正常,上、下限位控制是否可靠,消除安全隐患。

11. 起重量限制器、渐进式防坠器设置

电梯内布置有相应的安全装置,如超载限位、防坠安全器等。

(1) 超载限位装置。

施工升降机应安装超载限位装置。超载限位装置在荷载达到额定载重量的110%前应能中止吊笼启动,在齿轮齿条式载人施工升降机荷载达到额定载重量的90%时应能给出报警信号。图7.13所示为一种超载限位装置——施工升降机起重量限制器。

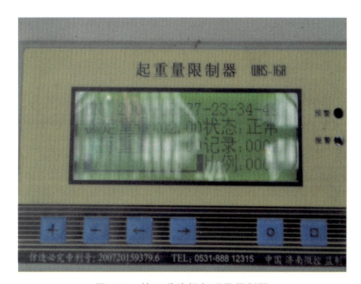

图7.13 施工升降机起重量限制器

(2) 防坠安全器。

防坠安全器(图7.14)必须安装安全开关。在安全器动作时,应能激发安全开关动作,以切断电路,在安全器动作后,只有通过人工调整,才能使安全开关复位。

图7.14 防坠安全器

防坠安全器寿命5年,有效标定期限1年(由专业的检测单位进行检测标定,产权单位、安装单位、用户都不能进行标定),防坠安全器的复位要由有操作资格证的安拆工进行。

防坠安全器在保持全程启用状态,包括安装和拆卸工况。使用防坠安全器时,应按吊笼额定载重量进行坠落试验,以后至少每3个月进行一次,并形成记录。防坠安全器试验时,吊笼不允许载人,额定载重量的坠落试验制动距离最大不超过1.2m。

12. 防雷接地

施工升降机运行前,应安装可靠防雷接地装置。接地连接引到桥墩承台防雷扁铁上与之焊接,接地电阻不大于4Ω。

13. 施工升降机验收

施工升降机安装完成且经调试,并由安装单位自检后,应向政府检测部门申请进行检验检测,检测合格后并取得检测报告和合格证后由项目经理部申请公司、监理单位、建设单位和安全监管部门组成的联合验收小组进行验收,验收合格并签发使用通知后方可投入使用。

五 施工升降机的拆除

1. 施工升降机拆除顺序

(1)将吊笼上升运行至上限位碰铁附近停机,作业人员通过吊笼活顶门上至吊笼顶。首先,拨动吊笼顶上操作控制盒的转换开关,使吊笼内操作盒不能操作;然后,点动上升至上限位碰铁处,拆下上限位上极限碰铁后,点动上升,此时应注意配重钢丝绳一松时即刻停机,打开吊笼顶门,按下操作盒急停按钮,待通知地面作业人员松开吊配的钢丝绳卡后,下面人员离开外笼内,由吊笼顶上作业人员将钢丝绳卷入笼顶钢丝绳内(注意卷绳时,天轮罩不得拆下)。

(2)将吊笼下降至地面,用小吊杆卸下钢丝绳架,在将吊笼上升至离导轨架顶部大于500mm处停机,按下急停开关,拆下天轮架后用小吊杆放于吊笼顶送到地面。

(3)将吊笼上升至距导轨架顶部大于2m处(最后一节标准节与第二节标准节接口处向下

500mm 以下)停机,按下急停开关,使用小吊杆及标准节专用吊具吊住标准节后,拆下连接螺栓,将顶部标准节吊放进笼顶送至地面。

(4)重复过程(3),直到拆下最上面的附壁杆件,拆下电缆导架,用小吊杆吊附壁杆件,拆下附墙放进吊笼送到地面。

(5)重复过程(3)、(4),直到最后只剩下升降机的基本部分(三节标准节)。

(6)拆除下限位和下极限碰铁,拆下外笼地盘上的缓冲簧,然后点动操作控制盒,将2个吊笼降至最低处落实(注意应小心下降,切莫使吊笼撞底)。

(7)拆下第三节标准节,放至地面。

(8)拆下吊笼内电缆线,将电缆线盘入电缆筒内,并将电缆筒与外笼拆开。

(9)拆下电源箱内供电电缆后,拆除电源箱及右外笼门立柱、电源箱接杆螺栓。

(10)拆下左、右外笼底盘连接螺栓,分别将左右吊笼底盘与外笼底架用螺栓连接牢固,松开地脚螺母,并打开右吊笼内2个电动机制动器,准备用重设备吊运。

(11)用起重设备将右吊笼及右外吊笼吊起,与左外笼及吊笼、2个标准节分开,放置在安全地方。

(12)整理所有部件、螺栓及专用工具,入库或转至下一工地。

2. 质量保证措施

(1)基础放线、埋件位置及尺寸必须准确,埋件中心线偏差不大于15mm,施工时严格控制面层平整度不大于10mm。

(2)安装时做到随安随测,以确保导轨架的垂直度不大于40mm。

(3)施工升降机整体安装质量验收标准如下:

①基础表面必须保证在同一水平面上,其最大误差为2mm。

②节架垂直度必须符合要求,偏差不得超过1‰。

③所有紧固件、销轴螺栓等必须紧固到位,一应俱全。

④所有安全限位必须齐全、灵活、有效。

⑤电气零部件绝缘可靠,不露铜丝,接地电阻不大于4Ω。

⑥要轻吊轻放,吊点位置选择准确,保证结构件不变形。

⑦安装后,经法定检测机构检测合格后方可使用。验收合格后填写《施工升降机安装验收表》。

第三节 桥面吊机

1.具体安装流程

走行机构下行走轨道安装→下底盘安装→后锚固安装→上转台及回转支承安装→中央集电环安装→卷扬机安装→后三角支架安装→吊臂安装→主起升、副起升、变幅钢丝绳安装→拉起吊臂→检查试车→试吊。

在整个施工过程中,每构件吊装就位时,需设专人观测支架变形情况,同时对支架关键节点进行观察,并做好记录,发现异常及时分析处理或停止吊装,及时向建设单位汇报。

2.具体安装步骤

(1)放线定位:在已经架设完成的墩旁托架上进行放线定位,并在其上放置临时垫梁。

(2)利用塔式起重机安装轨道梁,吊装到桥面上及已经放置的轨道梁线上。如轨道梁全长25.4m,则首次安装12.7m,如图7.15所示。

图7.15 轨道梁

(3)利用塔式起重机安装长纵箱梁,吊装到桥面上与轨道梁反扣板连接。采用2台32t机械千斤顶将长纵箱梁顶起且超平。

(4)前横梁(图7.16)安装:利用20t塔式起重机吊装前横梁就位,一端与已经安装就位的长纵箱梁法兰板连接,对位后打进冲钉,补齐剩余螺栓,初拧螺栓;另一端采用32t机械千斤顶顶起,且超平(螺栓的安装方向,按图纸进行;图纸未标明时,按工作时螺栓杆在下方、螺母在上方安装)。

图7.16 前横梁

(5)回转中心安装(图7.17):利用20t塔式起重机吊装回转中心就位,与已经安装就位的长纵箱梁和前横梁法兰板连接,对位后打过冲,补齐剩余螺栓,进行初拧螺栓。另一端采用2台32t机械千斤顶顶起,且超平。

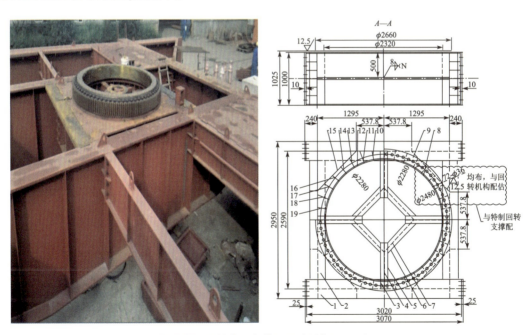

图7.17 回转中心安装(尺寸单位:mm)

(6)后横梁安装:利用20t塔式起重机吊装后横梁就位,一端与已经安装就位的长纵箱梁和回转中心法兰板连接,对位后打过冲,补齐剩余螺栓,进行初拧螺栓。另一端采用32t机械千斤顶顶起,且超平。

(7)整体螺栓终拧:将对位时的过冲全部取出,换成螺栓,且终拧全部螺栓,达到图纸要求的扭矩,并安装下车体与桥面的锚固装置。

(8)安装左右幅行走液压油缸,安装时要保持液压管清洁。

(9)上车体安装:上车体与下车体对位后,安装所有连接螺栓且初拧,并做好记号。再次对角进行终拧螺栓,达到图纸设计要求的扭矩。

(10)卷扬机安装及回转机构的安装:回转机构的部件,按图纸尺寸的要求安装就位。吊装主钩卷扬机后,吊装变幅卷扬机并用螺栓与底部支座相连,预紧、终紧;依次安装副钩卷扬机支架;吊装副钩卷扬机。将所有部件用螺栓固定牢固。

(11)后三脚架安装:将后三脚架的后拉杆总成与前撑杆部件总成在允许的台架或地面上进行铰接安装,穿入销轴并固定。

将后三脚后拉杆与前撑杆总成整体吊起,然后将斜杆与上转台耳座板进行销轴连接,再用手拉葫芦(或利用副钩吊起,使之形成一定的夹角)拉开直杆系与斜杆的间隔,同时起重机配合下降,直至杆系通过销轴连接到上转台的另两只转台耳座板中。最后,用5t手拉葫芦将直杆系调至耳座内穿轴,安装斜支撑。同时,将臂架防倾斜装置安装在前撑杆上。

(12)电气安装:将司机室及电气系统全部安装完成,并进行空运转调试,确保回转机构、卷扬机等均能正常运转。启动回转机构,转动转台,使转台尾部朝向塔式起重机柱身。

(13)配重安装:利用塔式起重机安装配重块,总数为4块,每块5t,共20t。每次单块起吊。

(14)吊臂安装:将吊臂的所有部件在允许的台架或地面上按图示尺寸安装成整体。

拼装好变幅滑轮组及拉索机构,用起重机将吊臂整体吊置上转台上,将吊臂尾段与上转台吊臂铰座用销定位连接,吊臂倾斜角大于0°,吊臂用起重机悬空吊装,然后穿上变幅钢丝绳,待变幅钢丝穿好后再移去起重机。

(15)电路与液压安装调试。

①进行电气系统及安全限位装置的安装与调试,对电线进行编号,并做到一一对应,不得有误。

②经检查无误后,方可通电、调试。

(16)整机检查。

①对所有安装的螺栓、销轴等连接件进行检查,确保连接牢固可靠。

②向定滑轮、动滑轮、转向轴承中注入润滑脂。

③检查安全装置是否正常,行程限位、高/低速制动器是否灵敏可靠。

④检查起重机的定位是否准确,锚固装置连接是否牢固可靠。

⑤对照电气原理图、液压原理图,检查电气、油管的连接是否正确,各接头是否松动、漏油。

⑥依次启动电机,检查电机旋转方向是否正确,是否有异响、振动及卡阻现象。

⑦检查限位装置动作是否与操作功能一致。

⑧启动液压站电机,按操作台指示操作,进行油缸的空载动作试验。确保油缸动作符合设计要求。

⑨检查主起升、副起升、变幅机构、旋转机构等机构制动器性能,检查是否动作可靠。

3. 第三/四台全回转起重机安装

第三台和第四台全回转起重机是利用已经安装完成的第一台和第二台全回转起重机进行安装,安装方法同第一台/第二台。

二 试吊试验

1. 试吊试验流程

(1)试吊试验准备。

试吊试验准备包括设备检查、试件运输到场配重、试吊现场清理、试吊范围内无关人员撤离。

(2)试吊试验。

依次进行空载试验、额定荷载试验、动载试验、静载试验,过程中进行力矩限制器的调试和标定、试验数据记录及设备检查。

2. 安全技术保证措施

(1)技术保证措施。

①起重机所有卷扬机都装有上、下行程限位器,超限时能自动切断机构的运动。

②起重机装有力矩限制器,综合误差为±5%。当起重力矩达到额定力矩的95%以上时,发出提示性报警信号;当起重力矩达到额定力矩的105%时,能限动并切断向危险方向的动作,同时发出声光信号。力矩限制器装在起重机上后,应在荷载试验时进行调整和标定。

③设有回转锁定装置。

④设有吊臂变幅和回转限位保护。

⑤设有电气过、欠压和过流保护。

⑥设有各机构动作联锁安全装置。

（2）试验条件。

根据现场情况,35t全回转起重机和40t全回转起重机均按35t参数进行试验。

①试验应在安装基座上进行。

②配置起吊重块(能组合成35t、38.5t、43.75t)。

③应配备足够的索具。

④安装起重机回转中心60m范围内无影响试验的障碍物。

⑤试验场应有100kW、380V的交流电源供试验使用。

（3）空载试验。

在吊钩不带荷载的情况下,按设计要求进行空负荷运转试验。

试验要求:检验各安全装置工作可靠有效;各机构运转正常,制动可靠;操纵系统、电气控制系统工作正常;运行平稳无异常振动象。

合上电气控制柜内所有断路器开关,启动电源,检查三相电压是否平衡。安全装置试验合格后,依次正、反向操纵机构控制手柄,进行机构运转试验。

①起升机构:吊钩全程起升三次,测量其速度;检查吊钩高度限位;检查钢丝绳是否跳槽,是否有异常。

②变幅机构:在最小工作角度和最大工作角度范围内全程变幅起落吊臂三次,测量全程起臂一次的速度及全程运动的最大和最小吊距,并检查变幅限位防倾装置是否有异常;起落吊臂时,应平稳无噪声。

③回转机构:左右各回转两次,测定在±180°范围内回转一次的速度,并检查回转限位,回转应平稳、无振动与异常声音。

④联动试验:起升机构+回转机构、变幅机构+回转机构同时缓慢动作,不得有振动及异常声音;试验后检查起重机不应有裂纹、连接松动、构件损坏等影响起重机性能和安全的缺陷。

⑤前后移动:整机前行后移试验(需在完成前后一跨桥面板的铺设后进行整机的前后移动试验),整机按正常作业操作,向前/向后移动一跨:向前时,将滑移轨道向前接出12m,将大臂转向前方,打开固定锁,启动滑移油缸,向前移动一跨后将安全固定锁固定,检查各部位安装装置合格后,进行一次起升、回转、变幅空载动作后,向后移动一次。检查滑移轨道无异常后,

将大臂转向后方,打开固定锁,启动滑移油缸,向后移动一跨后将安全固定锁固定,检查各部位安装装置合格后,再进行一次起升、回转、变幅空载动作,完成前后移动。

联合动作试验:主钩+回转的联合动作;变幅+回转的联合动作。

空载试验中,各运动部件不应有松动,不应有超过规定的偏斜和振动,传动齿轮不应有异响,工作温度不超过规定范围,限位开关和制动器动作灵活、可靠。

(4)荷载试验(主钩15t)。

15t荷载试验的目的是验证起重机机构及制动器在约半荷载工作情况时的性能,如果各部件在其性能试验中未发现损坏,连接处没有松动,起重机无裂纹、连接松动、构件损坏等影响起重机性能和安全的缺陷,则认为试验合格。

5. 额定荷载试验(主钩)

额定荷载试验的目的是验证起重机机构及制动器在正常工作荷载下的性能,如果各部件在其性能试验中未发现损坏,连接处没有松动,起重机无裂纹、连接松动、构件损坏等影响起重机性能和安全的缺陷,则认为试验合格。

6. 动载试验(主钩)

动载试验的目的主要是验证起重机各机构及制动器的功能,如果各部件能完成其功能试验,并在目测检查中没有发现机构(结构)有损坏,连接处没有松动现象,起重机无裂纹、连接松动、构件损坏等影响起重机性能和安全的缺陷,则认为试验合格。

7. 静载试验(主钩)

新安装、大修、改造后的起重机应进行此项试验。起吊1.25倍的额定荷载,悬空不少于10min,卸载后检查永久变形情况,重复3次后不得再有永久变形。起重机不应有裂纹、连接松动、构件损坏等影响起重机性能和安全的缺陷。

(1)静载试验的目的是检验起重机零部件及结构的承载能力。如果未产生裂纹、永久变形、油漆剥落或对起重机的性能及安全有影响的损坏,连接处未产生松动,则认为试验合格。

(2)起重机静载试验由主钩完成,荷载为主钩最大额定起重量的1.25倍(43.75t);吊臂应停留在吊距20m处。

(3)静载试验的荷载应逐次缓慢加载,加载期间应测量并调整使物品离地保持在100~200mm高度处,停留不少于10min。加载完成后,缓慢减载到0后,全面检查各部件结构、焊

缝、螺栓、油漆剥落等情况。

8. 力矩限制器调试和标定

力矩限制器调试和标定应在主钩做荷载试验时进行,并应满足相关设计和规范要求。

9. 走行试验

试验前,走行部分各结构件连接好,机构安装转动正常,液压系统调节正常,电气部分安装完成,调试正常。试验次数不少于3次。

(1)试验内容。

①检验起重机行走、支腿液压系统工作是否正常。

②检验起重机行走是否畅通、平稳、歪斜和同步,走行轮是否啃轨。

③检验旋转支腿旋转是否灵活,整机走行过程能否安全通过锚拉索。

(2)试验程序。

①调整起重机轨道,安装顶推油缸和销轴。

②顶升油缸收缩,前支撑与地面不接触;起重机处于行走状态。

③按全回转架梁起重机走行方式及步骤走行一节间。

在试验中,液压泵站应无异常响声,无渗漏现象;起重机走行不得有卡滞现象,走行轮和滑座不得有啃轨现象,左右走行应同步;起重机整机行走应畅通。

第四节 提 升 站

提升站安装在桥梁 C1 斜拉索和 C2 斜拉索之间。

提升站主要构件尺寸及重量见表 7.11。

提升站主要构件尺寸及重量　　　　　　　表 7.11

序号	部件名称	数量	规格	质量(kg) 单重	质量(kg) 总重
1	主梁	2	33700mm×360mm×630mm	11300	22600
2	支腿	4	8300mm×400mm×200mm	3400	13600
3	上横梁	2	10140mm×800mm×950mm	3300	6600
4	起重小车	1	50t	12000	12000
5	操作室	1	—	850	850
6	爬梯等附属	1	—	5000	5000

提升站安装顺序：提升站支座定位并焊接→吊装支腿→吊装主梁→吊装走行小车→调试电气→试吊使用。

步骤一：对安装图纸尺寸进行放样，定位提升站支座位置。

步骤二：吊装支腿，并拉好揽风绳，固定支腿位置。

将缆风绳的一端事先固定在支腿上，支腿采用塔式起重机吊装，支腿竖直吊起至门架台车架上。另一端连接 5t 手拉葫芦并与对应地锚连接。每个支腿分别装配 3~4 根缆风绳。缆风绳距轨道竖直高度为 8.4m，与轨道夹角约为 50°，单根缆风绳长度为 11m。

步骤三：吊装主梁结构。

步骤四：吊装走行小车，调试提升站。

步骤五：拆除揽风绳，提升站试吊并投入使用。

门式起重机的安全装置主要有起重量限制器、吊钩高度限位器、走行限位、扫轨器等，调整起重量限制器使其综合误差小于或等于±5%，若显示误差小于或等于5%，调整走行限位器，其极限位置离两端各 2m，调整吊钩高度限位，其动作位置距主梁底部约 2m。

电路与液压安装调试方法如下：

(1)电气系统及安全限位装置的安装与调试：电线编号应一一对应，不得有误。

(2)经检查无误后，方可通电、调试。

整机检查方法如下：

(1)对所有安装的螺栓、销轴等连接件进行检查，确保连接牢固可靠。

(2)向定滑轮、动滑轮、转向轴承注入润滑脂。

(3)检查安全装置是否正常，行程限位、高/低速制动器是否灵敏可靠。

(4)检查起重机的定位是否准确，支腿处锚固焊接连接是否牢固可靠。

(5)对照电气原理图、液压原理图，检查电气、油管的连接是否正确，各接头是否松动、漏油。

（6）依次点启动各电机，检查电机旋转方向是否正确，是否有异响、振动及卡阻现象。

（7）检查各限位装置动作是否与各操作功能一致。

（8）检查起重小车的各机构制动器性能，检查是否动作可靠。

二、试吊试验

1. 试吊试验流程

（1）试吊试验准备。

试吊试验准备包括设备检查、试件运输到场配重、试吊现场清理、试吊范围内无关人员撤离。

（2）试吊试验。

依次进行空载试验、额定荷载试验、动载试验、静载试验，过程中进行力矩限制器的调试和标定、试验数据记录及设备检查。

（3）试吊试验后续事项。

试件运回原位、试验报告编制。试吊试验人员组织安排见表 7.12。

试吊试验人员组织安排　　　　表 7.12

序号	分工	人数	备注	配置
1	总指挥	1	试吊试验总指挥	
2	具体指挥	1	试吊现场直接指挥、组织、协调	1 台对讲机
3	专职安全员	3	负责试吊现场安全事项	
4	工长	1	负责机械设备协调	1 台对讲机
5	设备主管	1	附壁起重机监督、试验报告编制	
6	试验数据记录	1		
7	设备检查	4	负责试吊全过程设备检查	1 台对讲机
8	操作人员	1	附壁起重机具体操作人员（站横梁上）	1 台对讲机
9	试件操作	4	负责试件（钢筋）的运输进场、重量配置、试件挂钩解钩、试件运输退场	
10	其他人员	4	现场清理、辅助、应急	

2. 安全技术保证措施

(1)技术保证措施。

①起重机卷扬机装有上、下行程限位器,超限时能自动切断机构的运动。

②起重机装有力矩限制器,综合误差为±5%。当起重力矩达到额定力矩的95%时,发出提示性报警信号;当起重力矩达到额定力矩的105%时,能限制动作,并切断动作,同时发出声光信号。起重机安装力矩限制器后,应在荷载试验时进行调整和标定。

③设有电气过压、欠压和过流保护装置。

④设有各机构动作联锁安全装置。

(2)安全保证措施。

①所有现场施工人员必须正确佩戴安全帽,高处作业人员必须系安全带。

②起重机操作人员、司索指挥人员必须严格遵守安全操作规程进行操作,持证上岗,严禁酒后作业。

③起吊作业时,施工现场必须配置专职安全员,作业人员必须服从安全及技术人员的管理,严格执行操作规程,不盲干,不蛮干。

④起重机进行大型构件起吊时,应事先通知设备材料部、安全环保部提前进行相关检查工作,同时形成记录。

⑤对机械设备的主要连接件、电路进行定期检查,防患于未然;每次起吊(试吊)作业时,必须设立安全警戒区域,同时对吊装区域进行封锁,严禁无关、人员车辆进入,并对施工范围内的人员进行清场,以免造成不必要的事故。

⑥对操作平台上的杂物、材料进行清理打扫,防止高空坠物伤人。

(3)荷载试验交底。

①根据总体试验要求,确定现场总指挥、操作手、监护检查员、安全员,明确各部位人员职责(人员名单按实际到现场作业人员现场填报)。

②明确各部件、部位安全监控点。

③试验现场安全设施检查。

④明确发生异常时,及时按照现场作业应急预案进行排险。

⑤检查起吊重量及钢丝绳,按钢丝绳使用标准严格检查。

⑥所有调试人员使用对讲机进行沟通。

⑦试验前对现场电源、电线电缆进行检查。

（4）试验条件。

根据现场情况，50t 起重机均按 35t 起重机参数进行试验。

①试验应在安装基座上进行。

②配置起吊重块（能组合成 35t、38.5t、43.75t）。

③配备足够的索具。

（5）目测检查。

目测检查应检查所有重要部分的规格和状态是否符合要求。检查时，不必拆开部件，但应打开盖子，如限位开关盖。检查前应关闭总电源，并按下列内容检查起重机：

①所有部件应完整无缺。

②部件的安装装配应符合图纸技术要求。

③需要润滑的零部件应注入充足的润滑脂。

④钢丝绳与卷筒应固定牢靠，钢丝绳不得脱出滑轮槽，限位器要调整灵活准确。

⑤金属结构不得有变形，各连接螺栓要正确可靠。

⑥所有电机、减速机、轴承座等要固定牢靠。

⑦制动器调整灵活。

⑧检查操作系统接线应正确。

⑨测量悬臂长度和最大起升高度。

（6）空载运转试验。

在吊钩不带荷载的情况下，按设计要求进行空载运转试验。

试验内容：检验各安全装置工作可靠有效；各机构运转是否正常，制动是否可靠；操纵系统、电气控制系统工作是否正常；运行平稳有无异常振动现象。

合上电气控制柜内所有断路器开关，启动电源，检查三相电压是否平衡。各安全装置试验合格后，依次正、反向操纵各机构控制手柄，进行机构运转试验。

①起升机构：吊钩全程起升 3 次，测量其速度；检查吊钩高度限位；检查钢丝绳是否跳槽，是否有异常。

②变幅机构：通过小车走行来实现变幅，试验制动器、行程开关等。

空载试验中，各运动部件不应有松动，不应有超过规定的偏斜和振动，传动齿轮不应有异响，工作温度不超过规定范围，限位开关和制动器应动作灵活、可靠。

(7）荷载试验（主钩 15t）。

15t 荷载试验的目的是验证起重机机构及制动器在约半荷载工作情况时的性能，如果各部件在其性能试验中未发现损坏，连接处没有松动，起重机无裂纹、连接松动、构件损坏等影响起重机性能和安全的缺陷，则认为试验合格。

主钩起吊重物——起重量（15t）试验：吊距 20m，主钩起吊 15t，由桥面起升到 500mm（中间制动 3 次），再下降到桥面（中间制动 3 次），测定工作时的工作速度。

以上每项试验不少于 3 次。各参数的测定值取 3 次测量的算术平均值。

（8）额定荷载试验（主钩）。

额定荷载试验的目的是验证起重机机构及制动器在正常工作荷载下的性能，如果各部件在其性能试验中未发现损坏，连接处没有松动，起重机无裂纹、连接松动、构件损坏等影响起重机性能和安全的缺陷，则认为试验合格。

主钩起吊重物——额定起重量（35t）试验：吊距 20m，主钩起吊 35t，由桥面起升到 500mm（中间制动 3 次），再下降到桥面（中间制动 3 次），测定工作时的工作速度。

以上每项试验不少于 3 次。各参数的测定值取 3 次测量的算术平均值。

（9）动载试验（主钩）。

动载试验的目的主要是验证起重机各机构及制动器的功能，如果各部件能完成其功能试验，并在目测检查中没有发现机构（结构）有损坏，连接处没有松动现象，起重机无裂纹、连接松动、构件损坏等影响起重机性能和安全的缺陷，则认为试验合格。

主钩起吊重物——额定起重量的 1.1 倍（38.5t）试验：吊距 20m，主钩起吊 38.5t，由桥面起升到 300mm，再下降到桥面。该工况试验连续做 3 次，每一次的动作停稳后再进行下一次启动。

每种联合动作试验中应做反复启动和制动，每一次的动作停稳后再进行下一次启动，每种联合动作试验往返次数不应少于 3 次。

（10）静载试验（主钩）。

新安装、大修、改造后的起重机应进行此项试验。起吊 1.25 倍的额定荷载，悬空不少于 10min，卸载后检查永久变形情况，重复 3 次后不得再有永久变形。起重机不应有裂纹、连接松动、构件损坏等影响起重机性能和安全的缺陷。

①静载试验的目的是检验起重机零部件及结构的承载能力。如果未产生裂纹、永久变形、油漆剥落或对起重机的性能及安全有影响的损坏，连接处未产生松动，则认为试验合格。

②起重机静载试验由主钩完成,荷载为主钩最大额定起重量的 1.25 倍(43.75t);吊臂应停留在吊距 20m 处。

③静载试验的荷载应逐次缓慢加载,加载期间应测量并调整使物品离地保持在 100～200mm 高度处,停留不少于 10min。加载完成,当荷载缓慢减小到 0 后,全面检查各部件结构、焊缝、螺栓、油漆剥落等情况。

(11)力矩限制器的调试和标定。

应在主钩做荷载试验时进行力矩限制器的调试和标定。

第三篇

工程管理

CHAPTER 08
第 八 章

增值税策划总体效益

为了加强桑园子黄河大桥项目的增值税过程管控，进一步提升项目"业、财、税、资金"管理链条的融合度，建立健全工程项目增值税过程管控体系，有效防范化解增值税涉税风险，提高项目全员的项目管控能力，避免项目不考虑资金成本，一味降低税负率购买进项税的情况发生，桑园子黄河大桥项目部按照甘肃路桥《工程项目增值税过程管控工作指引》及《一般计税项目增值税过程管控指导意见书》分析制定项目税务管控方案。

项目建设单位为甘肃省公路交通建设集团有限公司，中标单位为甘肃省交通规划勘察设计院股份有限公司/甘肃路桥建设集团有限公司（联合体），承建单位甘肃路桥第二分公司。桑园子黄河大桥全长1.718km，合同造价8.6亿元，为一般计税项目，工程地址位于甘肃省榆中县，合同工期为2020年2月10日至2024年8月10日（1643d）。

桑园子黄河大桥主桥采用双塔三跨半漂浮体系结合梁斜拉桥，桥塔采用菱形"双子塔"。主要工程量为双幅连塔斜拉桥一座，总长959m，分左右两幅，双向八车道，单幅桥宽22.75m。主跨328m，边跨151m，一跨过黄河。主塔南塔高152m，北塔高133m；主塔桩基总数96根，引桥桩基总数127根，共223根；桥墩总数48根，其中薄壁墩14根；引桥钢箱梁28片、70m钢桁梁1跨、主桥钢梁212段；钢筋混凝土盖板涵2道；路基挖方20.49万m^3，路基填方47.13万m^3，孔内深层超强夯（SDDC）桩11780m，灰土挤密桩21415m，防护工程锚杆框格梁2248m^3。

（1）路基工程：土石方204991.00m^3，借土方266280.00m^3，排水工程3218.14m^3。

（2）桥梁工程：基础钢筋4430220.47kg，下部钢筋12403264.9kg，上部钢筋5478822.74kg。桩长共7955m。基础C30混凝土16761.2m^3；下部C30混凝土440.00m^3，C35混凝土1366.76m^3，C40混凝土3753.10m^3，C50混凝土4012.3m^3，C50微膨胀混凝土569.3m^3，C55混凝土26308.6m^3；上部C60预制混凝土740.2m^3，高性能混凝土（C55微膨胀低收缩混凝土）4730.2m^3，C60微膨胀混凝土2518.14m^3；混凝土结合梁、索塔及盖梁钢绞线（ϕ15.2mm钢绞线）411618.92kg；上部预制C55混凝土4942.9kg，斜拉索及锚具1178889.06kg。

（3）涵洞工程：钢筋混凝土盖板涵72.22m。

一 材料、机械、劳务供应商市场情况

本项目所使用的主材供应商为一般纳税人，故开具税率为13%的发票。对于主要机械费用，由于项目的特点，所使用的机械设备如塔式起重机等，供应商为增值税一般纳税人，税率为13%，其他小型设备供应商，可以根据国家税务优惠政策选择税率为1%及3%的发票。对于

劳务费用,本项目采用清包工或甲供材方式,做简易计税,选择税率为3%的发票;也可根据项目经营情况,选择税率为9%的发票。

二 税负测算与分析

根据桑园子黄河大桥项目控制预算策划增值税方案,项目合同额为86071.01万元,收入扣减1511.48万元设计费(由设计单位直接开具发票业主),调整后不含税收入为77577.55万元,增值税销项税额为6981.98万元,项目总成本为76495.50万元,预计进项税额为6252.42万元,动员预付款预缴增值税为157.94万元,缴纳机关增值税为571.62万元;增值税税负率为0.94%,项目预计盈利1082.05万元,利润率为1.4%。项目收入成本构成表见表8.1。

收入成本构成表　　　　　　　　　　　　　　　　表8.1

科目类别		项目总成本	增值税税额	合计
工程结算收入(万元)		77577.55	6981.98	84559.53
成本(万元)	劳务(含计件)	14871.84	446.16	15318.00
	材料费	36148.78	4385.10	40533.88
	机械费	11929.77	898.18	12827.95
	施工电费	949.98	123.50	1073.48
	BIM费	954.13	57.25	1011.38
	其他直接费	6414.21	260.98	6675.19
	间接费	5064.34	81.25	5145.59
	附加税	162.45	0.00	162.45
成本合计(万元)		76495.50	6252.42	82747.92
项目预期利润(万元)			1082.05	
项目预期利润率(%)			1.4	
增值税税负率(%)			0.94	

三 资金流预测情况

项目预计经营性资金收入为84559.53万元,经营性资金支出为82747.92万元(其中成本76495.5万元、增值税进项税额6252.42万元,动员预付款预缴增值税及向中标单位缴纳增值税729.56万元),资金流净额1082.05万元。项目资金流预测见表8.2。

项目资金流预测　　　　　　　　　　　　　表8.2

经营性资金收入（万元）		经营性资金支出（万元）			净现金流（万元）
不含税工程收入	销项税额	预计成本	进项税额	支付中标单位增值税金额	
77577.55	6981.98	76495.50	6252.42	729.56	1082.05

依据项目控制预算，项目现金流量净额为 1082.05 万元，与项目预期利润 1082.05 万元一致。因本项目的税务管辖权限在兰州地区不实行增值税预缴，支付中标单位预交动员预付款增值税金额 157.94 万元及向中标单位缴纳增值税 571.62 万元。

四、增值税过程管控的目的、原则和思路

1. 管控目的

为了建立、健全项目的增值税过程管控体系，进一步提升项目"业、财、税"管理链条的融合度，有效防范、化解增值税涉税风险，实现增值税管控工作的价值创造，在确保不影响项目成本的情况下，实现"项目资金流净额与项目预期利润趋同，同时项目资金流向中标法人，避免资金流向供应商"的管控目标。

2. 管控原则

项目要切实履行增值税管控的主体责任，在生产经营中，执行"成本与资金流最优"的原则，遵循"先成本后资金"的程序，各部门在合同谈判和采购时，严格依据增值税前期策划方案选择不同纳税性质的供应商，项目负责人对各业务部门的执行情况进行监督、跟踪落实，确保项目增值税管控从源头可控，确保税务筹划方案落到实处。

3. 管控思路

（1）做好增值税前期策划：紧紧围绕项目控制预算，紧抓项目施工组织方案，同时与资源保障部、成本控制部在招投标环节明确税务管理要求。按照项目实际情况，细化每一笔成本费用，关注资金流向，部门联动制定科学、合理的增值税前期策划方案，并把策划结果作为项目选择供应商的依据。

（2）坚持过程监控：项目建设过程中各职能部门联动，依据形象产值、应结未结成本、库存材料等按月做好增值税税负率及资金流的测算工作，并与项目增值税前期策划方案及项目控制预算对比分析、查找原因、查漏纠偏，及时调整增值税策划方案。

(3)完工总结:项目完工后财务部门与各职能部门联动,总结增值税管控的利弊得失,以提升对增值税管控的整体能力。

五 增值税主要风险点

1.项目采购钢结构件并提供安装服务风险点

根据项目建设特点,项目在采购钢结构件并提供安装服务时,应分别核算材料采购和建筑安装服务。《国家税务总局关于进一步明确营改增有关征管问题的公告》(国家税务总局公告2017年第11号)第一条明确规定,纳税人销售活动板房、机器设备、钢结构件等自产货物的同时提供建筑、安装服务,不属于《营业税改征增值税试点实施办法》(财税〔2016〕36号文件)第四十条规定的混合销售,应分别核算货物和建筑服务的销售额,分别适用不同的税率或者征收率。

项目取得不符合规定的专票,面临增值税进项税额不得抵扣、成本费用不得在企业所得税税前扣除的风险。一旦被税务稽查,将面临补税、罚款、交滞纳金、税务等级降级等风险,严重的还会追究刑事责任。

如果在一份合同中分别注明销售货物和提供建筑服务的金额,则应分别约定货物和建筑服务的销售额,分别适用不同的税率或者征收率计征增值税。即销售货物部分按照13%的税率计征增值税,提供服务部分按照9%计征增值税。

如果建筑企业与建设单位或发包方签订两份合同,其中一份是销售货物的合同,另一份是销售建筑服务的合同,则货物销售合同适用13%的增值税税率,销售建筑服务适用3%的增值税税率(清包工合同,可以选择简易计税方法,按照3%的税率计征增值税)。

同时,项目还应注意在采购并安装活动板房、机器设备时是否也属于《国家税务总局关于进一步明确营改增有关征管问题的公告》中规定的应分开核算的情形,规范合同约定、适用税率和发票,防范税务风险。

2.项目机械计件作业中的风险点

甲供工程是指全部或部分设备、材料、动力由工程发包方自行采购的建筑工程。

清包即包清工,是指施工方不采购建筑工程所需要的材料或者只采购辅助材料,并收取人工费、管理费或者其他费用的建筑服务。

在劳务选择时,甲供工程或者清包模式,适用简易计税。在签订机械计件作业时,要详细分析合同中作业模式是否符合甲供工程或者清包模式,对于符合规定的可以简易计税,选择

3%税率的发票,对不符合规定的,应按照9%的税率取得增值税发票。

建筑施工企业选择简易计税的项目,无论是清包模式还是甲供工程,建议在合同中有明确的甲供条款及开票税率约定,以免造成纠纷。

六 增值税过程管控工作的改进措施和建议

增值税过程管控工作作为一项企业全员参与、渗透各业务环节的系统性工作,仅靠财务人员无法完全做好,需要业务和参与人员的全链条融合,建立起增值税"财务主导、业财互动、业务导入、讲求实效、总结提升"的管控体系。

(1)部门联动,强化管控。项目全员参与增值税的过程管控工作,摒除"增值税管控工作就是财务部门的工作"的不正确思想,在经济业务的事前、事中、事后全过程参与和落实增值税的管控工作,共同向着"增值税管控工作为项目利润和资金流服务"的目标努力。

(2)准确分析、科学策划。一是项目进场初期,准确分析、掌握项目的真实经营情况,开展准确的项目预算工作;二是部门联动,协助财务部门准确进行增值税策划;三是动态纠偏,加强增值税的过程管控分析,定期修正增值税策划案,精准施策。

(3)业财融合,研究策略。在生产经营过程中,项目由财务部门主导,业务部门紧密协同,进行增值税相关知识和实际业务相融合的学习、讨论,重点讨论增值税对项目合同总价构成、收入、成本、资金流、价格谈判等方面的影响,从"资金流和成本最优"的角度出发,开展增值税的过程管控,降低税负。根据生产经营管理和内部管理的实际,分别建立提升增值税过程管控效能的工作机制和成熟的管控方案并落地实施,建立起存在问题的定期协同分析机制,解决存在的问题,实现业、财、税的有效融合,提升管控效能。

(4)科学合理,分析税负。项目在生产经营过程中,不能以牺牲项目利润或资金流为代价换取项目的低税负,在不踩"红线"的前提下,从增值税是以增值额为课税对象的实际出发,将项目增值税税负与项目资金流、成本和项目利润相联系,客观看待、分析税负,切实做到税务管理工作为生产经营管理服务,为项目利润和资金管控服务。

(5)强化基础,均衡管理。一是各项目根据项目实际情况积极推动已完工程量的验工计价工作,达到合理确认当期销项税额、规避涉税风险、实时回笼建设资金的目的,为法人主体的增值税进项留抵退税打下坚实基础;二是每月做好增值税进销项配比测算工作,均衡管控,避免每月应交增值税额大起大落,致使项目资金提前流出。

CHAPTER
第 九 章

项目管理

第一节　质量管理

作为甘肃省首批交通运输部"平安百年品质工程"创建示范挂牌项目中的控制性工程，桑园子黄河大桥项目在施工过程中始终将"平安百年品质工程"创建作为项目质量管理的目标，将工程"品质"提升和"结构"耐久作为项目建设目标，建立健全质量责任体系，明确质量目标，推动落实质量责任终身制。通过推广"四新"技术和开展"微创新"攻关活动解决质量通病，全面推行工程"首件认可制"，严格执行"三检制度"，加强试验检测工作，注重关键部位、隐蔽工程管控，全方位、全过程控制工程质量，提升工程品质和结构耐久。

分项工程/单位工程验收合格率100%，交工验收质量评定合格，竣工验收质量评定优良。

（1）《公路桥涵施工技术规范》（JTG/T 3650—2020）；

（2）《钢筋焊接及验收规程》（JTG/T 18—2012）；

（3）《钢筋机械连接技术规程》（JTG/T 107—2016）；

（4）《钢结构用高强度大六角头螺栓》（GB/T 1228—2006）；

（5）《焊缝无损检测　超声检测　技术、检测等级和评定》（GB/T 11345—2013）；

（6）《公路工程质量检验评定标准》（JTG F80/1—2017）；

（7）《G312线清水驿至傅家窑公路桑园子黄河大桥两阶段施工图设计》；

（8）《甘肃路桥建设集团工程项目施工质量管理办法》；

（9）《甘肃五环公路工程有限公司工程项目质量管理办法》；

（10）《桑园子黄河大桥项目质量管理办法》；

(11)《桑园子黄河大桥项目质量管理体系》；

(12)《桑园子黄河大桥项目工程质量责任追究制度》。

三 钢梁制造质量控制要点

1. 钢梁制造总体质量控制

项目技术准备阶段，进行项目整体实施方案的确定，同时确定项目整体质量控制方针、目标及项目质量控制的措施，针对项目实施质量控制方针及措施，依据钢桥梁施工国家相关标准规范及设计文件总体要求，针对不同项目编制具体的技术指导文件——《钢桥梁项目制造验收规则》《钢桥梁项目质量实施细则》等。

2. 材料复检及试件检测

原材料进场前，需对原材料出厂合格证、出厂质量检验报告等质量保证资料进行检查，同时，需对原材料几何尺寸、表面质量、标识等进行检查，检查合格后按照规范要求对材料进行见证取样检测。现场取样检测如图9.1所示。

a) 钢板厚度检测

b) 钢板平面度检测

c) 钢板超声波检测

d) 见证取样

图9.1　现场取样检测

焊接内部质量不仅与工艺有关,还与焊工、环境、焊材等诸多因素有关,有一定的随机性。为了检验焊接质量的稳定性,焊接前需编制焊接工艺方案,按照焊接工艺方案制作同工艺、同条件产品试板,送第三方试验室进行理化检验,检验合格后,进行焊接工艺评定(图9.2)。

图9.2 试板制作及焊缝检验

抗滑移系数检验试件与钢构件同材质、同工艺、同批制造,随主桥同批次发运及存放。抗滑移系数检验以2000t为一批,不足2000t视为一批,每批在出厂时和架设时各检验3组试件(2块芯板、2块盖板为1组)。设计文件有要求时,按设计文件执行。抗滑移系数检验试件检测如图9.3所示。

3. 钢梁制造各工序质量控制

钢梁制造过程中,各工序间执行"三检制"质量报检制度,全面提升钢梁厂内加工制造质量,从钢板的下料、板单元的制作、块体拼装、焊接矫正、防腐涂装等加工工序,通过对尺寸精度、拼装间隙、涂层厚度等质量控制指标进行全面跟踪检测、记录、移植、汇总,形成钢梁加工成套工序质量控制资料。

图9.3 抗滑移系数检验试件检测

(1)钢板预处理。

钢板预处理的目的是消除钢板的内应力。表面质量要求钢板平面度不大于1mm/m,表面无损伤,清洁度达到Sa2.5级,粗糙度为30~70μm,涂层厚度不小于20μm。现场平面度检查和钢板预处理粗糙度对比试块如图9.4所示。

a)现场平面度检查　　　　　　　　　b)钢板预处理粗糙度对比试块

图 9.4　现场平面度检查和钢板预处理粗糙度对比试块

(2)切割下料。

切割下料时对切割面垂直度进行重点控制,切割面垂直度应不小于 $0.05t$(t 为板厚),且不大于 2mm,零件边缘机加工深度不应小于 3mm,表面粗糙度 R_a 不大于 25μm。现场垂直度检查和零件边缘机加工检查如图 9.5 所示。

a)现场垂直度检查　　　　　　　　　b)零件边缘机加工检查

图 9.5　现场垂直度检查和零件边缘机加工检查

(3)组装质量检查。

组装时划线允许偏差为 ±1.0mm,定位焊长度为 60~100mm,间距为 400~600mm。焊脚尺寸一般不超过原设计焊缝焊脚尺寸的一半,但要满足构件吊运、翻身的安全,必要时可适当增大定位焊的焊脚尺寸或减小定位焊的间距。另外,构件连接部位的端部 30mm 范围内应避免定位焊。重点控制纵横基线垂直度、组装对位线精度、划线精度标识、焊接质量等,如图 9.6 所示。

a) 组装间隙检查　　　　　b) 垂直度检查　　　　　c) 定位焊焊接质量

图 9.6　组装质量检查

(4) 结构尺寸检查。

组装完成后,需对结构尺寸进行检查,各工序所使用的检测量具、操作者用尺等必须经过具有国家资质的计量检定测试所检定,保证在合格的有效期内,加工完成后按照规范要求对结构尺寸、板厚、垂直度等进行检测。现场结构尺寸检查如图 9.7 所示。

图 9.7　现场结构尺寸检查

(5) 成品梁检测及试拼控制。

块体组焊完毕后,在顶底板温差小于或等于 2℃ 的前提下,在总拼胎架上,测量试装块体的纵向线形、相邻块体横基线间距、各测量点高程、纵向累加长度、扭曲及接口的匹配、焊缝外观质量、剪力钉焊接质量等项点。现场对成品梁预拼质量检查如图 9.8 所示。

(6) 钢梁制造质量控制要点。

①焊接质量控制:焊接质量控制、焊接变形控制,工艺技术是关键,执行是保证。

②涂装质量控制:钢结构桥梁涂装前,应对目标进行打砂至设计要求,涂装过程中注意温度、风速的影响。涂装完成后及时对涂层厚度、漆膜附着力等进行检测。

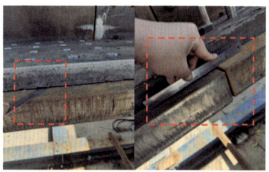

图9.8 现场成品梁预拼质量检查

③摩擦面质量控制:进行摩擦面抗滑移系数试验,出厂时高强度螺栓抗滑移系数为0.55,现场安装时不小于0.45,加工过程中要尽量消除高强度螺栓摩擦面抗滑移涂料的喷涂对抗滑移系数的影响。

④组装质量控制:钢结构组装时,应严格检查组装后各板件结构尺寸、板件间相对位置、平整度等,检查合格后方可进行施焊。

⑤制孔质量控制:钢结构制孔时,应严格按照设计和规范要求对孔的相对位置、距离,钢结构边缘位置、形状、粗糙度、清洁度等进行控制,防止安装过程中出现质量问题。

⑥预拼装质量控制:预拼装时应严格以孔定位,按照规范要求设置冲钉数量、临时螺栓数量;采用连续匹配法组装,胎架外应设置独立的测量控制网;测量时应避免日照的影响,轴线和主要定位尺寸应采用全站仪或更高精度的仪器进行测量。

四 钢梁安装质量控制要点

1. 钢梁安装总体质量控制

钢梁安装前,依据国家相关标准和规范,进行钢梁安装架设专项方案评审,系统、全面论证安装架设方案的可行性、可实施性,确保钢梁桥位安装架设作业安全。钢梁安装专项施工方案评审如图9.9所示。

钢梁安装主要包括三个阶段,即施工准备阶段、施工阶段、完工阶段。

图9.9 钢梁安装专项施工方案评审

(1)施工准备阶段:安装前,应按照设计和规范要求编制钢梁安装质量控制要点,对钢梁安装过程中轴线高程、工地连接、涂装质量等各质量控制关键点进行细化分解。

(2)施工阶段:钢梁安装时,根据专项方案施工工艺,对各节段(块体)在桥位进行吊装,并按施工流程完成块体、节段间的工地连接。安装过程中避免对节段(块体)造成破坏,节段(块体)间应"以孔定位",避免现场扩孔。安装完成后,严格按照规范和设计要求进行工地连接,并在规定时间内检测合格后再进入下一道工序施工。

(3)完工阶段:所有梁段安装完成,验收合格后,进行下一步施工。

2.钢梁工地连接质量控制

(1)高强度螺栓连接。

高强度螺栓的存放:①高强度螺栓入库时,库管人员要及时清点,建立明细库存表。接收的螺栓应按规格、批号分类存放。②如有螺栓、螺母不配套,螺纹损伤,螺栓、螺母、垫圈有锈蚀等情况,不得入库。

高强度螺栓的使用:①螺栓进入施工现场,依据标准应对螺栓连接副扭矩系数及其主要机械性能进行检测。②当螺栓质保期超过6个月时,螺栓在使用前应该进行扭矩系数复验。③螺栓连接副必须按批号配套使用,不得混放、混用。高强度螺栓存放如图9.10所示。

图9.10 高强度螺栓存放

高强度螺栓施拧:施工高强度螺栓时,应按一定顺序,从板束刚度大、缝隙大的地方开始,对大面积节点板,应从中间部分向四周的边缘进行施拧,并应在当天终拧完毕。大六角头高强度螺栓施拧时,应仅在螺母上施加扭矩。高强度螺栓施拧顺序如图9.11所示。

大六角头高强度螺栓扭矩法施工检查应符合下列规定:

①用小锤敲击螺母对高强度螺栓进行普查,防止漏拧。

②终拧扭矩应按节点数抽查10%,且不应少于10个节点;对每个被抽查节点应按螺栓数抽查10%,且不应少于2个螺栓。

③检查时,在螺杆端面和螺母上画一直线,将螺母拧松约60°,用扭矩扳手重新拧紧,使两线重合,测得扭矩应在$(0.9 \sim 1.1)T_{ch}$(检查扭矩)范围内。

$$T_{ch} = kPd \tag{9.1}$$

式中：P——高强度螺栓预拉力设计值(kN)；

T_{ch}——检查扭矩(N·m)。

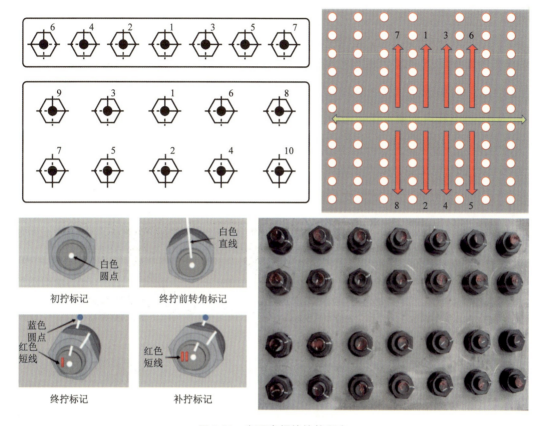

图 9.11　高强度螺栓施拧顺序
注：图中数字表示施拧顺序。

④扭矩检查宜在螺栓终拧 1h 以后、24h 之前完成。

(2)工地焊接连接。

工地焊接连接须注意以下事项：

①在焊接过程中对变形加以控制。焊接变形一般指焊接过程中被焊工件受到不均匀温度场的作用而产生的形状、尺寸变化，包括长度缩短、角度改变、弯曲变形等。由于焊接变形对构件的制造精度有较大影响，不仅难以保证安装精度，变形过大时还将显著降低结构的承载能力。

②焊接工作宜在室内进行，施焊时的环境湿度应小于 80%；环境温度宜不低于 5℃，若低于 5℃仍要进行焊接作业时，应采取焊前预热、保温和焊后缓冷等工艺措施，并应通过专项试验确定相应的焊接工艺参数。

③在室外焊接时,应采取必要的防风和防雨措施;在大风、大雨、降雪、严寒等恶劣气候条件下,严禁在室外进行焊接作业。室外焊接宜在构件组装后12h内完成。

④焊缝多次返修会影响焊缝的整体质量,因此要求"同一部位的返修焊不能超过两次"。

焊缝无损检测:超声波(UT)、射线(RT)、磁粉(MT)和渗透(PT)等是目前钢结构制造中检验焊缝的常规无损检测方法,其中超声波和射线主要用于探测焊缝的内部缺陷。由于超声波的操作较为简单、快速,对焊缝的裂纹和未熔合处的检测灵敏度较高,且对检测环境无过高要求,因此,超声波检测通常作为无损检测中最主要的手段。

焊接残余应力消除(图9.12):焊接残余应力对常温下承受静力荷载结构的强度没有影响,但会降低结构的刚度和疲劳强度。由于焊接残余应力使焊缝处于三向受力状态,阻碍了塑性变形,易产生和发展裂纹,因此需要尽可能消除焊接残应力对结构的影响。

a)振动时效处理法

b)超声波振动锤击法

图9.12 残余应力消除方法

传统的残余应力消除方法主要有自然放置法、热处理法、机械拉伸法、锤击法、爆炸法和振动法,其中振动法由于其操作简单,对残余应力消减效果较好,且对工件尺寸和形状没有限制,针对大型复杂结构件具有很好的适应性等优点,已被广泛使用。

焊接残余应力检测:焊接残余应力消除前后,应对焊接残余应力使用盲孔法或超声法进行检测,如图9.13所示,构件的残余应力大小、残余应力均化率符合规范和设计要求。

图9.13 焊接残余应力检测

五 施工过程中典型质量问题

1. 高强度螺栓连接质量问题

高强度螺栓连接过程中最大的质量问题是超拧,施工过程中应严格控制高强度螺栓施拧工艺,禁止超拧。同时,应严格控制高强度螺栓连接摩擦面的抗滑移系数,施工过程中加强对摩擦面的保护。常见高强度螺栓连接质量问题如图9.14所示。

a)防滑面未防护锈蚀

b)防滑漆涂装不均

c)高强螺栓随意堆放

d)防滑漆涂装流挂

图9.14 高强度螺栓连接质量问题

2. 钢梁涂装质量问题

涂层和漆膜的性能要求有漆膜的柔韧性、漆膜耐冲击性、漆膜附着力、漆膜硬度、光泽度、耐水性、耐候性、耐湿性、耐雾性、耐霉菌、耐化学试剂等,但是,大多数指标无法检验,主要依赖生产厂家的质量,所以品牌产品的选择是关键。钢梁涂装过程中,应按照设计和规范要求对钢构件精切的外漏边缘倒出 $R>2mm$ 的圆角。涂装外观质量问题如图9.15所示。

3. 焊缝外观质量问题

焊缝外观质量问题,包括夹渣、焊瘤、未焊满、焊缝不连续、边缘未熔合等,如图9.16所示。施工过程中应严格控制焊缝外观质量,按照设计和规范要求对焊缝外观质量问题进行返修,合格后方可进行无损探伤。

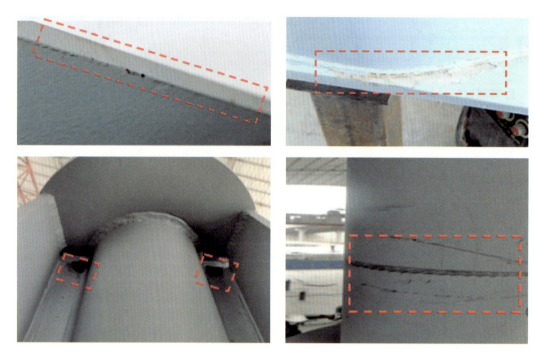

图 9.15 涂装外观质量问题

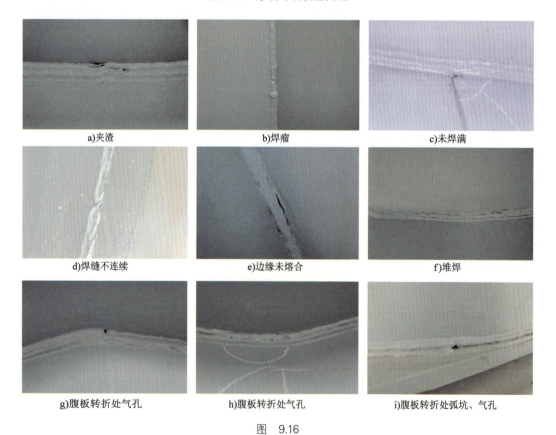

图 9.16

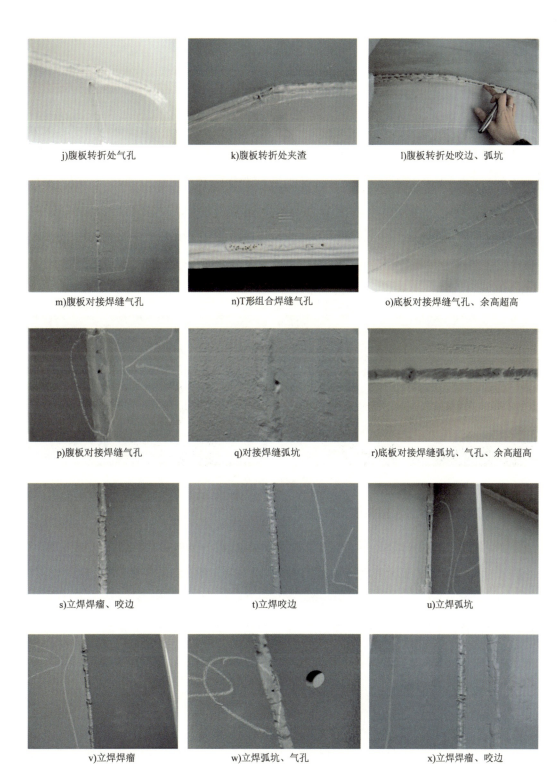

图 9.16 焊缝外观质量问题

六　质量管理亮点

1. 加强技术管理人员综合素质培养

为切实提高项目技术管理人员综合素养，创建"学习型项目部"，搭建项目管理人员分享交流、提升自我的平台，项目部针对现场各工序施工存在的问题及难点，持续开展以"勤学补拙、精业笃行"为主题的培训学习活动，内容涉及主塔施工、预应力张拉、斜拉索安装、路床施工、钢筋连接、超高性能混凝土施工、塔柱混凝土外观质量缺陷成因及控制措施、主梁架设、钢桁梁架设等多个方面。定期针对培训内容进行阶段性考核，在激励管理人员增强质量意识、精研施工技术的同时对项目施工过程中的技术创新点及难点进行有效的总结与探讨。项目部举行"勤学补拙，精业笃行"活动如图9.17所示。

图9.17　"勤学补拙，精业笃行"活动

2. 加强员工创新意识和创新能力培养

为坚持创新驱动发展战略，牢固树立创新促效理念，进一步加强全员创新意识、创新能力的培养，促进管理人员专业水平能力的提升，项目部积极开展"勠力创新，全面发展"主题活动，如图9.18所示。针对项目自身建设特点，以自拟题目与命题模式相结合的方式，鼓励全体员工贴合项目建设实际，积极参与创新活动，主要包括新技术应用总结、先进施工方法、生产工艺总结、设备机具创新、项目成本管理创新等各个方面。

3. 组织观摩找差距交流学习促提升

为提升工程建设质量，项目先后多次组织了"观摩学习促提升、取长补短共奋进"的现场观摩活动，先后组织技术人员分时段、分批次观摩学习了两河口黄河大桥、柴家峡黄河大桥等已建或在建项目，学习其他单位在工程建设过程中的质量把控经验，如图9.19所示。

图 9.18 "勤力创新,全面发展"活动启动

a)　　　　　　　　　　　　　　　b)

c)

图 9.19 现场观摩学习

4. 持续开展比武练兵提高员工技能

为提升技术人员现场实操水平,弘扬路桥工匠精神,提升项目施工质量,营造"比技能·练本领·强素质"的良好氛围,推进知识型、技术型、创新型工匠队伍的建设,项目先后开展了"水准测量技能大赛""识图大赛"等多项活动,如图 9.20 所示。

5. 开展"QC"攻关活动

结合项目实际生产情况和甘肃省交通运输厅"双提升"活动安排,项目部组织技术人员扎实开展技术创新课题、"QC"课题等技术创新活动,以"双提升"活动为抓手,通过技术创新和"QC"攻关,指导现场工程建设,提升质量。

a)   b)

图 9.20   技能大赛

6. 严格落实项目安全、质量包抓工作制度

项目部按照甘肃路桥驻点包抓工作机制安排和《桑园子黄河大桥项目施工质量专项提升方案》要求，细化项目领导责任分工，明确责任时限，形成了质量包抓小组，并以黄河为界形成了"总工程师包抓北岸、项目副经理包抓南岸"的质量包抓工作制度。

7. 严格落实定期质量专项检查

为保证安全质量专项检查各项活动有序开展，项目部联合监理工程师定期组织开展"安全质量专项检查"活动，牢固树立"质量高于一切，安全生产高于一切"的理念。项目建设以来联合监理工程师对交通产品、华夫型桥面板浇筑及养生、主筋丝头车丝质量、主塔钢筋间距、引桥钢箱梁、钢桁梁架设、主梁架设、斜拉索挂设、桥面湿接缝浇筑等质量控制要点开展定期专项检查，如图9.21所示，切实提高工程实体质量。

a)   b)

图   9.21

项目管理 第九章 第三篇

图 9.21

i)　　　　　　　　　　　　　　　j)

图 9.21　定期专项检查

8. 落实主体责任，强化过程管控

项目部组织人员集中力量开展质量攻关，针对现场暴露出的质量问题，通过召开质量专项提升会（图 9.22）、质量交流会等形式，要求全体技术人员和现场劳务队负责人、各班组负责人参会，技术员和班组长在会上实事求是地分析质量问题存在的原因和下一步整改措施，让质量问题充分暴露，让责任人"红红脸""出出汗"。项目部质量把控小组精准施策，靶向发力，追究质量责任，严格管理质量控制流程，强化施工过程中的质量管控。

a)

b)　　　　　　　　　　　　　　　c)

图 9.22　质量专项提升会

第二节 安全管理

一 安全责任落实

（1）为抓好安全生产责任目标落实，建立健全安全生产责任制，主要从以下方面入手：下设安全办公室，负责桑园子黄河大桥项目部的安全生产监管工作，配备专职安全管理人员，签订安全生产目标责任书，逐级明确责任分工。

（2）项目进一步完善从项目主要负责人到施工一线人员，覆盖所有管理和操作岗位的安全生产责任制，明确全体从业人员应承担的安全生产责任、考核标准、奖惩措施，并签订相关责任书。

（3）严格落实项目负责人的安全责任。严格按照"一岗双责""三管三必须"的要求，强化项目主要负责人的法定责任，牢固树立安全发展理念，加强全员、全过程、全方位安全生产管理，做到安全责任、安全管理、安全投入、安全培训、应急救援"五到位"，确保各项安全要求落实到位。

（4）项目部严格落实安全投入责任。规范足额提取、使用安全经费，严禁挪作他用。淘汰落后设备设施，推广应用先进适用的安全生产工艺和技术装备，提高安全生产保障能力；加强施工一线人员劳动保护，配齐并督促施工一线人员正确佩戴安全防护用品；严格落实各项安全防护措施，做到施工现场安全防护标准化。

（5）落实教育培训责任。建立健全安全教育培训制度，制定每年度教育培训计划并严格落实，对于未经安全生产教育培训合格的从业人员严禁上岗作业；对于未取得特种设备、特种作业操作证的人员，严禁从事特种设备、特种作业。

（6）落实风险防控责任。桑园子黄河大桥项目部针对本项目的特点，定期组织辨识施工工序、设备设施、作业环境、人员行为和管理体系等方面存在的安全风险，并持续更新完善。按照有关标准规范，对辨识出的安全风险进行分类、梳理和评估，加强动态分级管理，逐一落实各级组织和人员责任，从组织、制度、技术、应急等方面对安全风险进行有效管控。

（7）落实隐患治理责任。桑园子黄河大桥项目部建立健全以风险辨识管控为基础的隐患排查治理制度，分级分类落实治理措施，做到责任、措施、资金、时限和预案"五到位"，实现闭环管理，并实现隐患排查治理全面走向制度化、规范化轨道。

（8）每月定期开展安全生产例会、每季度定期开展安全生产领导小组会议及不定期开展各类专项会议等。

二 安全设施设置

1. 兜底平台

主梁安装施工采用兜底平台，主要由电动系统、走行机构、桁架机构组成，兜底平台设计如示意图9.23所示。

桑园子黄河大桥主梁安装施工时横跨跨径较大，施工作业时小型材料工具极易掉落，人员在施工作业时也得不到安全保障，为此特意制作安装此平台，能有效地防止机具、材料掉落，人员在主梁施工时能得到二次保护。

2. 安全梯笼

由于主塔施工采用爬模辅助进行，且在主塔施工过程中人员需上下行走，还需进行小型材料运输等多项作业，根据现场施工和提高安全需要，特采用独立式安全梯笼。

独立式安全梯笼主要构件由基座、立柱、上平台框、下平台框、安全楼梯、防护网、安全门、高强度螺栓等部件构成等组合而成。独立式安全梯笼效果图如图9.24所示。

（1）基座：承载梯笼整体重量，防止地面不平而引起地面塌陷等安全隐患。

（2）立柱：承接垂直方向荷载的主要构件，主要作用于连接上、下平台框。

（3）上平台框：梯笼的主要构件，与下平台框组装形成梯笼主要架体，作用是连接立柱、楼梯、护网，同时也是模块结构的吊装设置。

（4）下平台框：梯笼的主要构件，与上平台框形成主要架体，其作用是连接立柱、楼梯、护网和出入口通道。

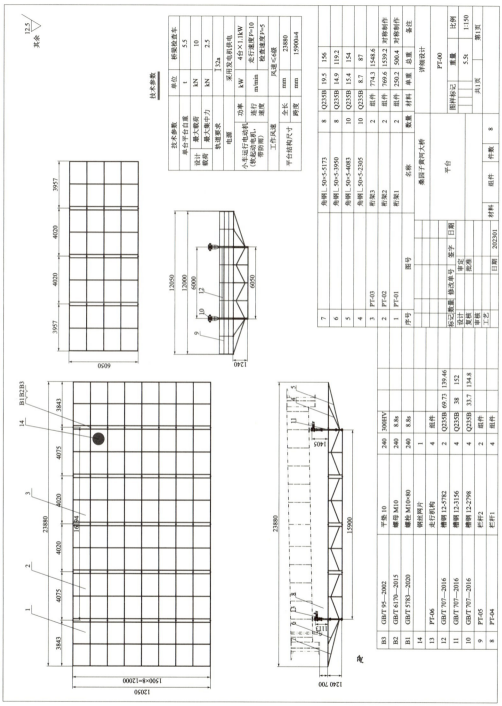

图 9.23 兜底平线设计示意图（尺寸单位：mm）

图 9.24 独立式安全梯笼效果图

(5)楼梯及扶手:安装在上、下平台框之间,是供施工人员上下通行的安全通道。

(6)大/小防护网:是框体的主要构件,主要承受垂直方向荷载;是安装在梯笼四周的防护安全构件。

(7)安全门:安装在梯笼进出口,方便施工人员上下出入。

(8)高强度螺栓及附着连接:固定各部件连接,确保梯笼架体稳固,保证施工人员上下安全。

3.主梁施工安全平台

由于钢梁拼装采用散拼法进行,且在拼装后还需进行高强度螺栓施拧、涂装等多项作业,根据现场施工和提高安全需要,必须搭设施工作业平台。

(1)钢梁临边防护。

钢梁拼装时,鉴于保护钢梁涂装,不得有任何辅助设施与其焊接损坏钢梁涂装层,钢梁顶面需作为人员施工通道,顶面临边防护采用 $\phi 48mm$ 钢管加工成标准临时防护栏,其底部插入钢梁剪力钉。

在钢梁顶面现浇湿接缝施工中距桥面边缘位置纵桥向按间距预埋 $\phi 60mm$ 聚氯乙烯(PVC)管,后期桥面临边防护采用长 1.5m、$\phi 48mm$ 的钢管插入 PVC 管内进行固定,纵向进行连接并挂设安全网进行防护。

(2)钢梁冲钉施打、高强度螺栓施拧操作平台。

钢梁冲钉施打、高强度螺栓施拧操作平台采用槽钢和角钢加工扁担式挑架,挑架和钢梁翼缘板部位进行固定,挑架两侧竖向挂设上下爬梯,主梁之间、主梁与横梁之间高强度螺栓施拧时,木跳板一侧搭在主梁底翼缘板上,另一侧搭设在悬挂梯档内形成操作平台。横梁与小纵梁螺栓施拧时在横梁采用同样方法设置挑架挂体,在梯档间搭木跳板形成操作平台。

每个节段钢主梁安装完成后,在主梁底板横桥向挂设防抛网进行防护。

(3)小纵梁安装移动平台。

横梁间小纵梁安装时,因横梁顶面较窄且设置有密集的剪力钉,通行困难。因此,在横梁顶顺桥向设置移动平台,移动平台采用槽钢作为主梁,梁间采用角钢进行连接,角钢之间设置两道钢筋进行连接,顶面铺设钢板网,平台四周采用钢管设置防护栏杆,具体如图 9.25 所示。

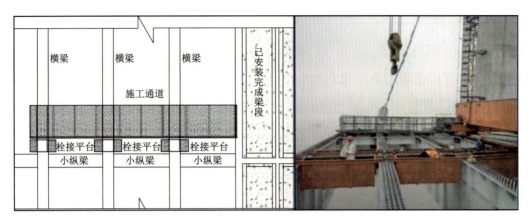

图 9.25　小纵梁安装移动平台示意图

三　安全文化建设

1. 安全文化长廊

桑园子黄河大桥项目在总结以往项目管理经验、承接和固化甘肃路桥在安全文化建设方面先进经验和典型做法的基础上,在项目南岸建设了集安全文化宣传、安全知识理论园地、实操项目展示、环水保新技术展示、人本管理设施为一体的安全文化长廊。

安全文化长廊作为进入项目施工现场的唯一通道,从业人员班前班后在安全文化长廊穿梭,利用休息时间来到安全文化长廊休息,时刻能够感受到安全文化的魅力,在潜移默化中学习安全知识,提升安全素质,使安全文化、安全知识入脑入心。

在日常管理中,利用安全文化长廊播放轻音乐、《质安之歌》,利用电子展示屏播放电影、警示教育片,真正打造了"赏黄河风情·品安全文化"新安全文化宣传、安全知识学习方式。

安全文化长廊内容共由六部分组成:第一部分是习近平总书记对安全生产的重要论述,含"十句硬话、六大要点"等,体现党和国家对安全生产工作的重视和殷殷期望;第二部分是员工行为规范,利用图解和文字的方式展示,减少不安全行为的发生;第三部分是警示教育,通过循环播放警示教育视频,提高自律意识,规范作业行为,真正做到警钟长鸣;第四部分是安全生产新技术应用,包含安全管理系统、桩基孔口覆盖、实名制管理等;第五部分是环水保新技术应用,包含泥沙分离机、泥浆净化设备、边坡抑尘剂、植生袋;第六部分是理论园地与实操练习,在体验安全体验馆基础上,对个体防护、三级配电、钢丝绳连接、灭火器使用等进行理论视频讲解和错误示范及实际操作,还可视频连线进行专业指导,确保每个人都能熟练掌握相关技能。

2. 安全积分超市

（1）积分超市设置背景。

在以往的项目管理过程中，项目劳务人员安全技能、素养普遍较低，员工参与安全管理的积极性不高，重视程度也不够，管理中喊得多、罚得多，"三违"行为不断发生，管理效果不好。根据多年的安全管理经验，借鉴以往项目安全文化积分超市试运行效果，充分发挥安全文化功能，改变传统"以罚代管"的模式，项目全体参建人员学习安全知识的主动性、参与安全管理的积极性得到很大提升。

为了更好地固化现有成果，达到全方位、全过程、全员管理，桑园子黄河大桥项目安全文化积分超市创建过程中，甘肃路桥党委、工会，二分公司党支部、工会，项目党支部、工会小组将党建和工会活动融入安全生产之中，产生联动效应，积极发挥党的示范引领和工会的监督作用，在"导向、凝聚、激励、约束"方面起到了很好效果。

（2）积分小程序简介。

①账号注册。员工可通过扫程序码进入系统修改真实姓名，做到透明管理。

②获取积分。提前导入积分和扣分规则，员工通过参与的安全活动申请积分，管理员根据实际情况进行审核，审核通过后方可获得积分；出现违章作业等情况，由管理员根据扣分规则进行扣分。

③积分兑换。员工可根据获得积分情况在小程序中申请兑换，管理员审核后，到安全积分超市进行兑换。

（3）积分规则。

安全积分奖励得分表见表9.1。

安全积分奖励得分表　　　　表9.1

序号	奖励行为	分值	得分	备注
1	接受一次项目部安全教育	2		
2	参加一次项目部、工区、班组组织的各项安全活动	2		
3	参加项目部组织的安全例会	3		
4	参加一次项目部组织的警示教育	2		
5	参加一次安全环保方面的用工	3		
6	积极参与安全隐患整改、服从管理	3		
7	提醒其他人员规范使用安全防护用品	1		
8	按规定参加安全技术交底	1		
9	坚持参加班前安全讲评及教育5d	1		

续上表

序号	奖励行为	分值	得分	备注
10	当月未发生积分处罚	3		
11	发现安全违章行为,立即向管理人员举报或制止	3		
12	发现现场安全隐患,立即向管理人员汇报或整改	3		
13	发现现场重大事故隐患向管理人员汇报	3		
14	积极主动参与项目意外事故或事件救援	5		
15	提出安全合理化建议	3		
16	经项目部安全积分制管理领导小组认定的其他奖励情形	5		

（4）兑换物品清单。

安全积分超市货物清单见表9.2。

安全积分超市货物清单　　　　　　　　　表9.2

序号	分值	兑换奖品	单位	采购数量	备注
1	100分（含100分）以上	暖水壶	个	1	
2		公牛插线板	个	1	
3		电动剃须刀	个	1	
4	50分（含50分）以上	被罩	套	1	
5		床单	套	1	
6		保温杯	个	1	
7	30分（含30分）以上	雨伞	把	1	
8		晾衣架	个	1	
9		洗洁精	瓶	1	
10		洗脸盆	个	1	
11		手动剃须刀	件	1	
12	20分（含20分）以上	饭盒	件	1	
13		洗衣液	袋	1	
14		拖鞋	双	1	
15	10分（含10分）以上	脉动	瓶	1	
16		方便面	桶	1	
17		塑料水杯	个	1	
18		洗衣粉	袋	1	
19		袜子	双	1	
20	5分（含5分）以上	香皂	盒	1	
21		花露水	瓶	1	
22		方便面	袋	1	
23		毛巾	面	1	

续上表

序号	分值	兑换奖品	单位	采购数量	备注
24	5分(含5分)以上	矿泉水	瓶	1	
25		卫生纸	包	1	
26		牙刷	个	1	
27		牙膏	个	1	

四 打造本质安全体系

为宣扬"弘扬生命至上,打造本质安全"的安全管理理念,切实推动项目各参建班组有效落实安全生产主体责任,全面提升全体参建人员安全素质,达到"人员无违章、设备无故障、系统无缺陷、管理无漏洞、环境无隐患"的"人、机、料、法、环"本质安全状态,项目部紧紧围绕安全文化体系、安全教育培训体系、安全生产制度体系、安全设备设施体系和安全管理体系五大体系建设,结合项目工程建设实际,进行了本质安全体系初步探索与创建,具体如下。

1. 本质体系建设基本原则

(1)坚持问题导向原则。

从安全生产管理的重点、难点和薄弱点着手,找准安全生产管理的薄弱环节,进行有效的风险防控和隐患消除。

(2)坚持管理主体原则。

强化对现场安全生产主体责任落实的督促管理;强化基层基础安全建设,在基层作业队伍、班组间广泛开展安全教育培训、安全技术交底、安全宣教等活动。

(3)坚持科技支撑原则。

利用"智慧公交建"项目管理一体化综合建设平台,结合多种信息化技术,大力推行科技兴安、科技助安战略,充分发挥科技创新对安全生产的支撑保障作用。

(4)坚持分类管理原则。

找准安全生产过程中的关键问题、关键环节、薄弱部位和反复出现的安全通病,分类加强规范管理。

(5)主要目标。

项目安全愿景:让安全成为习惯;项目安全价值观:安全就是效益,安全就是发展;项目安全目标:实现本质安全型员工和本质安全型项目。

2. 本质安全体系建设情况

（1）坚持构建"生命至上、安全第一"的安全文化体系，牢固树立"生命至上，安全第一"的安全文化价值观，主动学习、借鉴先进安全文化，结合项目自身特点、工程实际、管理状况，提炼、总结具有项目特色的安全文化，将安全标准落实在生产工艺、技术和施工过程中，通过推行"安全文化长廊""安全积分超市""安全实训基地""安全文化宣传栏""班前安全讲评台"等，积极营造良好的安全文化氛围，逐步提高参建人员在安全生产工作的主动性和自觉性，实现从"要我安全"向"我要安全"和"我会安全"的彻底转变。

（2）施工现场设置安全文化长廊，文化长廊是集"知识园地、激励园地、警示园地、人文园地"为一体的多功能设施，主要通过展板、电子屏、公示榜、荣誉榜等来实现知识的传播、榜样的激励及教育警示等功能；通过设置茶水间等配套完善的服务设施吸引从业人员主动前往。从业人员下班后在安全文化长廊穿梭，在安全文化长廊休息，通过观看图文并茂的知识展板，使从业人员随时随地接受应知应会安全知识教育，在潜移默化中学习安全知识，提升自身安全素质，如图9.26所示。

图9.26 文化建设

（3）在施工现场建设了实训基地（图9.27）。在总结安全体验馆建设经验的基础上，通过增加实际操作板块，以视频演示和实际操作形式让从业人员自己动手；采用理论实际相结合的办法，使从业人员能够更快地掌握安全防护用品的正确使用方法、分辨施工现场电缆线搭接正确与否、培养扑救初期火灾的能力和不同起火物质应正确选用消防设施的技能、学习心肺复苏急救方法，提升从业人员的应急处置能力。

图9.27　实训基地

（4）在工地旁设置积分超市（图9.28），超市里的生活用品不用花钱来买，而是用"安全积分"来兑换；参加安全培训、发现举报隐患、提出合理化建议等，可以增加积分；如果有不戴安全帽等行为将扣分，严重的还会受到安全警告、接受脱岗教育甚至停职。

从机制上说，让知安全、懂安全的劳动者获得奖励，让不符合安全生产规范的人受到警醒，依靠奖惩措施的双向引导，有助于让劳动者自觉守住安全底线，实现从"要我安全"到"我要安全"的转变。更重要的是，进一步细化加减分项目，有助于让工人更主动地参与到安全生产的管理中来，擦亮眼睛找隐患，争当安全新模范，在加强自我监督的同时形成互相监督、安全比拼的良性循环。

（5）积极开展"安全生产月"、安全质量红线专项行动等活动，广泛宣传，营造浓厚的安全氛围。

3. 建设全员覆盖的安全教育培训体系

（1）以考促学、以讲促学，强化安全教育培训和考核，坚持每日一学、每日答题，确保全体参建人员熟练掌握岗位安全生产知识和技能。

（2）以三维仿真和虚拟现实为技术核心，以多种虚拟现实（Virtual Reality，VR）硬件与BIM（图9.29）、互动体验设备为载体，做到以安全体验为依托，开展各种形式的经常性、定期与不定期的安全教育工作，提升安全意识和安全技能。

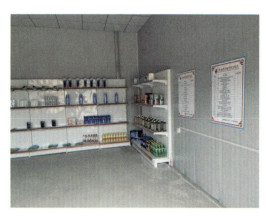 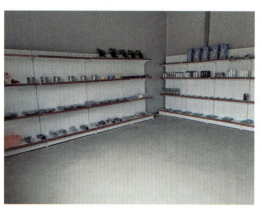

图 9.28 积分超市

 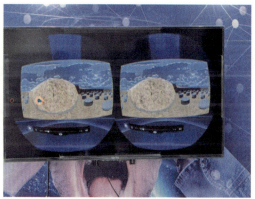

图 9.29 VR 硬件与 BIM、互动体验设备

（3）积极开展班前安全教育，每天上班前利用 10min 时间进行当天工作安排和安全防护用品佩戴情况检查，并对施工中存在的风险源和应对措施进行交底，让施工人员做到心中有数，从而大幅提高安全管理效率，如图 9.30 所示。

图 9.30 班前安全教育

4. 建立健全科学完备的安全生产责任体系

(1)逐级建立全员覆盖的安全生产责任制,层层签订安全目标责任书及安全责任清单,建立并完善安全管理制度和岗位安全操作规程,强化责任考核与落实。

(2)每月召开安全专题会议,对管理人员及劳务队进行安全考核,人员考核结果与当月绩效工资挂钩,劳务班组考核结果与当月信用评价挂钩,实行奖优罚劣。

(3)要求每个劳务班组须配专职安全员1名,经安全考核合格后方可上岗,统一由项目安全环保部管理,劳务公司专职安全员负责记录班组人员及设备的变化,定期向项目安全环保部汇报,协助班组长开展班前安全教育。

5. 建设先进适用的安全设施设备体系

提升设备设施技术水平,加大科技兴安力度,大力推进"机械化换人、自动化减人、智能化无人"建设。严抓设施设备的采购、验收、安装、使用和维护保养等方面,努力实现设施设备本质安全。

(1)加强设备设施源头安全管理。严禁采购已淘汰的危及生产安全的设施、设备;落实设备相关证件信息、安全附件的查验;对特种设备要严格执行使用登记制;对设施设备的基础要严格落实验收制度。

(2)加强设施设备安全运行管理。建立健全设备的操作、使用、维护规程和岗位责任制;实行操作证制度,做到定人定机;实行设备使用保养责任制,加强对操作人员的教育和培训;对安全装置要进行定期检查,确保安全装置始终处于可靠状态。

(3)提升设施设备自动化控制水平。充分利用"智慧公交建"平台,对关键部位、关键环节和"两区三厂"进行智能远程监控;积极引进先进的设施设备和进行微创新、微改造,提升设施设备的安全性能。鼓励主动防护技术措施微创新、微改造,逐步提高施工生产本质安全水平。

6. 创造本质安全的建设项目安全生产环境

通过安全文化建设、组织机构设置、目标制定、安全管理人员配备、责任制的落实以及考核等方面的具体实施,全面推进安全管理体系有效运行。

(1)加强项目安全生产标准化建设。从组织机构、规章制度、安全投入、教育培训、装备设施、现场管理、风险管理、隐患排查治理、职业健康、安全文化、应急管理以及事故报告、绩效考评与持续改进等方面全方位开展安全生产标准化建设工作。积极推动班组安全建设,通过开展三项达标活动,不断夯实安全管理基础。

(2)强化平安工地建设工作。严格按照规定进行平安工地考核,落实保证施工作业所应具备安全生产条件必需的资金投入,加强施工场地布设、现场安全防护、施工方法与工艺、应急处置措施、施工安全管理活动记录等方面的安全生产标准化建设,通过平安工地建设促进工程项目建设本质安全水平。

(3)强化危险性施工作业环境的安全管理。针对长跨高墩桥梁、高边坡、临水临崖、边通车边施工、动火、有限空间作业、临时用电、高空作业、吊装、检维修、开停车等事故易发多发环节,以及大风、浓雾、高温、沙尘、冰冻等极端天气环境下需施工作业的,要建立并不断完善相应的危险作业许可制度,规范作业安全条件和审批程序。

7. 引用新技术确保绿色环保施工

(1)引进新型环保结壳型抑尘剂,对弃土表面及边坡表面进行喷洒结壳覆盖,解决了施工区域边坡土质松软、干燥和浮土现象,满足了环境保护要求,达到了抑制扬尘、治污降霾的效果。作业平台采用仿真草坪覆盖、堆码植生袋等方式对边坡进行防护,防止雨水冲刷,同时减少扬尘。

(2)在冲击钻钻孔施工过程中利用泥沙分离机,将泥浆和沙子分离,泥浆回孔循环利用,改变传统的挖泥浆坑造浆和储浆施工方式,有效解决大直径嵌岩桩施工过程中泥浆处理和循环利用问题,实现泥浆零排放、无外运,且滤出的渣沙可用于临建工程,变废为宝,实现了绿色环保施工,节约了处理泥浆的措施费用。

五 安全教育培训

安全教育培训工作是实现安全生产、提高项目全体员工安全素质、减少人为失误的重要途径。

项目部安全教育培训的内容可概括为安全态度教育、安全知识教育和安全技能培训三个方面。

1. 安全态度教育

安全态度教育包括思想政治方面的教育和具体的安全态度教育两方面内容。思想政治教育,包括劳动保护方针政策教育和法纪教育。通过劳动保护方针政策的教育,使员工提高对安全生产意义的认识,深刻理解生产与安全的辩证关系,纠正各种错误认识和错误观点,从而提高员工安全生产的责任感和自觉性。法纪教育的内容包括安全生产法规、安全规章制度、劳动纪律等。通过法纪教育,使员工认识到自觉遵章守法是确保安全生产的保障条件。具体的安全态度教育是一项经常的、细致的、耐心的教育工作,应该建立在对员工的安全心理学分析的基础上,有针对性地、联系实际地进行。

2. 安全知识教育

(1)安全知识教育包括安全管理知识教育和安全技术知识教育。其中,安全管理知识教育,包括劳动保护方针政策法规、组织结构、管理体制、基本安全管理方法等知识。

(2)安全管理知识教育主要是针对项目管理人员和安全管理人员的,目的是使其能够更好地做好安全管理工作。安全技术知识教育包括基本的安全技术知识和专业性的安全技术知识。基本的安全技术知识是企业内所有员工都应该具备的。专业性的安全技术知识是指进行各具体工种操作时所需要的专门安全技术知识。

3. 安全技能培训

安全技能培训包括正常作业的安全技能培训和异常情况的处理技能培训。进行安全技能培训,应预先制定作业标准或异常情况时的处理标准(作业程序、作业方法、作业姿势等),有计划有步骤地进行培训。要掌握安全操作的技能,就是要多次重复同样的符合安全要求的动作,使员工形成条件反射。

4. 安全教育的类型

按照教育的对象可把安全教育培训分为五大类。

(1)项目主要负责人的教育培训。

项目主要负责人的教育培训,主要是进行劳动保护方针、政策、法规、体制、安全规章制度、基本的安全技术知识和基本的安全管理知识的教育。

(2)技术干部的教育培训。

对工程技术人员的安全教育是安全教育的薄弱环节。工程技术人员一般不直接参加生产,受到生产中伤害的可能性较小,且不承担安全生产领导责任,因此往往缺乏接受安全教育的迫切要求。但事实证明,工程技术人员与安全生产有着密切的关系,参加安全教育培训是十分必要的。

(3)专兼职安全人员的教育培训。

项目专职安全员和各协作队伍专职/兼职安全管理人员具体从事具体的安全管理、安全技术和劳动卫生方面的工作,应该具有系统、全面的安全知识。为此,应该创造条件让其接受系统的专门教育。

(4)新员工的教育培训。

新员工要接受公司、项目部、班组三级的安全教育。公司、项目部的教育内容主要是劳动保护方针、政策、法规、安全生产规章制度、劳动纪律、基本安全技术知识、安全防护知识以及公司、项目部的安全生产状况、危险场所、设备、尘毒等情况和事故报告制度等。班组教育应着重安全技能培训,即结合本岗位的具体情况和特点,学习安全操作规程,训练安全操作技能,掌握安全防护方法等。

(5)特种作业员工的教育。

对特种作业员工必须进行专门培训,并经过有关部门的严格考试,取得特种作业安全操作证后,才准其上岗操作。特种作业员工的培训一般采用短训班的形式进行,而且持证后须按规定的年限进行年审。

六　现场安全管理

(1)加强日常设备管理,实现本质安全,要求所有进场可移动设备加装倒车影像和倒车喇叭,压路机前后安装防护栏,后续监督做好维修保养;所有进场特种设备必须经过特检所检验合格发证后方可投入使用,在日常管理过程中每月进行定期检查和维护保养,对各环节限位器、保险销、钢丝绳等进行细致排查。

(2)重视安全教育培训和安全技术交底,每年度初制定年度教育培训计划,根据年度教育培训计划于每月组织全体施工人员在施工场所开展经常性安全教育、专项安全教育培训和事故警示教育等,并根据施工进度、施工方式的不同、工种种类不同,及时修订完善教育内容。

(3)加大隐患排查治理力度,实现隐患源头治理。项目部采取定期、不定期、专项、节假日、季节性、自查自纠等检查方式,对施工现场安全工作明确详细进行自我检查,对每一环节都能进行严格认真的把关,对及时发现和避免施工现场安全隐患起到至关重要的作用。

安全环保部每天对全线施工点进行经常性检查,发现问题随时整改。节假日前开展检查,发现问题及时做好书面记录,限期整改或现场整改;发现隐患,立即下发隐患整改通知单,限期整改,并督促各施工处及时整改闭合,整改闭合后安全环保部会定期组织复查。

项目部扎实开展各项安全隐患专项排查活动,切实防范化解重大安全隐患。

(4)做好安全管理工作的安排部署和组织管理,项目部每月组织召开安全生产例会,不定期组织召开安全专题会议,及时传达学习上级各单位有关安全生产、防灾减灾、应急救援、消防安全、防洪防汛、职业健康等文件精神，对当月存在的典型问题隐患进行通报，并结合项目当前生产实际，对施工中的可能出现的突发状况进行强调，对项目安全生产、防灾减灾、应急救援、消防安全、防洪防汛工作进行阶段性的安排及部署；同时进行安全技术交底，加强现场技术管理人员及施工作业人员的监督管理，强调安全技术施工标准化，努力从施工技术的角度解决安全隐患问题。

（5）做好应急管理工作。项目部在初期编制了安全生产应急救援预案、桥梁施工专项应急预案、火灾专项应急预案、环境突发事件应急预案、防洪防汛专项应急预案、水上施工救援应急预案等应急预案及现场处置方案，后续不定期根据人员变更、现场实际情况对应急预案及现场处置方案及时进行更新，每年制定应急演练计划，根据演练计划开展当年度的应急演练，提升全体人员的应急、应变自救能力，对实现安全生产、保证工程顺利进行起到了极大的作用。

在汛期，严格贯彻落实上级领导下发的关于防洪防汛文件精神，制定值班表，执行领导带班制度，利用微信、QQ平台实时发送最新的天气情况，向项目部及劳务人员宣传汛期安全知识，做好防洪防汛物资准备工作。

（6）积极开展各类安全活动，组织开展了"防灾减灾宣传日""安全生产月""坚守公路水运工程质量安全红线""安全生产专项整治三年行动""安全生产大排查大整治""安全生产重大风险防范和重大事故隐患排查整治专项行动"等专项行动，并通过利用网络社交软件（微信、QQ等）、印发安全宣传手册等方式推送安全知识和事故案例等内容，悬挂安全条幅，大力营造安全生产氛围，加大安全宣传力度，并收集活动影像资料，进行整理，最终形成活动阶段性开展情况、总结。

七、新技术、新设备应用

（1）塔式起重机安全监控防碰撞系统+吊钩可视化系统。

塔式起重机安全监控防碰撞系统通过高精密传感器，监控塔式起重机的运行安全指标，包括吊重、起重力矩、小车变幅、起升高度、工作回转角度、风速、区域限制、防碰撞保护、在临近额定限值时发出声光预警和报警，实现塔式起重机危险作业自动语音报警提示等多项功能。通过显示屏实时显示，以图形数值方式实时显示当前实际工作数据和塔式起重机额定工作能力参数，使操作人员直观了解塔式起重机工作状态，正确操作，极大地规避塔式起重机操作人员违规操作的风险。

塔式起重机吊钩可视化系统是在塔式起重机大臂前端安装摄像头,通过变幅传感器及高度传感器与操作室内的主机显示器连接,对塔式起重机变幅和高度进行实时监测,实现对吊钩位置的智能追踪,智能控制高清摄像头自动对焦,360°无死角自动聚焦追踪吊钩运转画面,有效预防危险状况的发生。此外,视频信号可通过有线或无线的方式传送到本地项目视频监控平台,供项目组人员监视塔式起重机吊钩的实际工作状态和网上异地调取塔式起重机吊钩工作过程的录像,用于回放查询。塔式起重机安全监控防碰撞系统+吊钩可视化系统如图9.31所示。

(2)钢栈桥结构变形在线监测与信息化管理系统。

为了实施有效的养护维修和管理,使桥梁的使用性能得以改善、寿命得以延长,减少和避免灾难性事故的发生,推动和促进行业的科技进步,必须尽快发展与其规模和功能相适应的现代监测技术,加强对养护和管理方面的研究。钢栈桥结构变形在线监测与信息化管理系统相对于基于全球定位系统(Global Positioning System,GPS)、激光、光纤以及静力水准等的传统监测方法,具有高精度、低成本、施工方便等优点,为实现桥梁自动化监测和数字养护提供了一条行之有效的途径,能及时检测出钢栈桥的隐患问题,如图9.32所示。

图9.31 塔式起重机安全监控防碰撞系统+吊钩可视化系统

图9.32 钢栈桥结构变形在线监测与信息化管理系统

(3)液压爬模。

液压爬模的动力来源是本身自带的液压顶升系统。液压顶升系统包括液压油缸和上下换向盒,换向盒可控制提升导轨或架体,通过液压系统可使模板架体与导轨间形成互爬,从而使液压自爬模稳步向上爬升。液压爬模在施工过程中无须其他起重设备,操作方便,爬升速度快,安全系数高,是高耸建筑物施工时的首选模板体系。液压爬模施工安全设施如图9.33所示。

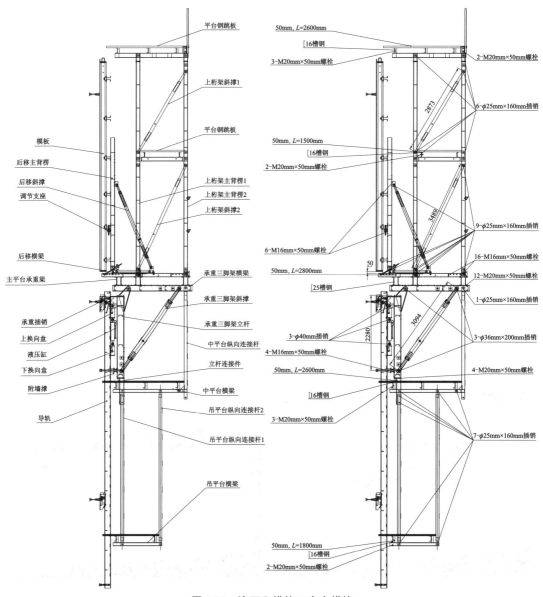

图 9.33 液压爬模施工安全措施

①爬模安全防护。

a. 操作平台。

操作平台脚手板采用拼装式安全踏板进行满铺到位。由于相邻架体间存在空隙,因此使用临时的安全防护板进行连接。转角处孔洞较大,除用整脚手板封闭外,还可设置活动翻板,防止物体坠落。

b. 各层平台。

爬模在每个独立的架体中部的水平位置设置安全通道和安全爬梯,将各平台连接;通道口处用翻板封盖,作业人员进出时及时将盖板封闭。

c. 紧急疏散通道。

上塔柱施工时,在爬模平台与塔式起重机标准节之间设置紧急疏散通道以及1.2m高栏杆,栏杆外侧挂设安全网。通道与爬模标准节之间采用有效限位装置,防止滑移。每次爬模过程中,将该紧急疏散通道吊放下来,待爬模爬升到位固定牢固后,再将该装置安装到位。

②爬模使用过程安全注意事项。

a. 爬模施工平台上设置消防器材及消防水箱,定期对消防器材及消防水箱进行检查维护。爬模上放置的各类工具、材料必须放置妥当,防止掉落;严禁爬模上施工人员高空抛物。

b. 爬模施工中遇雷雨、大雾、5级以上大风时,必须停止施工;停工前应先采取停滑措施,对设备、工具、零散材料、可移动铺板等进行整理、固定,切断操作平台电源;恢复施工时应对安全设施进行检查,发现松动、变形、损坏或脱落现象,立即修理完善。主塔安全员在爬模的使用阶段应经常(每日至少两次)巡视、检查和维护爬模的各个部位。

c. 项目部安全员、技术员每10d对爬模进行专项安全检查,对液压系统、控制系统等进行定期维护保养。

③爬模爬升安全注意事项。

a. 爬模爬升操作人员由项目安全环保部及爬模厂家进行专项培训,经考核合格后方可进行操作。

b. 爬模在爬升开始前,必须对爬模做全面检查,经项目相关管理人员、监理工程师签认后方可爬升。

c. 爬升前,解除各榀爬架间联系,拆除所有障碍物,小工具、材料放置妥当,防止爬升时滚落。

d. 爬模爬升时,架体上不允许堆放与爬升无关的重物,非操作人员不得在爬架上停留,主塔底部必须安排专人警戒,防止人员进入爬模坠物区域,电梯必须停止运行。

e. 爬模爬升操作人员应严格执行爬模爬升操作规程。

f. 爬升过程中,爬模操作人员应时刻观察爬架同步性,检查爬架突出部位与塔柱壁之间的间隙及障碍物情况。

g. 在爬架没有爬升到位、架体没有可靠固定前,施工人员不得擅自离岗或下班;未进行爬升后检查验收的,不得投入使用。

h. 设置防坠落装置,在主平台主梁上设置吊点,主塔液压爬模设置防坠帮带将每片爬模骨架与预埋劲性骨架锁紧。爬模防坠帮带除在爬升作业时来回倒用外,其他工况必须保持与劲性骨架锁紧。

④爬模拆除安全注意事项。

a. 项目安全环境部、厂家技术员对拆除作业人员进行安全技术交底后方可进行拆除作业。爬模拆除前,应先清理被拆除构件上的杂物,防止拆运时杂物坠落伤人。

b. 爬模拆除尽量减少高处作业,应先拆除模板,再将模板桁架整体吊至地面解体,最后将主平台、中平台、吊平台整体吊至地面解体。

c. 爬模拆除作业人员必须遵守高处作业及起重作业相关安全规定。

d. 拆除工作因故不连续时,必须对未拆除部分采取可靠的固定措施。拆除中途不得换人,如更换人员必须重新进行安全技术交底。

(4)无人机。

无人机全自动精细化巡检系统主要由无人机、无人机自动机场和无人机云平台管理控制系统构成,通过云平台管理系统对无人机以及无人机机场发送任务,无人机根据任务自动进行工作,巡检完成后自动返航。无人机在执行任务时所采集的图像和视频会实时传输至云平台管理系统。

无人机巡检能够极大地提升特殊结构桥梁的检测效率,并且能抵达人工巡检无法覆盖到的盲区。无人机机场可实现 24 小时无人值守作业,远程制定飞行计划,自动执行任务,简单易控,快速部署,如图 9.34 所示。

图 9.34　无人机航点动作和飞行轨迹

第三节　进度管理

1. 强化前期策划,注重源头把关

项目前期策划是保障项目建设有正确方向和明确目的的关键环节。2019 年底,在项目开工建设前夕,总包部考察小组深入贵阳、武汉等地,与贵州桥梁建设集团有限公司、中铁大桥局设计分公司、武桥重工集团股份有限公司等多家公路施工企业、设计院、钢结构加工厂就桥梁施工组织、施工工艺、结构优化、成本造价等方面进行交流学习,深入多个在建斜拉桥施工项目,从主塔桩基、塔柱爬模施工工艺到主梁安装使用的设备及工艺等方面学习交流,结合交流成果,从管理目标、管理体系、总体施工方案、施工进度、质量安全环保管理、信息化管理、资金管理等方面入手,切实开展了本项目建设的前期策划工作,捋清了建设的关键线路和关键施工环节,为斜拉桥施工经验从无到有的过程打下了坚实基础。

2. 发挥总包优势,推动技术先行

充分发挥桑园子黄河大桥项目工程总承包(Engineering Procurement Constructiom, EPC)模式的优点,面对结构复杂、安全管控难度大、技术难点多、交叉作业面广等困难,项目管理团队迎难而上,将物联网技术、虚拟仿真技术、BIM等先进信息手段应用于工程建设,组织多方参与专项方案专家评审会,解决技术缺陷,先后破解地质断层、高塔施工、大吨位主梁安装等一系列施工难题。

3. 部门高效联动,重视技术研究

部门间高效联动,将桥梁中心与项目工程技术部深度融合,形成了浓厚的技术研究氛围,锻炼了一批渴望作为的年轻技术骨干,在项目技术团队的通力协作下,部分关键工程节点和技术问题得以解决。例如,研究并实际应用了带锚头预制桥面板的通用模板,减少了不同类型桥面板模板的使用量,按时间节点完成了除高性能混凝土预制板以外的所有桥面板预制;积极与科研单位、设计院等单位学习沟通并主动研究作为,实现了世界最大吨位双幅联塔斜拉桥塔间金属消能器的定型设计,并成功安装了部分预埋构件;积极开展微创新改造,面对主塔横梁预应力分段安装和张拉问题,自主创新并改造使用了一种预应力多孔钢束连接器,成功解决了横梁和金属消能器预应力钢束分段张拉的问题;面对主塔各种异形构造,通过支架设计、钢构件分段安装研究,保证了下塔柱弧形隔板、钢管斜撑、钢箱斜撑的顺利安装。

第四节 成 本 管 控

一 成本管理难点与风险

桑园子黄河大桥项目作为国内首座地震烈度Ⅷ度以上地震区最大跨径的分幅联塔斜拉桥,施工难度大,特殊材料种类多且规格型号不常见。项目的特殊性导致项目成本预测难,且在劳务协作队伍选择及特殊材料供应谈判时,路桥体系内无相关参考资料,谈判难度较大。

大型临时设施较多,由于项目特殊性,横梁支架、墩旁托架等临时支撑体系用量大,导致项目其他直接费用较高。

管理人员无该类斜拉桥施工经验,施工组织上有一定的难度,尤其对于一些特殊材料的加工周期预见性不足,存在停工待料的情形,影响项目总工期,增加间接费成本。

成本管理是项目建设发展的重要经济基础和前提保障,对项目能否长久、持续开展工作有着直接的影响。因此,必须要积极地创新和完善成本管理控制方法和模式,不断提高成本管控的工作质量和水平,有效促进和推动我国社会主义经济市场的高速、长效、良性发展。

1. 设计阶段成本管理

优化设计方案是EPC项目设计阶段的重点,也是EPC项目成本控制的最好的方式。在设计的过程中,要注意各专业之间设计标准的统一性,一项专业设计标准再高,与其他专业标准不匹配也会造成成本浪费。与此同时,设计阶段应该备选多套设计方案,由项目预算人员在施工图设计人员给出的且符合建设单位要求的多种设计方案中进行费用比较,在满足设计需求下选取成本最优的设计方案,为总承包项目获取最大的收益。

与此同时,限额设计也是设计施工总承包项目中成本控制很重要的一点。限额设计是指按照批准的投资估算控制初步设计及EPC总承包合同,同时各分部分项设计在满足使用需求的情况下,按照分配的预算限额严格控制设计,保证总预算限额不被突破,从而对工程成本达到有效的控制。

然而现实情况中,施工图设计单位为了能在规定的时间完成相关的设计工作,往往面临赶工赶图的境况,对于设计中很多因素不能够考虑全面,并不能够提供最优方案用于指导施工。这时,合理的设计周期显得格外重要,合理的设计周期不仅能够使设计方案考虑更加全面周到,而且有利于公路工程设计中的限额设计有效推行,从而使工程总造价得到有效控制。所以,在设计阶段要给予设计单位足够的时间来进行设计,保证施工图能够满足建设单位要求的同时,总承包单位也能获得最大效益。

2. 施工阶段成本管理

(1)工期是项目成本控制的关键,工期影响着项目机械费、现场经费、人工费等成本。时间就是成本,工期节约意味着项目成本节约。首先,通过前期在设计阶段时,施工人员与设计人员进行充分的沟通交流,对于可能会影响到工期的工程,通过在施工图设计阶段,提前把这部分做合理的优化,提高建设过程中的施工效率,避免在施工过程中发现局部设计不合理,从而影响项目建设工期,增加项目成本。其次,项目的施工组织尤为重要,合理的工序安排能够减少项目不必要的窝工,在项目进场伊始,项目部应组织技术人员对施工图进行查勘,复核工程数量无误后,制定总体的施工计划,过程中随施工现场的变化及时调整,保证工期最优。

(2)目标成本的制定是成本管理的重要一环,项目在开工建设前,招标文件、合同及已批复的施工图等被作为依据来制定项目目标成本。项目建设前期通过制定详细的目标成本来明确各部门及各分部分项的目标成本,在后期的施工过程中通过实际发生费用不断与目标成本进行比较,找出超出目标成本的部分,通过定期组织项目成本分析会来分析原因并制定纠偏措施,从而达到以目标成本控制项目成本的目的。

(3)建立健全项目全员成本责任,推进全员成本意识。项目建设前期,项目部要组织相关人员对各自目标成本责任书进行梳理,通过目标责任书的梳理,提出项目目标成本计划完成的具体细则,确保所负责部分成本目标的顺利完成。目标责任书签订后,对于成本责任清单的考核也是一个很重要的指标,通过建立健全全员成本责任清单,从人员考核基础出发,定期组织成本考核,用经济奖罚等手段来督促责任人员落实成本。根据成本分析会上分析的偏差原因和成本责任清单落实情况,结合成本目标责任书进行奖惩,最终使项目实际成本向目标成本靠拢,达到成本的有效控制。

(4)变更管理是成本管理重要的手段。相较传统项目,设计施工总承包项目的变更大部分是不增减费用,只变更施工方案的。在项目前期设计阶段,总成本单位根据项目特点已经对项目施工图最大限度地进行了优化,但施工过程中难免会出现因为考虑不到位、设计深度不足等导致施工困难。这时,变更的重要性便得以体现,项目人员要努力寻求可变更点,通过合理的设计优化来降低项目成本,尤其是那些不影响工程质量、可有可无的部位,要通过成本分析,来寻找成本最低的施工方案来进行设计变更,有效降低项目成本。同时对于建设单位提出的超出原合同范围的要求,在过程中要及时收集资料,为后期变更索赔做好准备。桑园子黄河大桥项目作为设计施工总承包项目,在施工图批复前就做了大量工作来优化图纸,施工过程中还通过设计变更来达到节约成本的目的。项目团队通过精研图纸,不断寻找可变更优化的变更点。最终,一是在保证混凝土强度的前提下,通过双掺粉煤灰和矿渣粉的方式,降低混凝土中水泥、外加剂的用量,在提高了混凝土耐久性的同时,又降低了混凝土生产成本 18 万元;二是桥梁中心小组对 UHPC 充分进行研究,以甘肃本地材料为主,研究出了用于现浇湿接缝的 UHPC120 和用于预制桥面板的 UHPC160,桥梁中心采用超分散、高减水的 UHPC 专用外加剂,通过大量理论分析及试验验证,自主设计研发了成本低廉、低收缩、免蒸养的 UHPC 生产配方,研制的 UHPC 超高性能混凝土扩展度大于 650mm,且钢纤维分散均匀、粉体颗粒无团聚。标准养生 28d 后,强度满足设计要求,抗弯拉强度大于 24MPa、干燥收缩小于 400×10^{-6}、电通量小于 40C、抗冻等级大于 F500,具有极佳的力学性能和耐久性能。其结构致密,内部孔径在 2~3nm 之间,气体渗透系数低于普通混凝土 1~2 个数量级,几乎不发生碳化、氯离子及硫酸盐渗透,可大幅提高桥梁结构的使用寿命,减少混凝土结构的维修费用。同时,相较市场同类型产品,每立方米可节约成本 3000 余元。桑园子黄河大桥项目共计 849.64m^3 UHPC 混凝土,为本项目节约成本 254 万余元。UHPC120 还具有收缩率低的特点,可免于浇筑后蒸汽养生,无论在材料方面还是工艺方面,都具有显著的成本节约效果。

(5)施工方案是项目成本管理的灵魂,项目建设的一切都来源于施工方案,合理的施工方案能够有效降低项目建设成本。施工方案的编制一定要结合项目实际情况,各分项工程施工前要加强对施工组织设计及各种施工方案的审查工作。施工方案的执行是保证质量、安全、工程进度、成本效益的有效措施,而质量、工期最终也将通过成本费用得到反映,施工方法的确定、施工机具的选择、施工顺序的安排和流水施工的组织不同,工期就会不同,所需机具也不同,因而发生的费用也会不同。桑园子黄河大桥项目作为当时甘肃省内技术难度最复杂的项目,在制定施工方案时,从源头上优化项目成本。项目进场团队便从优化施工方案着手,采取多项措施节省成本。最终,一是对临时支撑设计图纸进行验算复核以减少临时措施费的投入,南塔支撑系统(横梁支架和墩旁托架)左右幅倒用和临时支撑系统钢结构尽可能重复利用,减少了一次性成本投入 81 万元;二是针对主梁安装工艺,改变一节段拼装再浇筑湿接缝混凝土的传统工艺,考虑主梁两节段一循环再浇筑湿接缝混凝土,缩短每节段主梁的施工周期,达到全过程掌控现场动态,充分利用有效时间节省成本;三是引桥薄壁墩高盖梁施工,项目部坚持支架系统周转使用的理念,合理安排工期,提高了单套支架系统的周转率和利用率,有效减少成本;四是项目部根据实际情况及全线路床填筑材料,优化了项目路床填筑材料,在满足设计参数、保持路基稳定性的前提下,确保路床处理全线统一,对路床处理材料 5% 灰土优化变更为 3% 水泥土,从而降低成本 4.85 万元;五是塔间部分预埋钢板、索导管、塔顶钢板、检查车轨道及部分构造角钢,根据耐候钢的特性,其暴露在空气中才能发挥耐久性,项目部将以上设计有外包混凝土无法发挥耐候钢特性的构件优化为等强度的合金钢,既保证了工程质量,同时节约了项目建设成本 35 万元。针对上述不合理之处,对施工方案进行调整及优化,从而保证项目施工的顺利、保证工程质量、节约成本和缩短工期。

(6)项目经理对整个项目负直接经济责任。项目经理是推动项目发展的重要责任人,既要贯彻落实公司的各项规章制度,维护公司利益,也要让各岗位人员共同携手做好成本管理工作。所有人员理应具有较强的成本观念以及实际操作能力,从理念和方法上共同制约成本,减少浪费。项目正常运行阶段,项目经理要安排专人对项目的目标成本的执行情况定期分析,并按时编写成本报告,说明项目目标成本的当期情况,在每月召开的成本分析会上反映目标成本执行过程中存在的问题。同时,这个阶段也是项目目标成本管理控制体系中的重要一环。

3. 重点阶段成本管理

一般情况下,工程施工项目的成本类型主要由直接费、间接费和其他直接费组成,其中直接费占工程成本的80%左右,而材料费占成本的60%左右,所以项目材料的管控是项目成本管控中的一项重要阶段。桑园子黄河大桥项目斜拉桥部分材料为特殊材料,种类多,规格型号不常见,国内市场相应材料较少,采购渠道单一,可选择性较少,材料价格相对较高,从而成本管控难度较大。可以从以下两个方面进行管控:

(1)合理使用材料,降低生产成本。项目进场伊始,就应该根据施工图制定材料总体使用计划,详细梳理项目建设过程中需要使用的材料,并测算目标价,测算材料费总成本。①对于主材的管理,在建设过程中要严格实行限额领料,材料使用计划要经过层层审批,同时要定期开展主要材料核算工作,对于损耗异常的部位要及时开展节超分析会,分析节超原因并制定相应的措施。同时在与协作队伍的合同中也要明确材料损耗率,后续进行整体核算,对超耗材料进行扣除,降低项目材料管理成本。②对于周转材料的管理,如模板、安全防护用品等要建立详细周转材料台账,协作队伍领用时要严格审批签字程序,落实领用责任,使用结束后要及时归还至项目部制定场地,减少周转材料的损耗,过程中要对周转材料合理调拨,提升使用率。③对于混合料的消耗控制也很重要,合理的配合比能够最大限度地节约成本,项目建设中要做好混凝土强度统计,根据不同强度等级的混凝土计算不同龄期的强度,在保证施工质量满足要求的同时要动态调整配合比,使混合料的级配最优。

(2)利用信息化手段进行智能化管控成本。通过现场监测监控系统,实现工地现场的远程视频监控、远程云控制球机转动等功能,管理者既可以实时了解到现场的施工进度和现场的生产操作过程,又可以远程监控现场物资材料的安全。为工地地磅称重系统加装传感器及摄像机,在材料车辆进出场称重时,对称重数据进行自动记录、拍照、数据挂钩及上传,自动形成材料进场报表,最终由原材料收料数据、拌和楼生产数据和盘点数据以及混凝土出场过磅数据形成多维数据报表,便于跟踪分析,发现问题,杜绝亏损。施工过程中,实时抓取机楼生产产量、配比、消耗、车辆等数据,保证数据的真实完整性,让物资管理人员一目了然掌握过程中混凝土生产及原材消耗情况,减轻对混凝土核算统计的工作量,提高工作效率。混凝土核算系统的应用,为甘肃路桥提供了可靠、真实的混凝土生产数据信息,增强了甘肃路桥对项目、项目对拌和站的核算能力,增大了核算的力度和细度,提高了甘肃路桥整体对混凝土生产核算的效率和可执行性,建立和完善信息化应用的广度和深度。

4. 技术创新

技术创新是控制成本的重要手段。桑园子黄河大桥在项目建设过程中,通过总结项目特点,从优化技术创新方面实现项目降本增效。最终取得以下成果:一是针对带锚头桥面板,发明了一种预制模架,通过调节锚头堵板位置增加使用频次,可减少钢模板多次加工成本。二是研发了一种角闪片岩区大直径钻孔灌注桩泥浆循环利用施工技术,该工艺在桑园子黄河大桥项目主塔桩基施工中应用。该成果也可应用于桥梁群桩桩基冲击钻钻孔施工,具体为在冲击钻钻进过程中,通过该工艺对施工泥浆进行循环利用。相比于传统的钻孔灌注桩施工,本工艺实现了钻孔过程中泥浆零排放、无外运,避免了处理泥浆时产生的各项费用。三是研发了一种可重复利用的钢筋笼防变形可调节式三角支撑架,该工艺成果在桑园子黄河大桥项目主塔桩基施工中应用,相比于传统支撑方式大幅降低了钢筋损耗,有利于节省成本。三角形支架稳定性更高,增强了钢筋笼防变形能力,同时适用于各型号桩基钢筋笼施工中,具体应用于钢筋笼制作、运输、安装阶段。四是研发了一种有利于钢管桩引孔的冲击钻钻头,该技术在钢栈桥钢管桩施工中应用,通过改良冲击钻钻头的结构形式,节约了钢栈桥的施工工期,达到节约工期、减少成本投入的效果。五是研发了一种有利于钢管桩引孔的冲击钻钻头,该技术在项目应用中有效地减少了施工材料的浪费,支撑垫块选择了优质木垫块,降低了施工成本,同时满足了可拆卸重复利用的条件,实现了"一架多用",创造了一定的经济效益和环境效益;同时,该预制桥面板钢筋笼定位绑扎胎架充分考虑到精度定位和固定连接问题,在充分保证精度的同时减少了施工作业过程相应的安全隐患,进一步实现了文明施工。该预制桥面板钢筋定型绑扎胎架同时实现了经济效益、环境效益和社会效益。

第五节 资源管理

一 设备日常管理

设备管理是项目管理重要工作之一，是项目快速推进重要的资源保障。桑园子黄河大桥在建设过程中用到了履带起重机、打桩机、桅杆式起重机、架桥机、塔式起重机、施工升降机、架桥机等一批大型设备，技术专业性强，必须配备专业管理人员，以满足设备管理使用需求，并根据实际情况建立一整套以岗位责任制为核心的管理制度。设备管理制度如图9.35所示。

1. 设备进场验收

设备进场验收由项目设备材料部牵头，工程质检部和安全环保部参与。外协设备（指专业分包方设备、劳务分包方设备、劳务班组设备、计件设备）进场由项目工程环保部负责填写《外协设备进场通知单》，并通知项目设备材料部组织进场验收。进场验收由项目设备材料部牵头，组织工程质检、计划合约、安全环保部门共同进行验收。验收主要内容为：检查设备出厂合格证、设备操作人员操作证、车辆审验情况、保险购买情况、特种设备安检合格证及有效期；特种设备作业人员证件及编号、安全检验合格证及有效期；设备外观检查、发动机、传动机构及操作系统、液压系统、安全防护装置（包括倒车影像、倒车喇叭、设备检修自动断电保护开关、门式起重机、拌和站安全指纹锁）、环保要求、技术资料等。

2. 大型设备专项方案

大型场站设备（场站设备、门式起重机、塔式起重机等）进场安装前要上报专项方案，内容应包括作业前期准备及注意事项、人员职责、安全环保交底、技术交底、实施步骤、应急预案、领导小组及其联系电话等。有基础浇筑的基础施工完成后，须进行基础验收，内容主要包括基础的强度试验、高程数据及尺寸要求等，确保各项指标符合规定后方可投入使用。特种设备须经当地质量安监部门验收后方可使用。

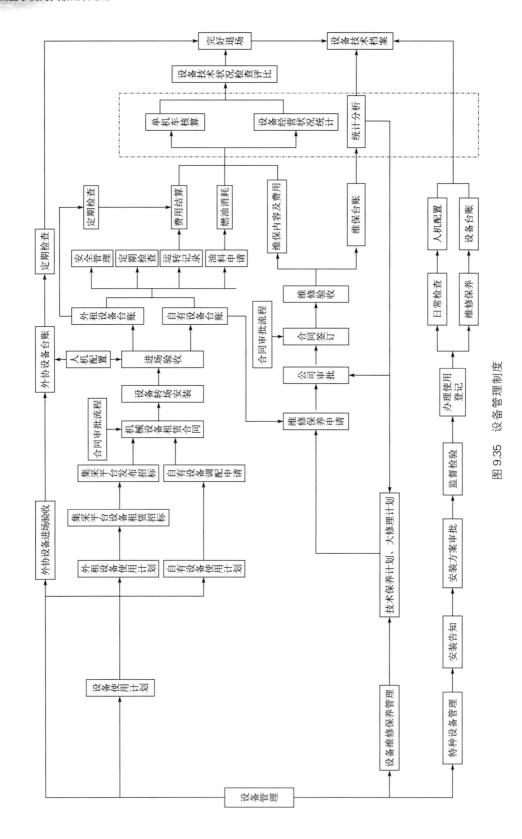

图9.35 设备管理制度

3. 设备定期检查

(1) 设备定期检查由项目设备材料部组织工程质检部、安全环保部、南北岸施工处进行，每月两次。

(2) 日常检查实行班组负责制、月度检查项目负责制。

(3) 设备检查每月两次，常规设备检查主要内容包括设备使用状况、证件有效性、环保安全有效性、人员证件及变动情况、动力系统、传动系统、行走系统、制动系统、工作装置、电器、仪表、照明及警示灯具部分、设备外表、编号标识。

(4) 特种设备检查主要内容包括设备使用、维修保养记录；设备检验、人员证件有效性；安全操作规程、责任牌张贴等。

(5) 设备维护保养情况，安全装置(含倒车影像、蜂鸣警报等)完好情况等。

(6) 安全操作规程、交底、执行情况。

4. 设备操作员的基本要求、人员培训以及操作人员交底

(1) 操作人员必须做到爱岗敬业、"三懂四会"，掌握设备的操作规程和保养规程。

(2) 大型设备实行机长负责制，常规设备实行专机专人负责制；小型设备实行班组长责任制，大型设备实行交接班制度。

(3) 项目工程技术部门对操作员进行安全技术交底；设备材料部进行操作规程和维修保养规程交底；安全部门对安全交底工作进行监督检查，并开展安全教育。

5. 现场设备管理

(1) 严禁无证操作和操作与证件不符合要求的施工机械设备。

(2) 对新进场操作员，操作前必须进行安全操作规程交底，明确操作方法和步骤，经培训考核合格后，才能操作。

(3) 对任何违反操作规程和危险作业的强行调度和无理要求，操作人员必须立即指出，要求予以纠正以至拒绝作业。安排无证人员上岗操作造成的损失及事故，由当事人承担全部责任。

(4) 所有进场的设备要制作设备安全管理责任牌，要对设备的基本信息、验收时间、检验有效起止时间、管理人员、机厂长及操作员证件信息等进行公示，便于各级管理人员及时掌握设备的安全管理状况。

(5) 项目部按要求对所有作业人员进行设备安全操作规程交底。

(6) 机械化作业班组要严格执行《甘肃路桥建设集团项目班组安全生产管理实施细则》，每天的班前安全教育内容必须涉及设备安全操作规程、流程和维修保养规程，教育记录要齐全。

(7) 对所有移动设备，要安装清晰可靠的倒车影像装置和倒车蜂鸣装置，并经常性地检查该类装置的工作有效性，不满足要求的及时停工整改。

对变压器、发电机房、空气压缩机房等动力设备要实施封闭式管理，并派专人负责管理和维护。

6. 设备退场确认

(1) 必须执行"设备完好退场制度"，即设备使用结束后，项目设备负责人应在5d内与设备机场长对设备进行整机技术鉴定，填写《设备维修保养申请表》，经甘肃路桥设备材料部审核、项目经理审批后实施维修。

(2) 对使用结束的设备，必须及时通知出租方或外协方(分包方、劳务方及计件方等)退场，并在设备退场通知单中签字确认，不得存放在施工现场；对直管设备和自有设备，要严格执行完好退场制度。

(3) 外协单位设备退场，由项目工程质检部负责填写《外协设备退场通知单》，并通知项目设备材料部及时在系统做退场登记。

7. 特种设备管理

特种设备在桑园子黄河大桥建设中起到重要作用。建设过程中，先后用到塔式起重机、履带起重机、门座式起重机、桅杆式起重机、架桥机、施工升降机等各类特种设备，共计30台套。特种设备日常管理成为项目设备管理的重要部分。除日常管理外，项目设备探索日常清单化管理，制定了各类检查、验收表，提升项目设备管理本质安全。

8. 设备安全生产责任制

项目经理部始终加强对机械设备安全管理工作的领导，经常对各类操作人员进行安全教育和培训。项目经理部全体人员始终齐抓共管，按照"一岗双责"的原则，高度重视机械设备安全生产管理，建立健全各项规章制度及各类型机械设备安全操作规程；经常对操作人员、施工人员、劳务人员进行安全生产教育；定期进行安全技术考核和组织机械设备安全检查，将事故隐患消灭在萌芽状态，确保安全生产。

二 材料管理

材料管理是项目对施工生产过程中所需要的各种材料的计划、采购、运输、进场、验收和领用等所进行的一系列组织与管理工作。材料管理的主要内容是：确定供料和用料目标，确定供料、用料方式及措施，组织材料及制品的采购、加工和储备，做好施工现场的进料安排，组织材料进场、保管及合理使用，完工后及时办理结算等。桑园子黄河大桥作为当时甘肃省内技术复杂、工艺复杂的斜拉桥，材料种类多、性能指标要求高，材料管理工作将直接影响到项目成本、项目进度。加强材料管理将是桑园子黄河大桥项目管理的重点工作。

1. 材料使用计划

材料使用计划是实现材料管理动态控制的依据，是材料数量控制考核评价的依据，编制材料使用计划要实事求是、科学合理、规范有序、准确及时。材料使用计划包括材料总体使用计划和材料月使用计划。主要材料应编制材料总体使用计划、材料月使用计划；辅助材料和周转材料应编制材料总体使用计划；零星材料以总额列入材料总体使用计划。制定科学、合理的材料使用计划，严格按照计划进行材料采购，将是控制材料超耗、成本控制最直接最有效的手段。

2. 材料采购与招标

依托甘肃省公交建集采平台和甘肃路桥供应链管理平台，桑园子黄河大桥项目在材料采购方面严格执行甘肃路桥管理办法，做到了所有材料集采平台集中采购。在项目材料招标过程中用到公开招标、邀请招标、竞争性谈判、询价采购、协议采购、竞价采购、单一来源采购及应急采购八种招标方式。桑园子黄河大桥在建设过程中用到多种新材料，部分关键材料更是在公路桥梁中首次使用。面对部分新材料国内无法生产制造的困境，项目部专门成立采购小组，考察国内知名企业，与各大高校合作，最终研发制造了包括塔间金属消能器、黏滞阻尼器等一批新材料，为项目建设提供坚实保障。下面将重点介绍桑园子黄河大桥项目用到的新材料科研创新、市场调查及国内资源分布情况，为今后同类型桥梁施工材料采购提供资源共享。

（1）耐候钢。又名"耐腐蚀钢"，是介于普通钢和不锈钢之间的低合金钢系列。在自然环境下，耐候钢通过加入铌、钼、磷、钛等耐候性元素，使钢铁材料在锈层与基体之间形成一层致密的氧化物层。由于这层致密氧化物膜的存在，阻止了大气中氧和水向钢铁基体渗入，减缓了锈蚀向钢铁材料纵深发展，从而提高了耐大气腐蚀能力，降低了涂装成本及后期运营维护费用。

（2）斜拉索。桑园子黄河大桥斜拉索结合主梁和桥塔形式呈空间扇形四索面布置,斜拉索采用双层高密度聚乙烯(HDPE)防护的全防腐索体、采用 $\phi 7mm$ 高强低松弛镀锌合金钢丝,其抗拉强度不低于 1770MPa,锚具采用 PESM7 冷铸镦头锚锚固体系。大桥锚具共有 PES7-109、PES7-127、PES7-151、PES7-187、PES7-211 五种规格。斜拉索的减振采用内置阻尼器、减振胶块及双螺旋线共同作用的方式。由于斜拉索主要由合金钢丝组成,很大程度上价格与钢材价格同频波动,因此应在合适的时机进行采购,从而控制项目成本。

（3）塔间金属消能器。桑园子黄河大桥为了减小横向地震作用下的地震效应,两联塔之间横桥向设置了剪切型金属消能器,金属消能器须满足以下技术参数:南塔消能器剪切弹性刚度 $1.58 \times 10^7 kN/m$,剪切屈服强度 54000kN;北塔消能器剪切弹性刚度 $2.37 \times 10^7 kN/m$,剪切屈服强度 81400kN,金属消能器的构造尺寸需通过试验并满足以上设计参数要求,具体构造由厂家提供。由于金属消能器属于特殊设计产品,市场上无同类型产品,同时作为本项目科研课题,项目招标小组联合甘肃省交通规划勘察设计股份有限公司对国内减震产品设计经验丰富的设计院、高校、企业进行了考察,大多数单位均表示无法设计或制造。最终由项目科研创新团队攻坚克难、大胆创新、专家论证、模拟试验后,与合作单位共同研发制造了世界最大吨位金属消能器(BRB)。

（4）黏滞阻尼器。桑园子黄河大桥位于高地震区,需采取适当的减隔震措施来改善桥梁结构的抗震性能。通过抗震计算分析,在桥塔与主梁之间,顺桥向设置液态非线性黏滞阻尼器,可有效减小结构关键部位位移,明显改善结构受力,避免或减轻结构碰撞。每个桥塔处只能设置两个 6500kN 阻尼器,在满足设计参数的情况下,阻尼器有关的其他要求应符合 GRC 欧洲标准(EN 15129—2018)的有关规定,检验标准需满足 GRC 欧洲标准(EN 15129—2018)的要求。由于国内企业无同规格大吨位加工制造经验无匹配检测机构,加上当时新冠疫情受限,无法进行国外检测,面对困难,项目部科研团队积极探索、研究讨论,最终与中船双瑞(洛阳)特种装备股份有限公司武汉分公司共同研发制造,与广州大学校企合作首次打破国外垄断,实现满负荷、全行程试验检测,首次实现 6500kN 黏滞阻尼器设计制造、试验检测完全国产化。

3.材料进场和使用

（1）进场验收。

桑园子黄河大桥项目严把材料质量,从原材料进场验收开始,保证现场使用的材料合格。

①"双控"把关❶。对于水泥、粉煤灰、矿粉、钢材、防水材料、各类外加剂及部分交通产品等实行检验双控,既要有出厂合格证,又要有工地试验室的合格试验单。经现场检验合格后方可接收进场入库。

②联合验收把关。对直接送到现场的材料及构件,材料员会同现场的质检人员联合验收。进库物资由保管人员和材料业务人员一起组织验收。

③收料人员验收把关。收料人员对地材、主材及有包装的材料及产品,应认真进行外观检验,查看规格、品种、型号是否与来料相符,宏观质量是否符合标准,包装、商标是否齐全完好。

④单据验收。单据验收主要是查看材料是否有国家强制性产品认证书、材质证明、装箱单、发货单、合格证等。具体来说,就是查看所到的货物是否与合同一致,合格证是否齐全并随货同行,是否有强制产品认证书,能否满足施工资料管理的需要;材质证明的内容是否合格,能否满足施工资料管理的需要。

⑤数量验收。数量验收主要是核对进场材料的数量与单据量是否一致。材料的种类不同,点数和量方的方法也不相同。

a. 以理论重量换算交货的材料,应按照国家验收标准规范做检尺计量换算验收;理论数量与实际数量的差超过国家标准规范的,应作为不合格材料处理。

b. 不能换算或抽查的材料一律过磅计重,计件材料的数量验收应全部清点件数。

⑥质量验收。质量验收通常包括内、外在质量和环境质量,目的是确保材料的质量满足合同约定以及各类规范要求。

⑦材料验收合格后,验收人员按规定填写各类材料的进场验收记录。及时办理入库手续,并及时登账、立卡、标识。经验收不合格的,应将不合格的物资单独码放于不合格品区并进行标识,尽快退场,以免用于工程。同时做好不合格品记录和处理情况记录,并留存影像资料。已进场的材料,发现质量总量或技术资料不齐时,收料人员应及时填报《材料质量验收报告单》报上一级主管部门,以便及时处理,暂不发料、不使用,原封妥善保管。

(2)材料现场的保管。

①对于易混淆规格的材料,要分别堆放,严格管理。

②对于受自然界影响易变质的材料,应特别注意保管,防止变质损坏。

③由于现场保管条件差,部分现场使用材料都是露天堆放,容易散失,要采取相应的上盖下垫等防范措施。

---

❶ "双控"指风险分级管控、隐患排查治理双重预防性工作机制。

④材料堆放的安全。现场钢构件材料中有许多结构构件，它们体大、量重，不好装卸，容易发生安全事故。因此，要选择恰当的搬运和装卸方法，防止事故发生。

(3) 材料使用管理。

材料使用管理包括材料领用和限额领料两个方面。控制材料的领用、监督材料的耗用，是实现工程节约、防止超耗的重要保证。

①材料领用。材料领用由使用人填报材料领用申请单，经现场负责人、施工处负责人签字审批后，材料管理部门按单项工程限额总量控制发料，在材料管理系统按使用部位对应出库。项目材料管理部门应对各类材料建立材料领用台账，详细注明领用材料名称、规格型号、数量、使用部位、现场施工劳务方、领用人等。材料领用要本着先进先出的原则，准确、及时地为生产服务，保证生产顺利进行。

②限额领料。限额领料是指在施工阶段对施工人员所使用物资的消耗量控制在一定的消耗范围内。限额领料是项目内开展定额供应、提高材料的使用效果和项目经济效益、降低材料成本的基础和手段。

(4) 主要材料消耗控制。

①钢材消耗控制。项目材料管理部门按单项工程材料使用计划向钢筋加工厂调拨钢材，钢筋加工厂负责成品、半成品钢材的加工，当某种型号钢材实际使用数量超出计划总量时，要分析原因，由劳务方原因造成的，严格执行双方签订的《劳务施工作业协议书》相关约定。

各施工处提交钢材加工计划，钢筋加工厂负责人出具钢材加工下料单，下料单以草图形式注明需加工成品的规格尺寸，并说明使用部位、加工要求、用途等，对于特殊规格的钢筋可要求定尺采购，充分优化配料。

钢筋加工厂根据钢材加工下料单优化下料方案，同时要考虑库存余料，做到既满足施工技术要求又兼顾库存余料，且要合理利用加工余料，降低钢材加工损耗。

②审批领用成品、半成品钢材由现场施工劳务方填报材料领用申请单，经现场负责人、钢筋加工厂负责人、钢筋加工厂劳务方负责人签字后从钢筋加工厂领取，钢筋加工厂建立钢材成品及半成品领用台账，领用数量不能超出设计数量。

施工现场直接加工、安装的钢材，由施工现场劳务方填报材料领用单，现场负责人签字审批后从钢筋加工厂领取或钢材进场后直接在施工现场卸货，由施工劳务方负责存放管理。钢筋加工厂定期装订钢材加工下料单、材料领用单等原始凭证作为核算依据。

③存放管理。钢筋加工厂卸货的钢材由钢筋加工厂劳务方负责存放管理,出现丢失、锈蚀或人为使用不当造成钢材浪费的,由钢筋加工厂劳务方承担费用。

施工现场已领用的钢材由施工现场劳务方负责存放管理,出现丢失、锈蚀或人为使用不当造成钢材浪费的,由施工现场劳务方承担费用。

④核算分析。项目部相关部门和钢筋加工厂每月定期核对进场数量、设计数量、库存数量,计算加工损耗率;现场加工、安装的钢材与各施工处核算;对于损耗较大的钢材要及时分析原因采取措施降低损耗。

4. 混合料消耗控制

(1) 申请使用。

现场负责人填写混合料使用申请单,施工处负责人审批后提交拌和站,申请混合料时必须注明施工桩号、使用部位、设计数量、申请数量、混合料标号、计划使用时间、现场施工劳务方、联系人、联系电话等;申请数量不得超出设计数量＋合理损耗量,超出时须说明超耗原因后进行补方申请,补方申请应由各施工处负责人审批。

(2) 生产发料。

拌和站根据混合料使用申请单,通知试验人员调整生产配合比后,排产发料;随车开具混合料收方确认单,经现场负责人、施工劳务方签字后带回,混合料收方确认单须注明施工桩号、使用部位、车号、混合料标号、本车方量、生产时间、拌和站操作员、联系电话等内容。集中拌和的水泥稳定土、沥青混合料应每车过磅发料,水泥应每天抽查过磅,根据称重数量和搅拌设备下料数量复核对比,有误差时及时查找原因,并校对搅拌设备配料称重系统。

(3) 现场签收。

现场负责人、施工劳务方对到场的混合料标号、方量、使用部位等进行验收,卸料完毕后在混合料收方确认单签字确认。在混合料生产过程中,施工现场、拌和站应加强沟通,根据现场施工进度、剩余方量及时调整混合料生产节奏,不得造成混合料浪费,现场施工结束如有余料,现场技术员须及时向各施工处,拌和站沟通调拨,不得随意处理。

(4) 拌和站管理。

拌和站按混合料使用申请单、混合料收方确认单、搅拌设备生产记录等,建立拌和站混合料出料台账,详细记录施工桩号、使用部位、混凝土强度等级、消耗数量、现场负责人、施工劳务方等内容,每日及时更新。施工处须建立混合料消耗台账,详细记录施工桩号、使用部位、施工劳务方、混凝土强度等级、设计数量、已消耗数量、节超数量、节超原因等内容,每日及时更新,及时采取措施纠偏。

(5)核算分析。

项目部每月将各分项工程设计数量与实际消耗数量进行核对,分析节超原因,总结纠偏整改措施。拌和站每月将材料实际消耗数量与拌和站实际出料理论反算数量、拌和设备记录的材料消耗数量进行比对,分析材料收发盈亏情况。

5. 周转材料管理

根据不同周转材料的特点,建立相应的管理制度和办法,加强维修保养,延长使用寿命,提高周转次数,以较少的投入发挥尽可能大的效能。模板、钢筋料棚、彩钢房、临时设施等周转材料按"能用尽用"的原则,能重复调拨的必须调拨周转使用。项目间互相调拨周转材料的,原使用项目和调拨新使用项目为同一法人时,通过双方签字确认的调拨单处理周转材料残值,原使用项目以调拨单核减成本,调拨新使用项目以调拨单入材料成本。原使用项目和调拨新使用项目为不同法人时,原使用项目法人向新使用项目开具材料发票,并核减原使用项目成本,调拨新使用项目依据材料发票在材料管理系统"合同外模块"点收入账。

第六节 财 务 管 理

为了加强、规范桑园子黄河特大桥项目的财务管理和会计核算工作,强化项目成本管理,发挥财务在项目经理部经营管理和提高经济效益中的作用,根据《中华人民共和国会计法》《会计基础工作规范》《企业会计制度》、国家相关财税制度及《甘肃路桥建设集团有限公司财务管理制度》《会计核算办法》《重大事项监督管理办法》《财务支出报销审批管理办法》的规定,结合项目经理部实际情况制定简单、明确、操作性强的财务管理办法。

一 项目会计核算体系及总体思路

1. 项目会计核算体系

项目经理部会计核算实行二级核算体系,第一级为甘肃路桥,第二级为甘肃路桥桑园子黄河大桥项目经理部。

2. 会计核算总体思路

(1)项目经理部建账模式,会计科目的使用及会计核算方法按照甘肃路桥统一规定执行。

(2)项目经理部根据项目需要开设工程资金银行存款专用账户及工人资专用账户。

(3)项目经理部核算项目整体的收入、税金和发生的成本费用及形成的资产、负债。

(4)每月底(27日),项目经理部编制财务报表并上报甘肃路桥财务资产管理部。

3. 项目财务管理原则

项目经理部财务管理实行"项目经理部总体管控,核算一套账"的原则。财务管理实行"统一领导,归口管理,分级负责"的原则,实行二级管理责任制。甘肃路桥对项目重大事项总体管控,为一级管理单位。项目经理部作为合同责任主体,对甘肃路桥负责,为二级管理单位。甘肃路桥履行监督、检查职责,项目部对所承建项目的财务管理工作负全部责任,具体负责项目日常的会计核算工作。

项目经理部根据签订的《工程施工任务令》,实行"自主经营、自负盈亏",经营状况纳入甘肃路桥年度考核。

4. 财务管理禁止事项

(1)严禁财务人员随意乱点不明链接,包括但不限于 QQ、微信、钉钉、邮箱或其他网站等陌生链接。

(2)严禁财务人员长期不更换办公计算机开机和锁屏密码。新密码须包含大小写字母以及特殊符号(杜绝简单设置)。

(3)严禁财务人员未经审批擅自泄露公司基本信息和商业信息(包括但不限于企业通信录、银行账户信息及财务数据等),为不法分子实施诈骗提供方便。

(4)严禁违反相关规定、超预算超标准开支费用。

(5)严禁违反"三重一大"决策制度,超制度、超范围、超标准审批经济业务。

(6)严禁未审批私自采购、处置资产及违反实物资产盘点制度。

(7)严禁未经审批对外提供担保、捐赠、质押及抵押。

(8)严禁违规对外融资及违规使用银行票据。

(9)严禁私设账外账,形成账外资产。

(10)严禁虚开或虚假取得发票。

(11)严禁伪造、变造会计凭证和会计账簿。

(12)严禁编制虚假财务报告、虚报瞒报会计信息。

二 管理机构及人员职责

项目经理部设独立的财务管理部门,负责本单位的财务核算和会计监督工作。

1. 会计人员职责

(1)按照国家会计制度、《甘肃路桥建设集团有限公司财务管理制度》及财务集中核算系统的规定,依法组织本项目财务管理及日常会计核算工作,严格审核原始凭证,对违反规定或不合格的凭证有权拒绝入账,确保各项原始资料齐全,手续完备,数据真实有效。

(2)负责推行项目全面预算管理,将项目活动中的财务收支全部纳入全面预算管理,严格控制成本费用与资金支出,保证项目经营目标实现及资金有序流动。

(3)及时对项目所有经济活动进行财务集中核算,确保账簿齐全、账目清晰。

(4)紧密联系项目预算合约部门,及时督促完成项目部的工程计价及债务清理工作。

(5)掌握和控制项目资金流转情况,每月编制项目资金使用计划,管好项目资金,及时与银行对账,按月编制银行余额调节表,确保项目资金使用合理合规。

(6)按月、按季做好项目成本核算工作,定期进行成本分析,找出影响成本升降的因素和解决办法,提出管理意见,提交项目负责人审阅。

(7)负责编制月、季、年度报表,保证账表一致,表表衔接,说明清楚,报送及时。

(8)每月末做好会计凭证、账簿、表册、账物等的校对及装订工作,分月编号,整理清楚,以便查阅和妥善保管。

(9)负责掌管项目财务印章,严格控制支票的签发。

(10)会同项目综合办公室拟定固定资产及低值易耗品管理办法,确保项目资产安全完整。

(11)在增值税环境下,认真研究国家税收法规及政策,为项目经理部经营决策提供及时、准确的税务信息。同时协调当地税务部门,处理涉税事项,规避日后稽查审计纳税风险。

(12)遵守职业道德规范,不得泄露项目经理部机密。

(13)完成项目经理部领导交办的其他任务。

2. 出纳工作职责

(1)做好现金日常管理及收付工作,保证现金收付的正确性及合法性。

(2)每天工作日结束前,及时盘点库存现金并与有关报表和凭证进行核对,每月底填写《现金盘点表》,做到账实、账表、账证、账账相符。

(3)严格执行国家现金管理和银行结算制度的规定,根据会计人员审核签章的收付款凭证,进行复核,办理款项收付;对重大的开支,必须经过财务部门负责人、项目负责人审核后方可办理。

(4)遵守现金保管相关规定,确保库存现金安全。不得用白条抵库,不得挪用资金。保管好保险柜密码,保管好钥匙,不得任意转交他人代管。遵守现金库存限额的规定,超过库存限额部分的现金及时存入银行。

(5)做好增值税进项税额发票的审核、登记、认证工作,月末结账前核对增值税进项税额台账、税务认证系统、财务集中核算账套三者的税额是否一致,对不一致的,找出原因提醒会计调整。

(6)保管和使用好有关印章和空白支票、空白收据。随时掌握银行存款余额,严禁签发空头支票;对填写错误的支票,必须加盖"作废"戳记,与存根一并保存;支票遗失要及时办理挂失手续;对空白收据要妥善保管,并认真按规定办理领用、注销手续。

(7)配合会计做好各种账务处理工作。

(8)及时清理账目,督促因公借款人员及时报账,杜绝个人长期欠款。

(9)遵守职业道德规范,不得泄露项目经理部机密。

(10)完成项目经理部领导交办的其他任务。

三 印章管理

(1)项目经理部财务印章管理遵循"明确责任、严格审批、合理使用、妥善保管"的原则。

(2)使用财务印章必须基于发生的真实、合法、手续完备的财务会计业务。严禁在各类未按规定履行审批手续的待用印的空白单据、票据上使用财务专用章。

(3)禁止非财务事项加盖财务专用章。财务专用章须在项目经理部办公场地内使用,原则上不得带出办公场所,确因实际工作需要带出的,视情况轻重报财务部门负责人或项目负责人审批。

（4）建立《财务专用章使用登记簿》，对每一笔会计业务加盖财务专用章必须进行登记，注明使用事项、经办人、金额及其他事项等。

（5）财务印章实行分管制度，会计人员保管财务专用章，出纳人员保管项目负责人及财务负责人私章，其中一人外出时，交由项目负责人监管。

（6）财务人员调动或调岗时，必须按相关岗位规范办理财务印章的交接工作。项目完工后，财务印章交回公司审计法务部予以保管或处置。

（7）项目经理部应加强财务印章的管理，甘肃路桥财务部对项目部财务印章的保管、使用情况进行监督检查，如有发现违规，将对相关责任人予以行政或经济处罚。

四 银行账户管理

（1）加强银行账户管理，严格按照国家规定办理存款、取款和结算业务。坚决杜绝出借银行账户，不准用账户代其他单位或个人存入或支取现金。

（2）严格遵守银行结算纪律，杜绝签发没有资金保证的票据或远期支票，套取银行信用；拒绝签发、取得和转让没有真实交易和债权债务的票据，套取银行和他人资金。

（3）严格与货币资金相关的票据管理，在对票据购买、保管、领用、背书、转让、注销等环节，严格按《中华人民共和国票据法》《支付结算办法》《会计基础工作规范》办理，并专设登记簿进行记录，防止空白票据的遗失和盗用。

（4）项目完工后，经建设单位与甘肃路桥同意不再需要使用该银行账户后，项目部应立即报请甘肃路桥办理银行注销手续。

（5）银行账户的使用范围：项目日常结算的款项、支付材料费、劳务费、机械设备租赁费以及应由银行收付的各种款项。

（6）项目经理部银行账户网银支付分级管理。银行账户网银盾实行分离管理，出纳网银盾具有资金支付提交功能，会计网银盾具有资金支付审批功能，网银实行每天额度10万元控制。开通银行语音及信息业务，分别提供给项目经理、会计、出纳，使其及时掌握项目资金支付及账户情况。

五、资金管理

1. 资金管理禁止事项

(1) 严禁白条抵库、超标准超范围使用现金及备用金长期挂账。

(2) 严禁违规使用个人账户办理公款收支业务。

(3) 严禁公款私存、挪用资金。

(4) 严禁领导通过口头、电话、微信及 QQ 等规定审批流程以外的方式向财务人员发送资金支付指令。

(5) 严禁财务人员按照领导口头、电话、微信及 QQ 等规定审批流程以外方式发送的支付指令办理资金支付业务。

(6) 严禁资金支付不设置分级审核、分级支付风险隔离措施。

(7) 严禁一人完成银行款项支付的全级复核业务。

(8) 严禁财务人员未经授权审批,擅自委托他人代办资金收付业务。

(9) 严禁违规办理理财、投资股票、期货等高风险业务。

(10) 严禁非法集资、违规拆借资金。

(11) 严禁以虚假业务、虚假发票套取资金。

(12) 严禁"先付款、后结算"及"先付款、后审批"。

2. 资金管理

项目经理部各部门每月27日上报下月资金需求计划。财务部于下月初组织召开资金支付专题会议。经会议通过,上报甘肃路桥审批通过后,每月集中支付一次。

银行日记账必须日清月结,会计应定期向开户银行索取银行对账单,编制银行余额调节表。

严格遵守《现金管理暂行条例》规定的现金开支范围,对不属于现金开支范围的支付一律通过银行办理转账结算。现金开支的范围包括:①职工工资、各种工资性津贴。②个人劳务报酬,包括稿费和讲课费及其他专门工作报酬。③支付给个人的各种奖金,包括根据国家规定颁发给个人的各种科学技术、文化艺术、体育等各种奖金。④各种劳保、福利费用以及国家规定的对个人的其他现金支出。⑤收购企业向个人收购农副产品和其他物资支付的价款。⑥出差人员必须随身携带的差旅费。⑦结算起点(1000元)以下的零星支出。⑧确实需要现金支付的其他支出。

3. 备用金管理原则及管理措施

①专用原则。备用金仅用于与项目经理部业务相关的支出,严格执行"专款专用"的原则。②控制原则。备用金应在甘肃路桥规定的范围和限额内支取,不得超范围、超限额借支。③清理原则。备用金必须一事一借,一借一清,严禁一借多用、长期挂账,执行"前账不清,后账不借""专款专用""年底清算"的原则。④预借的款项,备用金借款人必须及时清理欠款,其借款金额总额不得超出其借支额度。备用金及职工因公借款必须在三个月内清理、年底清算,不允许跨年挂账。

4. 项目部备用金借支范围、限额

项目后勤(伙食)管理人员及资源保障部门人员可借备用金,备用金的限额为:后勤(伙食)管理员2万元,资源保障部门人员2万元。

备用金借支程序为:借款人申请→部门负责人签署意见→会计签署意见→分管领导(总工)签署意见→项目经理签署意见→会计制单→出纳付款。

六 日常费用报销制度及流程

项目经理部日常费用主要包括差旅费、办公费、低值易耗品、物料消耗、业务招待费、培训费、资料费等费用。经济业务发生后及时报销,报销时限不超过10d,特殊情况报告分管领导和项目负责人。

1. 费用报销要求

(1)按照类别(如办公费、业务招待费等)进行分类整理,同类单据粘贴在一起。

(2)进行粘贴时,必须使用由项目经理部财务部门统一格式的票据粘贴单、费用报销单,不得使用其他单据。

(3)在票据粘贴单上粘贴单据时,应使用固体胶(方便胶)进行粘贴,以保证凭证的粘贴效果,做到牢固、整齐、美观。

(4)同类单据如果数量较多,大小不一,应按票据规格的大小进行分类,同一粘贴单上所粘贴的票据尽量保持大小一致。每张粘贴单所粘贴的票据不得过多。

(5)在粘贴单上粘贴票据时,应从右至左、由下到上均匀排列粘贴,确保所粘贴的票据与粘贴单上、下、右三面对齐,不得出边、留空或大量累压粘贴。原始票据应保持原样粘贴,对个别规格参差不齐的票据,可先裁边整理后再行粘贴,但必须保证原始票据内容的完整性。

2. 费用报销原则

(1)实事求是,准确无误。报销人在填写《费用报销单》时,必须据实填写费用的发生原因、发生金额等内容,严禁弄虚作假,如经发现,按甘肃路桥有关规定追究报销人的相关责任。

(2)分级负责、层层把关。由各部门负责人对本部门人员费用报销的真实性进行一级审查;由财务部门对报销票据的合法性进行二级审查;由项目分管领导对分管部门的费用报销的合理性进行三级审查;由项目负责人进行最后的审核批准。

3. 费用报销规定

(1)报销人必须取得相应的合法票据。发票上各要素填写完整,在规定处盖有销售方发票专用章,大小写金额必须相符。

(2)填写报销单应注意根据费用性质填写对应单据;严格按单据要求项目认真写,注明附件张数;金额大小写须完全一致(不得涂改);简述费用内容或事由。

(3)对发票超过1000元的,按照甘肃路桥的要求进行发票查验,打印查验截图,查验人签字确认。

(4)自制的原始凭证(白条或一般性收据)、违章罚款、无理由跨年度的单据及审批手续不全的报销单不予报销。

4. 费用报销流程

报销人整理报销单据并填写对应费用报销单→须办理审批或出入库手续的应附批准后的审批单或出入库单→部门负责人审核签字→财务部门复核→项目总工程师(分管领导)审核签字→项目负责人审批→出纳支付。

七 会计核算

项目经理部严格按照《甘肃路桥建设集团有限公司增值税一般计税会计核算办法》等相关规定,根据项目管理(PM)系统、财务 NCC 核算系统的相关要求进行业务办理、凭证审核、账务处理、月底列账等会计核算。

日常发生的经济业务必须符合国家财务法律法规的规定,所有发生的经济业务及时在财务 NCC 核算系统进行账务处理。所有会计科目的使用必须严格遵守甘肃路桥的相关规定进行核算。会计资料定期按要求装订成册,妥善保管。

第四篇
工程施工

CHAPTER 第 十 章 10

施工技术

第一节　大直径嵌岩群桩施工

以南岸承台桩基为例,采用 12 台冲击钻,分 4 个循环施工,隔排隔孔跳打钻进。南岸承台桩基布置图如图 10.1 所示。

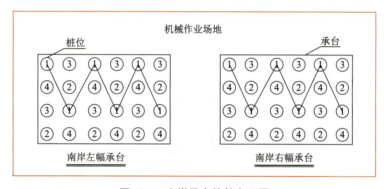

图 10.1　南岸承台桩基布置图

二　泥浆循环利用

钻孔时在桩孔内循环造浆,南岸桩顶位置均为黄土状土,直接用孔内土体造浆;钻进过程中,每天检查泥浆密度、黏度、含砂率及胶体率等性能指标,当泥浆性能不满足要求或护壁效果不好时,适当添加红土或膨润土调整泥浆性能;如果钻机冲程不能达到合理冲程或清渣时石渣上浮效果不好,则可向孔内添加烧碱、纤维素等调整泥浆性能(按 PHP 泥浆调制方法)。

钻进过程中,当泥浆密度过大进尺困难或每钻进 20m 时,采用气举反循环方法,配合滤砂器滤渣(石渣通过自卸车运输到指定位置倾倒),同时调整泥浆性能,调整方法为加水调浆或直接抽用储浆池内的泥浆入孔调整泥浆性能。

钢箱储浆池设置在不影响桩基施工及便道通行的位置,按不小于 2 倍单根桩基混凝土方量控制,即南岸 633m³ 储浆池内泥浆,经沉淀后可重复利用。在灌桩时,采用压滤机对储浆池泥浆进行处理,挤压分离出泥并经履带式起重机吊至(需准备一个吊具)桩基施工平台,运送到指定位置(经政府相关部门审批并取得相关许可)倾倒,分离出的清水排入黄河。

三 钢筋笼加工及安装

钢筋笼制作采用长线法施工,采用滚焊机、二氧化碳气体保护焊分节进行制作;正常节段为12m。另加一节调整节段,具体长度根据钢筋笼总长度确定。胎架上一次加工好3节钢筋笼,将加工好的钢筋笼在第1、2节段位置拆开,将钢筋笼的1节段作为钢筋笼的第一节,以2、3号钢筋笼节段为基础,加工下一节钢筋笼。依此类推,按照以上步骤完成钢筋笼的加工。对加工完成的钢筋笼进行分节编号,对每节钢筋笼对接处的同一根主筋进行标记,确保钢筋笼对接质量。

钢筋笼制作工艺流程如图10.2所示。

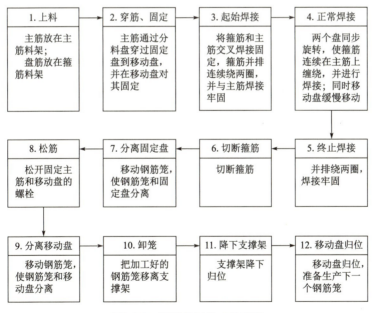

图 10.2 钢筋笼制作工艺流程

钢筋笼加工完毕后,用设计的 N8 钢筋将声测管固定在主筋上。之后对成品钢筋笼进行编号,按编号逐节吊至存放场地存放,现场一律采用专用托架垫起存放钢筋笼,如图10.3所示。钢筋笼验收合格后,方可安装。

图 10.3 钢筋笼托架存放

1. 钢筋连接

主筋连接采用(直接辊轧)直螺纹套筒连接,采用Ⅰ级接头;其他钢筋间的连接及其与主筋连接采用二氧化碳气体保护焊焊接,焊缝长度应满足单面焊不小于 $10d$、双面焊不小于 $5d$(d 为焊缝宽度)的规定。主筋同一搭接区段内,接头统一断面不得超过 50%,每一搭接面错开至少 $35d$ 且不小于 $50\mathrm{cm}$(对主塔桩基,$35d=112\mathrm{cm}$)。

钢筋丝头应满足以下要求:丝头应牙形饱满,牙顶宽度大于 $0.6\mathrm{mm}$,秃牙部分累计不得超过一个螺纹周长;丝头长度、螺纹直径、螺纹丝头数量应满足规范要求,其中丝头长度最大偏差 $<2p$(p 为螺纹的螺距),丝头精度应满足相关要求。

连接套筒应满足以下要求:套筒材料宜选用优质碳素结构钢或合金结构钢,应有供货单位提供的质量保证书;套筒表面应进行除锈处理;套筒的直径、长度、螺纹规格、公差带及精度应满足规范要求。按《钢筋机械连接用套筒》(JG/T 163—2013)规定,本项目用直螺纹套筒外径 D 不得少于 $57\mathrm{mm}$,套筒长度 L 不得小于 $76\mathrm{mm}$。

套筒连接应满足以下要求:批量生产前或钢筋供货厂家改变时,应做型式试验,检验接头性能,试件数量不得少于 9 个,即单向拉伸、高压力反复拉压、大变形反复拉压试验试件各至少 3 个;同时应取同批次、规格钢筋试件 3 根做力学性能试验。现场试验以 500 个构件为一批次,每批次随机抽取 3 个接头进行单向拉伸试验,确定其性能等级。接头现场安装后,应检验单侧外露不超过 2 个丝头,并抽取 10% 进行拧紧扭矩校核,如有 1 根不满足要求(直径 $32\mathrm{mm}$ 的钢筋,拧紧扭矩为 $320\mathrm{N\cdot m}$),应全部拧紧,直到满足要求为止。

2. 钢筋笼安装

钢筋笼安装采用履带式起重机起吊及下放。为确保钢筋笼起吊下放过程中不变形,制作专门的吊具用于下放钢筋笼,起吊前在护筒外安放专用孔口吊架,用于逐节钢筋笼下放至护筒口的临时支撑。本项目钢筋笼标准节段长度为 $12\mathrm{m}$,因此,采用履带式起重机大小钩同步将钢筋笼卧式起吊至空中再松小钩使钢筋笼空中翻转的方法,吊点分别位于顶部及根部的加强筋上。起吊时,采用长吊绳小夹角的方法减小水平分力,直到起吊至90°后,拆除根部吊点,垂直将该节段钢筋笼入孔。钢筋笼下放过程中,时刻注意观察孔内水位情况,如发现异常现象,马上停放,检查是否塌孔。钢筋笼骨架的保护层厚度根据设计要求采用焊接定位钢筋控制,按竖向每隔2m设置一道,每道沿圆周布置4个。钢筋笼孔口吊装如图10.4所示。

图10.4 钢筋笼孔口吊架

第一节钢筋笼入孔后,将孔口吊架上桁架挑梁伸出,支撑第一节钢筋笼。之后起吊第二节钢筋笼至孔口正上方,调整其垂直度,合格后采用直螺纹套筒进行钢筋接头连接。声测管在钢筋接头全部连接完成后连接,为保证声测管连接质量、检查声测管是否堵塞、破壁,每节钢筋笼下放后,向声测管内注满水,检查水面是否有明显下降,如无明显下降后,再连接声测管。当钢筋连接和声测管连接均经现场监理验收合格后,开始第二节钢筋笼下放,之后按照同样的步骤安装剩余所有钢筋笼。

钢筋笼下放到位,利用护桩十字线,校核钢筋笼的位置,确保居中。最后一节钢筋笼等间距布置4根吊筋,吊筋下部与主筋焊接,吊筋上部穿过扁担梁预留孔,通过直螺纹套筒将其悬挂在扁担梁上。吊筋长度 L(不含上部圆环)按以下公式计算:$L = H_1$(钢护筒口高程)$+ h_1$(扁担梁高度$+$直螺纹套筒长度$+$吊筋外露长度)$- H_2$(设计桩顶高程)$- h_2$(主筋伸入承台长度)$+ 10d$(单面焊缝长度,按 m 计)。

钢筋笼下放完毕后,向每根声测管中插入比声测管长5m、直径4cm左右的软管,用于混凝土浇筑完毕后抽动,防止声测管堵塞。

四 桩基检测

超声波成孔检测桩基施工完成后,采用超声波检孔仪对灌注桩桩长、桩径、桩体质量等进行检测,如图10.5所示,检测合格方可进行下一道工序施工。

图10.5 超声波成孔检测

五 混凝土灌注

混凝土灌注是成桩过程的关键工艺,施工人员应高度重视,在做好准备工作和采取技术措施后,才能开始灌注。本工程混凝土由项目搅拌站供应,采用水下C30混凝土,用混凝土搅拌运输车运至现场,桩基混凝土施工作业前,制作$18m^3$储料斗1个、$2m^3$料斗1个,$18m^3$储料斗通过溜槽可以向$2m^3$料斗内卸料,小料斗位于桩孔上方与导管连接。为保证首盘混凝土灌注连续顺利拔球,首盘混凝土灌注时$2m^3$料斗、$18m^3$料斗均需注满混凝土,拔球时大小料斗同步放料,大小料斗均放料完后,利用履带式起重机将$18m^3$料斗移开,拆除$2m^3$料斗及首节导管(导管埋深控制在2~6m之间),换普通小斗,采用搅拌车直卸的方式继续灌注。

混凝土配合比设计应确保其拌制后的良好流动性,水下混凝土灌注时间不得超过首批混凝土的初凝时间。混凝土运至灌注地点时,应检查其和易性和坍落度等,坍落度应控制在180~220mm之间,不符合要求时不得使用。首批混凝土的数量应能把导管下口埋入混凝土不小于1m。混凝土浇筑过程中,需经常测量孔内混凝土面的位置,同时与浇筑混凝土的数量进行校核。及时调整导管埋深,导管埋深控制在2~6m之间。设专人测量导管埋置深度及管内外混凝土面的高差,及时填写水下混凝土浇筑记录。首批浇筑混凝土的数量还应能满足填充导管底部的需要。

为了确保桩头质量,桩顶超灌60cm,当混凝土强度达到15MPa后凿除桩头。

第二节 大体积混凝土承台智能温控法施工

一 多策略智能温控系统设计

智能温控技术的要点在于采用内部热能输出和环境温度调节的自动控制技术,使得大体积混凝土温度分布和变化精确控制在设计温控曲线附近。智能温控技术主要由温度采集、温度计算、温度控制三部分组成。

1. 温度采集

温度采集是温度控制的基础,在温度采集过程中,传感器布置方案和传感器的选用是关键。

(1)传感器和冷却水管根据结构对称性和温度场计算结果进行布置。

(2)由于实际温度采集点和温度分布算法的网格模型的节点之间存在数据的相互转换和比较算法,因此需要在某些网格模型的关键节点处设置传感器。

(3)在温度空间梯度变化剧烈的位置需要加密布置传感器。

大体积混凝土温度测量对传感器的要求较高。为减少安装工序,温度传感器宜选用具有数字信号的集线式传感器。此外,选用的传感器除了满足精度、灵敏度和量程等基本要求外,还要具有结构稳定可靠,抗干扰、抗压、防水、绝缘、耐腐蚀等特点。

2. 温度计算

以大体积混凝土承台为例,选取热传导方程和相关参数。根据承台形状、冷却水管布设方式、边界条件建立大体积混凝土承台的 Midas 模型,通过模型分析得出大体积混凝土施工过程中温度控制结论,从而通过与温度自动采集子系统建立的温度场反馈信号对比,建立流量自动控制系统的偏差信号,达到精确控制的目的。

温度分布算法采用有限元方法,以 15min 为计算周期,将传感器采集的混凝土内部温度数据转换为初始场,外部环境数据转换为边界条件,结合混凝土自身的热学参数,提前预估混凝土内部温度分布和变化。

3. 温度控制

温度控制系统旨在通过引入温度场有限元实时预测模型,建立参考信号,通过与温度自动采集子系统建立的温度场反馈信号对比,实现流量自动控制系统的偏差信号与指令下达,具体控制原理如图10.6所示。

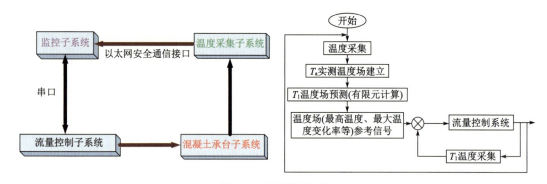

图 10.6　温度控制系统

二　智能温控系统布设

1. 冷却水管布置

(1)冷却水管绑在钢筋上,其每层高度根据钢筋布置做适当调整。在埋设及浇筑冷却管过程中应注意防止堵塞、漏水和振坏。浇筑混凝土前,在冷却水管中试通水,查看有无漏水的情况,确定冷却管无堵塞及漏水情况后才能浇筑混凝土。冷却水管自浇筑混凝土时通入冷水,使用完毕后即灌浆封孔,并将伸出承台顶面的部分截除。

(2)冷却水管采用 ϕ32mm、壁厚3mm 的焊接钢管,接头采用钢接头,拐角处采用弯头。先将钢管按冷却水管安装图下料并运至现场,钢筋绑扎完毕后,按设计位置安装,接头处先涂上油漆再拧紧,可防止混凝土浇筑过程中漏浆堵管及通水过程中漏水。冷却水管安装完成后,进行通水试验,防止管道漏水、阻水,以及水溢出造成混凝土离析。通水时间在1h左右。对于管道漏水、阻水的部位应立即进行修复。检查管路通水正常后,方可进行下一道工序。

(3)如图10.7所示,安装冷却水管时,将其按设计位置固定在支架上,做到管道通畅,接头可靠,不漏水、阻水。冷却水管的出水口和进水口采取集中布置、统一管理,并标识清楚。冷却水管由潜水泵供水,温控完成后,采用水泥砂浆封堵冷却水管。

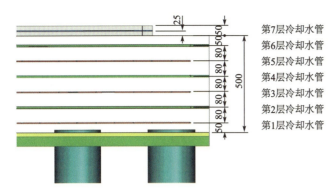

图 10.7　冷却水管安装（尺寸单位：mm）

2. 温度传感器安装

由于承台的对称性，选取承台 1/4 区布置温度传感器，冷却水管设置 6 层。为尽可能详细掌握承台温度场变化情况，温度传感器布置图如图 10.8 所示。

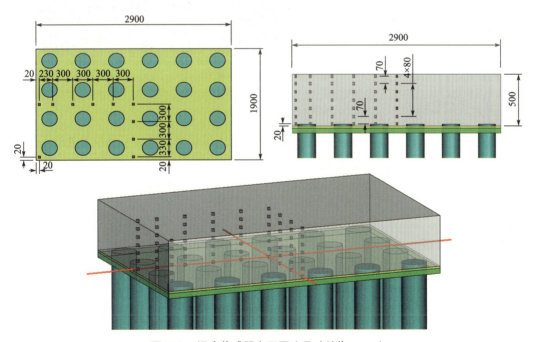

图 10.8　温度传感器布置图（尺寸单位：cm）

（1）沿承台高度方向共设置 7 层，间距为 $0.7\text{m}+4\times0.8\text{m}+0.7\text{m}$，距承台顶、底面各 0.2m。

（2）平面上，温度传感器沿对称轴设置，其中沿顺桥向布置 4 行，行间距 $2\times3\text{m}+3.3\text{m}$，距承台外侧面 0.2m；沿横桥向布置 6 列，列间距为 $4\times3\text{m}+2.3\text{m}$，距承台外侧面 0.2m。

（3）为了插值求解温度初始场，在承台 1/4 区域的角点处设置一处传感器，沿高度方向间距同轴线传感器，平面上距承台外侧面均为 0.2m。

3. 温度传感器编号

为方便现场接线和数据处理,如图 10.9 所示,对混凝土内部传感器编号做如下约定:

(1)温度传感器编号由大写字母"T"+3 个阿拉伯数字组成,其中第 1 位阿拉伯数字为层号,第 2 和第 3 位阿拉伯数字表示传感器在平面上的序号。如 T206,表示该传感器位于第 2 层第 6 号位置。

(2)向上的箭头表示传感器在高度方向上的层号编号方向。

(3)平面上,承台温度传感器的编号方向为图中箭头所指示的方向。

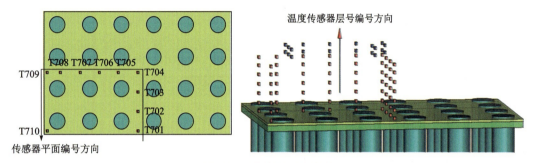

图 10.9 温度传感器编号

4. 温度传感器集成

为了便于传感器的制作和安装,传感器采用集线式,即将处于同一平面位置处的不同高度的传感器集成于同一根引出线上。

三 混凝土浇筑及过程监测

借助 Midas/Civil 2019 水化热分析计算模块,采用实体单元建模分析。考虑承台几何形状、冷却水管布置以及边界条件等的对称性,取 1/4 模型进行分析。如果将封底混凝土的支撑条件使用弹簧模拟,则无法模拟封底混凝土传递承台热量的过程,故将封底混凝土取为厚 0.2m、强度等级为 C20 的混凝土,赋予相应的比热和热导率,这样才能正确反映承台混凝土的水化热传播过程。

混凝土浇筑完成后,在第 84h 温度场出现最高温,如图 10.10 所示,可以看出:

(1)考虑冷却水管时,混凝土冷却效果明显,内部最高温度为 29.91℃,模型中考虑混凝土入模温度为 15℃,相较而言仅上升 14.91℃。

(2)环境温度取兰州市 11 月平均最低温(-2.2℃),混凝土内外温差相对依然较大,达到 29.07℃。有冷却水管无保温条件下混凝土内外部温差如图 10.11 所示。

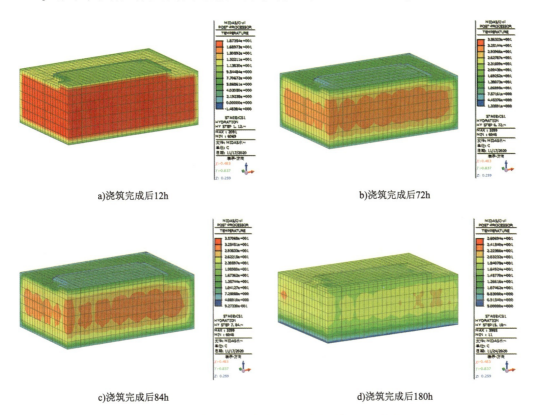

a)浇筑完成后12h

b)浇筑完成后72h

c)浇筑完成后84h

d)浇筑完成后180h

图 10.10　有冷却水管无保温条件下承台混凝土温度场

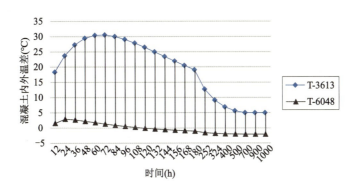

图 10.11　有冷却水管无保温条件下混凝土内外部温差随时间变化

1.温度控制

(1)冷却水管降温效果明显,出现温度最高点的位置位于混凝土内部中心冷却水管布置较疏的部位及靠近冷却水管出水口位置;温度最低点的位置位于承台顶面角点。

(2)混凝土内外部温差与设置冷管和保温措施有关:有冷却水管无保温条件下,内外温差达 29.07℃;有冷却水管有保温条件下,内外温差为 18.72℃。

(3)混凝土内部最高温度与设置冷管与保温措施有关:有冷却水管无保温条件下,混凝土浇筑完成 72h 后内部出现最高温,最高温度值为 35.71℃;有冷却水管有保温条件下,混凝土浇筑完成 72h 后内部出现最高温,最高温度值为 36.64℃。

(4)冷却水管停止通水后,局部温度会有所上升,但总体内部温度是逐渐降低的。

2. 应力控制结论

(1)计算结果显示,由温度产生的拉应力均在允许范围以内,不会对混凝土产生破坏。

(2)承台段混凝土在浇筑完成后 3~4d 内,其拉应力与容许拉应力最接近,易发生裂缝。

(3)承台混凝土浇筑完成后 3~4d 内,产生最大拉应力的点均位于顶面和侧面边缘以及两种承台顶面周边区域。

(4)根据计算结果可知,混凝土的最小抗裂系数均大于 1.4,抗裂能力高,满足设计规范要求。

第三节　变截面异形空腔下塔柱施工

一　主塔分段设计

北塔左幅 6 号、北塔右幅 7 号塔下塔柱共分为 6 个节段,第 1 节段(包含起步段 50cm)高度为 5.5m,第 2 节段高度为 5.5m,第 3 节段高度为 5.24m,第 4 节段高度为 6m,第 5 节段高度为 4.76m,第 6 节段高度为 6m。其中,第 5、6 节段的划分包含对应圆弧隔板。

南塔左幅 5 号、南塔右幅 6 号塔下塔柱共分为 10 个节段,第 1 节段(包含起步段 100cm)高度为 5.2m,第 2~7 节段中,除第 4 节段为 4.97m 其余高度均为 5.9m,第 8、9 节段高度为 4m,第 10 节段高度为 4.33m。其中 1~3 节段的划分包含对应 V 形隔板,8~10 节段的划分包含对应圆弧隔板。

二 变截面液压爬模布置

模板体系采用木工字梁体系大模板,外模面板采用进口21mm面板;内模面板采用国产18mm面板。标准节段垂直浇筑高度为6.0m,模板设计高度为6.2m,其中模板下包已浇混凝土面100mm,上口挑出100mm。塔柱外侧采用液压爬模。液压爬模爬升过程如图10.12所示。

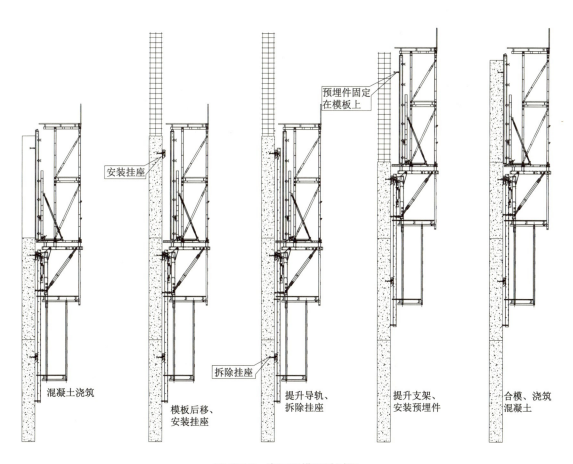

图 10.12　液压爬模爬升过程

三 钢管斜撑施工

钢管斜撑的施工顺序为:塔柱节段劲性骨架安装→预埋钢管 L_2' 段定位安装→钢筋绑扎及模板安装→混凝土浇筑 L_2'' 段→高强度螺栓连接 L_0 及 L_1 段。

钢管斜撑预埋段分为两段:在浇筑主塔节段时先预埋 A 段(钢管、端板、套板在工厂加工成型),浇筑完成后,通过螺栓将 2 个钢板(钢板 A、钢板 B)连接在一起,如图 10.13 所示。

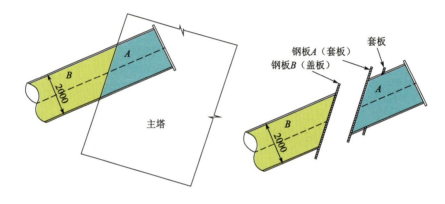

图 10.13 管桩分为两段安装(尺寸单位:mm)

为保证预埋段(L_2)钢管安装与爬模施工不冲突,钢管斜撑预埋段节段划分示意图如图 10.14 所示。

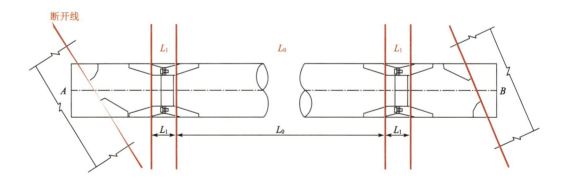

图 10.14 斜撑钢管节段划分示意图
L_1-法兰连接段;L_0-中间段

四 塔间钢箱斜撑施工

塔柱施工至第 3 节段时,需进行钢箱斜撑施工,钢箱斜撑施工分为预埋件施工、预应力张拉及钢箱斜撑安装三部分内容。

1. 预埋件施工

塔柱第 3 节段施工时,需预埋钢箱斜撑锚固端的预应力体系,包括预应力高强螺纹钢筋、波纹管、锚具、锚固端钢板及拼接钢板的预埋,并按设计要求在塔臂处预留锚固端槽口,作为预应力张拉的施工空间,施工时应精确放样。塔柱节段的劲性骨架,通过劲性骨架定位预应力体系相关的预埋件。

2. 预应力张拉

第 3 节段塔柱混凝土浇筑完毕后,混凝土强度达到设计强度的 90%、弹性模量达到混凝土 28d 弹性模量的 90% 时,方可张拉预应力筋。预应力筋采用直径 40mm 的高强螺纹钢筋,抗拉强度标准值为 1360MPa,张拉控制应力为 0.85 倍抗拉强度标准值;采用张拉旋钮千斤顶及配套锚具,锚具需满足《预应力筋用锚具、夹具和连接器》(GB/T 14370—2015)的相关规定。

预应力张拉端锚具采用复拉工艺,在高出螺母 4.0cm 处用砂轮锯切割进行封锚。钢筋下料及端头切割时均严禁使用电弧切割工艺。预应力粗钢筋管道采用塑料波纹管,内径 6.0cm,外径 6.5cm,要求其厚度大于或等于 0.25mm。

预应力张拉锚固后,孔道注浆采用真空灌浆法辅助施工。注浆需在 48h 内完成,浆液应满足《公路桥涵施工技术规范》(JTG/T 3650—2020)的相关规定。

3. 钢箱斜撑安装

钢箱斜撑安装节段划分示意图如图 10.15 所示。钢箱斜撑在现场采用起重机分段拼装焊接,节段安装的施工顺序为:先安装第 1、2 节段,与承台钢箱系梁进行焊接;随后吊装第 3、4 节段,与槽口内拼接钢板焊接,并搭设支撑架临时支托已焊接好的第 3、4 节段;接着安装第 5 节段,与第 1、2 节段进行焊接固定;最后吊装第 6、7 节段合龙段,完成合龙段的定位安装及焊接固定后,进行钢箱系梁的安装。

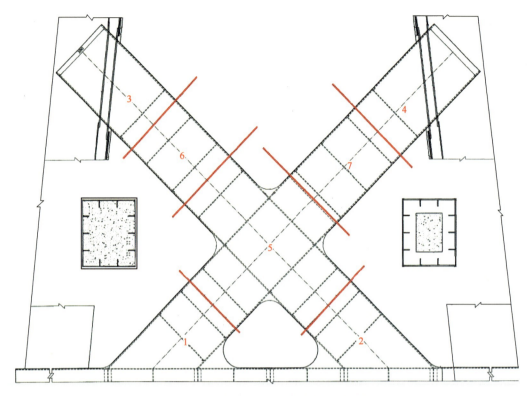

图 10.15 钢箱斜撑安装节段划分示意图

第四节 弧形隔板横梁施工

主塔承台施工时,预埋好支撑管桩支架的预埋钢板,预埋钢板是尺寸为 120cm×120cm×2cm 的矩形钢板。承台顶板钢筋绑扎后,对矩形钢板的位置进行放样,标记出预埋钢板锚固筋的位置,针对锚固筋的位置调整顶板钢筋的间距。安装过程中,遇到承台顶板钢筋与锚固筋冲突时,应尽量调整顶板钢筋位置,不得随意切割锚固钢筋。预埋钢板安装完成后调整水平及高程,高程应低于承台高程 2cm,四角高差不大于 5mm。

管桩支架钢管采用 $\phi820mm\times10mm$ 的螺纹钢管,连接系采用 $\phi426mm\times8mm$ 的螺纹钢管,与管桩立柱焊接连接;扶墙采用 $\phi426mm\times8mm$ 的螺纹钢管,一头与管桩立柱焊接连接,另一头与塔柱预埋件连接。管桩支架立杆采用螺栓连接,连接系、扶墙与立杆均采用焊接连接,支架搭设遵循"先下后上、对称搭设、安全第一"的原则,支架搭设前应在每根钢管桩上布置施工爬梯(含背笼)及施工平台。连接系及扶墙制作时应小于设计尺寸20cm,其与立柱管桩连接采用同直径补强板焊接连接。

支架上部为排架加主梁结构,排架是由工字钢组成的桁架体系,分为排架 A、B、C 三部分,排架 A 用于支撑横梁底部施工,排架 B 和排架 C 用于支撑弧形隔板底板施工。由于管桩支架的基础为刚性地基且刚度较大,该支架不预压,因此,根据经验将排架 A 顶高程预抬2cm,排架 A 两端对应位置塔柱施工时预埋好牛腿,管桩支架预抬 2cm 搭设分配主梁并安装排架 A,支撑弧形隔板范围以外的横梁底模。

排架 B 与排架 C 顶部与排架联结系连接,排架联结系支撑圆弧隔板底部模板。排架 B 靠与塔柱的预埋牛腿支撑,排架 C 靠管桩支架支撑,排架 B 与 C 通过插销方式连接,排架 B、C 搭设完毕后安装圆弧隔板的底模。

排架 B 底端与预埋在塔柱的牛腿连接,牛腿上设置脱模垫块。排架 B 对应段圆弧隔板混凝土浇筑完成后,应通过预埋好的拉杆将模板与混凝土拉紧,再浇筑下一节段隔板和塔柱混凝土。为保证混凝土浇筑完成后模板拆卸顺利,在排架 B 与牛腿连接处设置脱模垫块,排架 A、C 与管桩支架连接处设置砂筒。脱模垫块采用 4 个 I20 工字钢拼接而成;砂筒由筒体、筒塞、螺钉及内填干砂构成,砂筒设计承载力为 200t,使用前采用 200t 的荷载进行预压,使用过程中保持砂干燥,防止筒塞卸落。

二 混凝土分层浇筑

为保证支架体系安全及混凝土浇筑质量,弧形隔板及横梁与塔柱同步浇筑,并采用分层浇筑的施工方法。模板安装完毕后,进行弧形隔板混凝土浇筑,浇筑前应关注当地天气情况,浇筑过程中应对混凝土入模坍落度按设计的规定值进行控制。同时应设专人检查支架、模板、钢筋和预埋件等的稳固情况,发现有变形、松动、移位时应及时处理。混凝土浇筑完后及时进行养生,养生时间不少于7d。

横梁总高度为6m,分两层浇筑,每次浇筑厚度为3m。第一次浇筑时,由于横梁为空腔形式,首先浇筑横梁底板,从底板顶部浇筑至 90~100cm 时停止,每层混凝土高度不大于50cm,同时在空腔内进行振捣,采用 70 型振捣棒均匀振捣,移动间距为 30~40cm。将底板剩余混凝土从腹板顶部浇入,在空腔倒角处振捣使底板混凝土达到设计高程,待底板混凝土无流动性且不发生向上内翻时,继续浇筑横梁腹板。浇筑腹板混凝土时,按每层高度不大于50cm控制,浇筑至3m高位置时停止;对于横梁长度方向,由一侧塔柱端开始向另一端浇筑。

第一层横梁混凝土浇筑后10d内进行第二层横梁混凝土浇筑。在第一层混凝土表面凿毛的基础上,浇筑横梁腹板及顶板混凝土(高度为3m),顶板混凝土每层浇筑高度不大于50cm;对于横梁长度方向,由一侧塔柱端至另一侧塔柱端浇筑。混凝土浇筑期间,应检查模板是否发生位移或松动,发现有变形、松动、移位时应及时处理。应按要求浇筑混凝土到指定高程。横梁浇筑完成后,为了便于拆除内腔模板,在顶板上预留天窗,尺寸为80cm×80cm。浇筑振捣完毕后,及时对横梁混凝土进行养生,养生时间不少于7d。

三 预应力张拉

在横梁及塔柱施工时预埋管道,待混凝土达到设计强度后进行预应力钢束穿束,按照"后张法预应力筋张拉程序"进行张拉,然后进行孔道真空压浆及封锚。预应力管道安装偏差应符合规范要求,在预应力施工前,应做好千斤顶和油表以及配套油泵的校验工作。预应力张拉采用控制张拉力和伸长量进行双控,伸长量的误差控制在±6%以内。

为防止混凝土早期收缩开裂,使混凝土在凝固期间具有一定的压应力储备。横梁预应力分三次张拉,其中第一次张拉时机为第一层(3m)浇筑的横梁混凝土强度达到设计强度的50%后,预应力钢束按锚下控制应力的45%(627.75MPa)进行张拉。选定1、2、7、10、20、22、23、25钢束进行预张拉。

横梁第二次浇筑完成后,为确保混凝土有一定的压应力储备,待第二层混凝土强度达到设计强度的50%时,进行第二次预应力张拉。选定28、30、31、33、43、46、51、52钢束进行张拉,预应力钢束锚下控制应力与第一次张拉相同。

待两层横梁混凝土强度均达到设计强度的90%、弹性模量达到28d弹性模量的90%后,对剩余预应力钢束进行张拉。张拉时对称交错进行,采用张拉力和伸长量双控,锚下控制应力为$0.75f_{pk}$(f_{pk}为设计应力),钢绞线采用低松弛钢绞线,张拉控制应力及张拉力采用设计应力。

横梁外侧塔柱张拉端为深埋锚,深埋锚安装时应布置锚盒,待预应力张拉完毕且封锚后,进行锚盒内钢筋连接和锚盒内混凝土填充,最后进行真空辅助压浆。槽口处被打断的主塔钢筋应在横梁预应力张拉完毕后按等强度原则恢复。

张拉完成后,孔道应尽早压浆。横梁预应力筋为单端张拉,故在张拉端进行压浆,锚固端为出浆口,且应在48h内完成。孔道压浆应采用专用压浆料或专用压浆剂配置的浆液,压浆时浆液应由最低点的压浆孔压入,至排气孔排出后与规定流动度相同的水泥浆为止。关闭出浆口后,宜保持一段不小于0.5MPa的稳压期,稳压期的保持时间宜为3~5min。

第五节 等截面上塔柱施工

一 液压爬模施工流程

下塔柱施工完成后,塔柱需要完成爬模架体转换,俯仰角两面架体交换。内侧因为横梁无架体,所以架体转换时,已有的仰爬面架体不再爬升,依靠已有架体在已浇混凝土面上安装爬架挂座。安装完成后拆除仰爬面爬模架体,安装俯爬面架体,仰爬面架体依靠横梁安装。

由于上塔柱为等截面塔柱,模板不需要裁剪,且横梁及横梁起步段施工周期较长,所以这段时间可以对面板质量不符合要求的模板予以修整或更换。爬模施工是塔柱施工安全的基础,液压爬模施工首先要完善部门联检制度,在爬模前后都需要各个部门、厂家技术员及监理工程师联合对爬模架体的每一个环节进行详细检查,并完成现场签认表。任何一个环节及部位出现异常情况都需查明原因并处理完成后,方可进行下一道工序。

二 钢管斜撑安装

上塔柱钢管斜撑与塔柱的锚固形式为表面锚固式,其通过锚固端板与塔柱主筋焊接,并通过剪力钉与混凝土咬合,固定与其焊接的钢管,再与中间段通过法兰连接。

上塔柱钢管斜撑单节最大重量为7.08t,可采用塔式起重机吊装。为避免斜撑安装完成后绑扎钢筋导致劲性骨架偏位,进而影响斜撑安装精度,钢管斜撑安装前先测量放样,预留钢管斜撑安装位置之后,再绑扎其余部位的主筋及箍筋。绑扎完成后,在钢筋或劲性骨架上放样出钢管斜撑的精确位置并进行安装,初步定为采用塔式起重机安装,斜撑下方采用型钢支撑。初步安装完成后,再次对钢管斜撑的轴线精确放样,利用千斤顶和倒链进行微调,最后将高程安

装精度控制在 +5 ~ +10mm 以内(比设计高程高为正)。

对于中间段安装,首先进行平台设置,由于安装平台无法采用爬模平台,故在混凝土表面提前预埋爬锥预埋件。在下一节段的爬模平台上利用爬梯安装扶墙挂座,利用塔式起重机散拼简易爬架平台,并设置安全通道及护栏。法兰连接采用高强度螺栓转角法,高强度螺栓安装前应经过检测和现场妥善保管。高强度螺栓安装应分为初拧和终拧,初拧和终拧扭矩应符合规范要求,且初拧和终拧应在24h内完成。在安装过程中,不得用高强度螺栓代替临时螺栓。高强度螺栓安装完成后,进行外套板的安装及焊接。

三 无黏结预应力钢棒施工

无黏结预应力钢棒由两端螺纹、螺旋筋、锚固挡板、锚固螺母、防护挡板、防护螺母组成。其采用后张法单端张拉施工,锚固端安装全部配件与混凝土同步浇筑,张拉端只安装螺旋筋、锚固挡板及锚固螺母,并预留张拉槽口,待混凝土强度达到设计强度的90%以上,再张拉无黏结预应力钢棒。张拉采用穿心式千斤顶配专用张拉支撑座及张拉杆,张拉结束、校核伸长量完成之后,通过张拉支撑座上面的锁紧装置来紧固锚固螺母。

无黏结预应力钢棒施工主要包括以下步骤:测量放样、劲性骨架安装、锚垫板定位、钢筋绑扎、预应力钢棒安装、锚盒预埋件安装、模板安装、混凝土浇筑及养生、槽口清理、张拉预应力钢棒、安装防护挡板及防护螺母、封锚。无黏结预应力钢棒在安装过程中,应逐一检查其根数及安装质量,主要包括锚固端螺母与锚垫板之间是否有空隙、钢棒外皮是否有破损、张拉端外露丝头是否一致等。若钢棒外皮有破损,可采取更换或用水密性胶带缠绕等措施处理。混凝土浇筑完成后进行养生,待强度达到设计强度的90%以上后,可张拉钢棒。张拉钢棒采用专业千斤顶,张拉步骤为:清理张拉锚穴→清理钢棒端部螺纹→安装张拉杆件→安装锁紧套管→摆放张拉支架至正确位置→安装千斤顶→安装千斤顶底部锁紧螺母→油泵加荷开始张拉→链钳带动锁紧套管锁紧锚固螺母→卸除荷载千斤顶回油复位→拆除千斤顶→其他钢棒张拉,重复以上操作。无黏结预应力钢棒张拉应采用"双控"方式,以张拉力控制为主,对实际伸长量进行校核。张拉时采用$0 \rightarrow 10\% \sigma_{con}$($\sigma_{con}$为张拉力)$\rightarrow 100\% \sigma_{con}$的张拉方法,张拉后无黏结预应力钢棒的实测伸长量与理论伸长量误差范围应在±6%以内。

待张拉全部完成之后,安装防护挡板及防护螺母,再次清理槽口,用水冲洗干净,安装模板,浇筑微膨胀混凝土。

四、钢锚梁及索导管定位安装

钢锚梁及索导管定位安装施工工艺流程如下：

为了避免钢筋绑扎完成后劲性骨架偏位，钢锚梁及索导管均在钢筋初步安装完成后再安装。钢锚梁预埋板及索导管初定位是利用全站仪测量放样，找出空间位置，并在钢筋和劲性骨架上标记出来，索导管初步安装完成后下方利用带套筒的精轧螺纹钢支撑，初步安装完成后进行其余部位施工，待钢锚梁及索导管精确定位时，需要2台全站仪联测进行定位，定位完成后将其固定牢靠，复测完成后即可进行下一工序施工。

五、主塔封顶

合龙段前一节混凝土施工时，内侧需要预埋上下两组爬锥或预埋钢板，用于搭建平台和模板牛腿。模板牛腿由型钢组成，牛腿上面布置模板卸落装置。施工时，首先搭建施工平台，在施工平台上完成牛腿安装及合龙段底模安装，底模安装完成后绑扎钢筋，绑扎钢筋时注意钢筋保护层控制。

封顶段施工时，注意避雷针预埋件的精确安装及四周护栏预埋件的安装，塔顶混凝土施工完成后，根据"中间高、四周低"的原则，按照2%的坡度进行二次收面。

第六节　钢混组合梁塔区梁段安装

一、0号块及1号块安装

1. 塔区0号块安装工艺流程

第一步：提前安装主纵梁的横移轨道，并将永久支座定位，之后使用桥面吊机从墩底取梁，采用φ36mm钢丝绳、25t卡环，用手动葫芦及机械千斤顶等牵引边主梁到安装位置。

第二步：安装千斤顶将边主梁支承，拆除滑移装置及滑移轨道。使用千斤顶下放边主梁，抄垫0号主纵梁，此时由项目部测量人员对0号块主纵梁轴线、高程进行测量，并利用桥面吊机微调主纵梁。确认无误后，使用精轧螺纹钢筋进行竖向锚固，在抗风支座上焊接工字钢进行横向锚固，利用阻尼器预埋孔，用管桩进行纵向锚固。

第三步：由近及远安装4根横梁、检查车轨道、小纵梁，初拧并终拧高强度螺栓；要求安装检查车轨道及小纵梁是因为要使用主梁施工平台，作业人员必须配备安全带并挂在施工平台上，要求高强度螺栓初拧和终拧间隔时间不得超过24h，并标注初拧和终拧时间。

第四步：吊装0号块预制桥面板。要求桥面板由近及远，先架中间后架两边，架设好桥面板后，桥面吊机走行至0号节段并锚固。桥面吊机行走前，必须由项目部人员组织验收，确认无误后方可运行。

2. 塔区1号块安装工艺流程

第一步：吊装中跨1号梁段主纵梁，采用ϕ36mm钢丝绳、25t卡环，采用冲钉与高强度螺栓相结合的方式与0号主纵梁相栓接，要求冲钉不少于高强度螺栓的30%。安装好主纵梁后，由项目部测量人员对0号主纵梁轴线、高程进行测量，并利用桥面吊机微调主纵梁。

第二步：主纵梁线形确认无误后，由近及远安装4根横梁、检查车轨道、小纵梁，初拧并终拧高强度螺栓；要求安装检查车轨道及小纵梁是因为要使用主梁施工平台，作业人员必须配备安全带并挂在施工平台上，要求高强度螺栓初拧和终拧间隔时间不得超过24h，并标注初拧和终拧时间。

第三步：桥面吊机向中跨方向走行4m，并锚固在横梁吊耳之上，保证桥面吊机锚固点安全可靠，吊耳无变形。

第四步：安装边跨1'号节段，依次吊装边跨1'号梁段边主梁、横梁、小纵梁；安装及吊装要求与0号相同。桥面吊机向边跨方向走行4m，走回原位并锚固。

第五步：安装斜拉索并第一次张拉；第一次张拉完成后确认索力、高程无误。

第六步：吊装中跨1号梁段、边跨1'号梁段预制桥面板。要求先架中间后架两边，保证对称安装。然后，第一台桥面吊机退回边跨，塔式起重机组拼第二台桥面吊机，站位无误后进行斜拉索第二次张拉；在经过现场技术员确认无误后，浇筑0号段压重段及现浇桥面板，1号、1'号块湿接缝。

二 临时锚固及临时预应力张拉

1. 塔梁临时固结施工

(1)临时锚固施工。

为了避免主梁悬臂拼装施工时,不平衡荷载对主梁结构体系的影响,确保体系稳定安全,施工期要求主梁与索塔临时固定,竖向、纵向和横向都应提供约束,以确保临时锚固满足施工节段的要求。

(2)塔梁竖向临时支撑及锚固。

本项目主桥钢梁与索塔临时锚固共设计 4 个竖向临时锚固(图 10.16),每个锚固装置采用 4 根 $\phi 50 \text{mm}$ 精轧螺纹钢结合混凝土垫石的组合形式。塔梁临时锚固是悬拼施工的关键,在临时锚固垫石浇筑前,对预埋精轧螺纹顺直度进行调整并固定精轧螺纹钢,根据精轧螺纹钢具体位置,以正式图纸下发钢结构厂家。明确主梁开孔位置后进行加工,保证塔梁临时锚固能顺利安装。对临时竖向固结高强精轧螺纹钢筋应进行张拉,张拉控制应力为 0.8 倍抗拉强度标准值,即张拉力 $F = 930 \text{MPa} \times \pi \times (50 \text{mm})^2 \times 0.8 = 5.84 \times 10^{-6} \text{N}$。

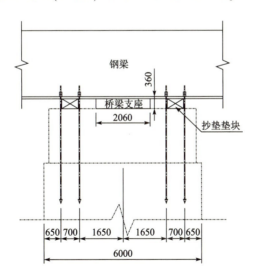

图 10.16 临时固结竖向限位图(尺寸单位:mm)

(3)塔梁纵向临时约束。

施工期间,利用阻尼器梁底耳座和支座垫石的耳座临时安装杆件,进行纵向锚固限位,如图 10.17 所示。

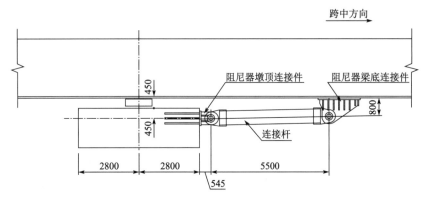

图 10.17 临时固结纵向限位图（尺寸单位：mm）

(4)塔梁的横向约束。

横向临时限位采用两侧竖向支座垫石设置工字钢刚性支撑,在塔柱与边主梁之间设置 4 根 I25 支撑限位。4 根 I25 支撑的一端与抗风支座预埋板焊接固定,另外一端顶住钢梁,留出 1cm 间隙,如图 10.18 所示。

塔梁采用横向抗风支座进行横向约束,横向抗风支座在塔区梁段位置调整后进行安装。横向抗风支座安装示意图如图 10.19 所示。

2. 临时锚固拆除

待中跨完成合龙,即可解除塔梁临时固结。

纵向临时固结:拆除阻尼器两个座板间的临时拉压杆。

竖向临时固结:割除精轧螺纹钢,解除受拉体系。凿除混凝土支垫,解除支撑体系。

横向临时固结:割除工字钢刚性支撑,解除支撑体系。临时锚固拆除原则为:最先解除横向锚固,其次解除竖向锚固,最后解除纵向临时锚固。

3. 临时预应力张拉

(1)箱梁顶板纵向预应力采用 $9\phi15.2mm$ 高强低松弛预应力钢绞线,标准强度为 1860MPa,张拉控制应力为 1339.2MPa,配用塑料波纹管成孔;钢束 NL1～NL2 采用同一编号两侧两端张拉,张拉顺序为先中间两束 NL2,再两侧两束 NL2,其次为中间两束 NL1,最后两侧两束 NL1。张拉均同时对称进行,如图 10.20 所示。

(2)预应力张拉时分级加载,张拉程序为 $0 \to 10\%\sigma_{con} \to 20\%\sigma_{con} \to 100\%\sigma_{con}$(持荷 5min 锚固)。

(3)在张拉过程中及时读取(或量取)分级张拉实测伸长量,而后根据以下公式计算实测伸长量:$L_{实} = (L_{100\%} - L_{10\%}) + (L_{20\%} - L_{10\%})$。

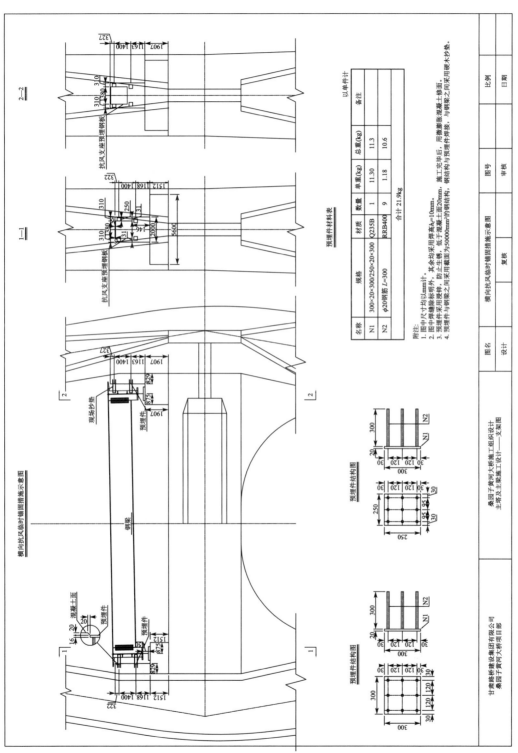

图 10.18

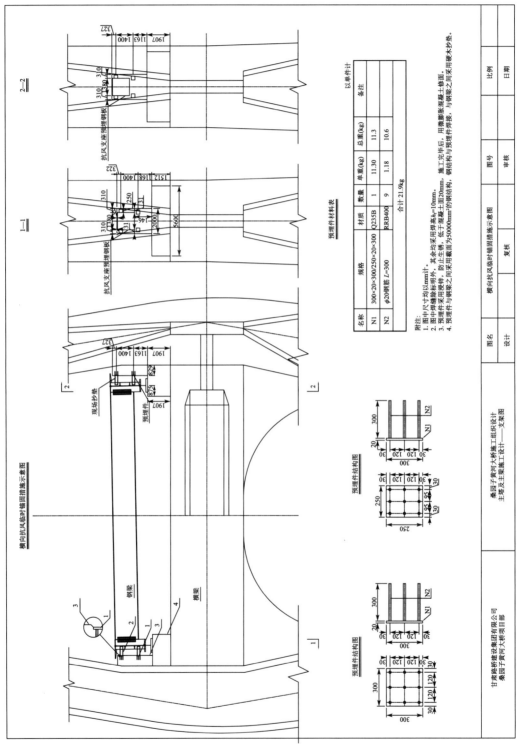

图 10.18 塔梁的横向约束

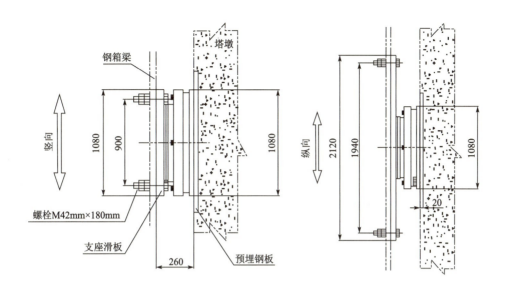

图 10.19　横向抗风支座示意图（尺寸单位：mm）

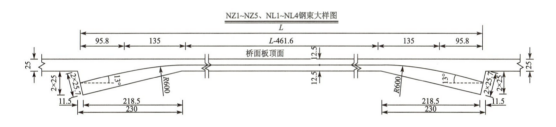

图 10.20　钢绞线长度计算图

第七节　钢混组合梁三节段悬拼两节段浇筑湿接缝施工

以 2 号、3 号、4 号块施工为例，标准梁段主要施工过程如下。

2 号块施工：依次吊装 2 号主纵梁、横梁、小纵梁、安装检查车轨道，由技术员确认线形无误后,进行 C2 斜拉索一张;张拉后索力、高程、轴线、塔偏无误后,使用起重机辅助拆除墩旁托架,同步可进行桥面板安装;桥面吊机前移,锚固验收无误后,进行 C2 斜拉索第二次张拉。至此,2 号块施工结束。

3 号块施工:3 号钢梁散拼,由现场技术员确认线形无误后进行 C3 斜拉索第一次张拉,确认索力与线形无误后进行桥面板安装;吊机前移并且锚固,验收无误后,进行 C3 斜拉索第二次张拉。至此,3 号块施工结束。此时,在 1 号块与 2 号块之间安装提升站。

4 号块施工:在 3 号块施工结束后,安装运梁平车。首先安装运梁平车轨道,之后利用塔式吊机或桥面吊机将运梁平车整体提升至桥面后定位在轨道上,完成安装工作。之后进行 4 号块施工。在完成 C4 斜拉索第一次张拉后,浇筑 2 号、3 号湿接缝及检修道,待混凝土强度达到设计强度的 90% 后,进行 C4 斜拉索第二次张拉。至此,4 号块施工结束。

二 施工控制要点

1. 钢梁安装质量保障措施

(1)控制厂内梁节段制造的精度。

(2)施工现场加密测量,对测量结果进行分析后,调整下一梁段高程。

(3)采用对角斜拉的方式调整,克服合龙前因轴线偏位引起的龙口误差。

(4)定期校验测量仪器,将人为误差降至最低。

(5)根据钢梁重力分布合理布置吊点,防止钢梁因起吊受力不均引起变形。

2. 高强度螺栓

(1)钢梁安装时,待冲钉和高强度螺栓的数量达到规定的数量后,才允许松钩;高强度螺栓的施拧应按照《铁路钢桥高强度螺栓连接施工规定》(TB/J 214—1992)规定的施拧工艺来进行。

(2)每节段钢梁及混凝土桥面板安装完成后,应及时测量钢边主梁的轴线,当发现轴线偏移时,应在下一节段通过拼接螺栓群适当错孔来调整轴线。严禁偏差积累,造成轴线错位。

(3)不允许将合龙段的临时连接所用的高强度螺栓用作永久结构的高强度螺栓。

(4)10.9S 级高强度大六角头螺栓施拧前,应按生产厂提供的批号,并按每批不少于 8 套分批测定高强度螺栓连接副的扭矩系数。其1t扭矩系数平均值应在0.110~0.150的范围内,其标准偏差应小于或等于0.01。高强度螺栓的扭矩系数随温度上升而减小,因此,施工时应考虑环境温度对扭矩系数的影响,使扭矩系数的测试环境温度与施拧温度接近。施拧扭矩应以实测扭矩系数制定。

(5)高强度螺栓拧紧的顺序,宜为从螺栓群中间顺序向外侧进行拧紧,并应在当天全部终拧完毕;施拧时,不得采用冲击拧紧和间断拧紧。

(6)高强度螺栓的拧紧分初拧、复拧、终拧;拧紧时应采用扭矩扳手,初拧扭矩应由试验确定,一般为终拧扭矩的50%。

(7)高强度螺栓施拧采用的扭矩扳手,在每班作业前后均应进行矫正,其扭矩误差不大于使用扭矩的5%。

(8)高强度螺栓拧紧后,应设置专职人员负责检查,并应在终拧1h后、48h前完成扭矩检查。检查验收采用紧扣法。经过检查的高强度螺栓,其不合格率不得超过抽验总数的20%,如果超过此值,应继续抽验,直至累计总数80%的合格率为止。然后对欠拧者补拧,超拧者更换后重新补拧。

(9)终拧检查合格的螺栓,应按规定进行标记,并立即在螺栓、螺母、垫圈的外露部分涂上油漆。

(10)为避免高强度螺栓及摩擦面被雨水冲刷及阳光暴晒,在各构件存储及运输过程中,采用塑料薄膜配合包装纸进行包裹保护。施工前,提前关注气象预报,高强度螺栓施工应尽量避开降雨等天气。如果摩擦面被雨水淋湿,必须使用吹风机将其完全吹干后再进行高强度螺栓施工。必要时在顶部及侧面设置防雨篷布,对操作平台进行覆盖。一个节段尽量使用同一批号的高强度螺栓,最多使用2个批号的高强度螺栓。严格注意高强度螺栓扭矩值,标定扭矩扳手的初拧、终拧值。避免高强度螺栓受高温、焊渣影响。

3.桥面板安装

桥面板安装过程中,尽量避免钢筋与剪力钉相冲突,当桥面板钢筋与剪力钉有冲突导致桥面板无法下落时,应敲击钢筋使之错开;当桥面板钢筋与预应力管道相冲突时,可切割钢筋,但必须留有焊接长度。桥面板与钢梁接触面需用改性硅酮胶密封,适当增厚改性硅酮胶余高。

4.湿接缝浇筑

(1)做好伸缩缝安装开工前及各部位、工序正式施工技术交底,确保施工人员对施工工艺、技术规范、特殊和重点部位的特点真正做到心中有数,确保施工操作过程的准确性和规范性。

(2)每道工序必须经严格检查验收,及时做好隐蔽工程记录;未办完验收合格手续不得进行下道工序施工,以确保工程质量。

(3)邀请伸缩缝生产厂家进行现场安装指导,确保伸缩缝安装的准确性。

(4)伸缩缝安装前,严格复核路面高程及路面平整度,精确量测伸缩缝开槽宽度及伸缩缝顶面高程。

(5)焊接是伸缩缝施工中确保装置使用寿命的关键因素之一。焊条应采用高质量焊条,焊接过程中严格控制焊缝厚度、长度及焊接质量。

(6)聚丙烯纤维混凝土原材料应在送检合格的情况下才能使用。拌和时,需定期在拌和机的出料口检查聚丙烯纤维混凝土的和易性,当混凝土坍落度、黏聚性及保水性有较大的波动时,要及时分析原因并加以解决。要定期检查拌和料中钢纤维是否分散均匀,检查有无结团现象。

(7)严格控制混凝土养生时间,混凝土强度未达到设计强度时禁止开放通车。湿接缝和检修道的混凝土,在浇筑时应用振捣棒充分振捣,每隔30cm振捣一次,振捣时间要求不少于15s。振捣棒快插慢拔,振捣后进行第一次收面,初凝前二次收面,用塑料薄膜+土工布第一时间覆盖养生,避免湿接缝开裂。

5. 安全注意事项

(1)吊装钢梁时,以钢梁为中心,在方圆10m范围内设置警戒带,禁止有人员在内。桥面吊机吊装时,起重臂下禁止站人。

(2)安装检查车轨道、小纵梁时,必须采用施工挂篮,作业人员将安全带挂在施工平台上后,再进行作业。

(3)对于中跨涉河作业时,必须配备救生衣、救生圈,各班组长需严格要求工人佩戴安全带,将安全带挂在主纵梁防护栏杆上。

(4)如发生重特大高空坠落事故,周围人员应立即停止施工,并撤出危险区域。

(5)定期检查桥面吊机、提升站等机械设备,划定并封锁危险区域,防止无关人员盲目进入危险区域。

(6)塔端牵索时,除相关作业人员,其他人禁止站在牵索区之内。

第八节　斜拉索张拉

桑园子黄河大桥桥塔设计采用菱形"双子塔"结构。这座大桥在纵向拉索立面的设计上别具特色,采用空间扇形四索面布置,每个锚点布设了4根索,共计208根斜拉索,为整个工程增添了独特的工程学魅力。在这个壮丽工程的背后,蕴含了无数工程师和工匠的智慧与辛勤努力。

1. 斜拉索材料

斜拉索作为桥梁结构中至关重要的构件之一,材料的选择和性能直接影响桥梁的安全、稳定以及运行寿命。在本项目中,选用了 $\phi 7mm$ 高强低松弛镀锌铝合金钢丝作为斜拉索的主要材料,标准抗拉强度达到了 1770MPa,确保了斜拉索在不同荷载情况下的稳定性和承载能力。为了进一步提高其耐腐蚀性和使用寿命,对钢丝表面进行了双层 HDPE 全防腐护套处理。这种材料配置不仅保证了斜拉索的强度和耐久性,还通过内置阻尼器、减振橡胶块及双螺旋线共同作用的方式,最大限度地减小了斜拉索在风荷载、车辆荷载等偶然作用下的振动幅度,确保了整体结构的安全和稳定。斜拉索及锚具构造示意图如图 10.21 所示。

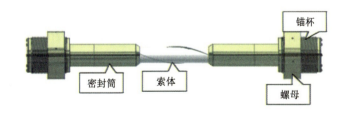

图 10.21　斜拉索及锚具构造示意图

2. 斜拉索预制

为确保斜拉索的性能和可靠性,统一委托厂家进行预制制造。依据桥梁设计中对拉索所需的设计索力,选择了5种规格的高强低松弛镀锌铝合金钢丝,分别为 PES7-109、PES7-127、

PES7-151、PES7-187 和 PES7-211。斜拉索规格型号见表10.1。

斜拉索规格型号　　　　　　　　　　表10.1

型号	对应索号	下料长度(m)	单根斜拉索质量(t)
PES7-109	1~2	55~59	2.3~2.5
PES7-127	3~4	66~73	3.1~3.5
PES7-151	5~7	83~105	4.5~5.6
PES7-187	8~10	117~139	7.6~9
PES7-211	11~13	151~178	11~12.1

在斜拉索的运输和质量保障环节，团队采取了严谨的管理和检验措施，确保斜拉索在运输过程中的安全和到达现场后的质量完整性。

斜拉索出厂前，团队严格按照设计要求对斜拉索的性能进行检验，包括每根成品索的质量保证书及质量保证书（包括本批交货的数量、质量、各种检验结果）。针对做过非常规试验的构件，重点关注检验报告。首先核对斜拉索在制造过程中是否符合设计和质量标准，再核对斜拉索编号，然后进行运输。

根据主塔的结构形式，最长斜拉索约173.042m，重约12.48t，最短的约为54.407m，重约2.23t，综合考虑相关因素后，采取汽车运输的方式进行运输，以最大限度地保障运输安全和高效。

当斜拉索到达现场后，进一步对斜拉索外观与相关证书进行核对，检查合格后，将斜拉索存放至指定位置，以备安装和使用。

3. 斜拉索挂设

斜拉索的挂设是桥梁结构施工中极为重要的阶段。即便是轻微的位置偏差，也可能对挂设产生负面影响。因此，在斜拉索挂设前，施工团队必须进行严格的检查，确保一切就绪，保障施工安全和结构的稳定，从而保障工程的顺利推进。

首先，需仔细检查预埋件和塔梁上的操作平台，确保斜拉索的安装位置准确无误。其次，特别重视对索导管内部的清理和打磨，确保斜拉索能顺利穿过导管。最后，着重检查斜拉索锚杯与导管之间的精密匹配度，若发现索导管存在变形或其他异常情况，应立即进行处理，不留隐患。

二 斜拉索挂索

1. 塔端挂索

在斜拉索挂设过程中,充分考虑到斜拉索在不同位置的特殊性,有针对性地采取不同的施工方案,确保安全、准确和稳定地完成斜拉索挂设。

挂设系统由多个关键设备组成,包括10t卷扬机、30t牵引滑车组、牵引吊装带、"U"形卡环、哈弗夹等。全桥梁面牵引系统设备数量见表10.2。

梁面卷扬机牵引系统设备数量表　　　表10.2

序号	设备名称	型号	数量	备注
1	卷扬机	10t	8台	每台配φ28mm钢丝绳
2	滑车组	32t(三门)	8台	牵引定滑轮
3	转向滑车	16t单门	32台	索体上动滑轮
4	牵引哈弗夹	两种规格	16套	单塔每种规格各2套
5	吊装带	10t	8根	
		20t	32根	

针对1~6号索,采用塔式起重机将成盘斜拉索吊装至桥梁,并放置在专用放索盘上。在塔端挂设阶段,通过协调5t卷扬机和塔式起重机的操作,成功完成了对塔端锚杯的挂设。针对7~13号索,考虑到拉索重量与体积等因素,采用塔端硬牵引的方式,完成斜拉索的挂设。具体操作为:使用塔式起重机将成盘斜拉索吊装至桥梁,并放置在专用放索盘上,通过5t卷扬机和塔式起重机的配合完成了张拉杆副螺母的旋紧,并完成塔端挂设。

2. 桥面展索

桥面展索旨在安全、高效地展开施工过程中剩余的索体,确保斜拉索的准确定位。综合各方因素后,采用脱空展索的方法进行。

首先,利用软质吊装带在放索盘剩余索体上设置吊点,为展索做好准备。接着,通过塔式起重机将索体脱空吊起,使梁端锚杯脱离放索盘。最后,将梁面的10t卷扬机钢丝绳与梁端锚杯相连,协同配合下,将锚杯牵引至对应的索导管附近。

展索的过程中,考虑到索体与梁面的安全距离,间隔4~5m放置单轴小车,以防止接触造成损伤。同时,铺垫橡胶皮在小车之间,进一步保护索体,确保整个展索过程安全可控。

3. 梁端牵引

全桥斜拉索的安装主要通过梁面30t卷扬机牵引系统,可直接将梁端锚杯牵引至设计位置。首先,在特定位置安装专用哈弗夹,通过软质吊装带与30t梁面卷扬机牵引系统连接。利用桥面吊机将梁端锚杯升离梁面,启动10t卷扬机实现锚杯向梁端锚固方向牵引。在此过程中,不仅需要调整锚杯倾角,以保持与索导管轴线一致,还应注意橡胶皮的铺设。牵引至梁下锚垫板时,安装螺母,完成梁端牵引。

对于7~13号索牵引较为困难的情况,采用塔端硬牵引。这一方法包括在张拉杆内丝扣上安装副张拉杆,借助倒链将撑脚固定在锚垫板上,调整张拉设备并开动油泵进行张拉。主张拉杆牵引出千斤顶后,拆除副张拉杆,将塔端锚杯牵引至与锚垫板平齐,最终回油、旋紧张拉杆螺母,完成塔端硬牵引。这些步骤确保了斜拉索的准确安装,保障了工程的顺利进行。

二 斜拉索张拉流程

主塔斜拉索的锚固形式因塔内工作空间的限制而采取了巧妙的混合策略。在C1~C5号斜拉索,充分利用相对宽敞的空间,选择直接将斜拉索锚固在塔壁上。

然而,在较为狭窄的C6~C13号斜拉索,为了克服空间限制,决定采用钢锚梁的方式进行锚固张拉。这样的混合锚固形式既考虑了空间因素,又保障了斜拉索的安全、稳定锚固。接下来,将详细介绍C1~C13号斜拉索的锚固形式及实施步骤,以确保斜拉索的可靠锚固和顺利张拉。C1~C13号斜拉索的锚固形式如图10.22所示。

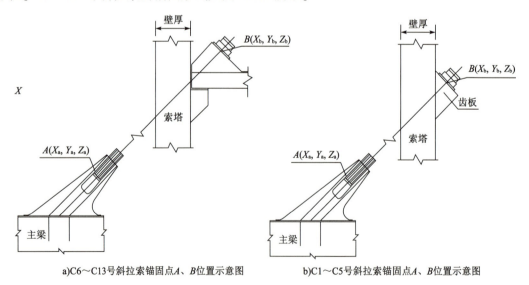

a) C6~C13号斜拉索锚固点A、B位置示意图　　b) C1~C5号斜拉索锚固点A、B位置示意图

图10.22　斜拉索塔、梁两端锚固形式示意图

受钢锚方式的影响,主塔索张拉安装时,需选用合适的张拉系统及张拉方式,按照挂索、张拉的方式依次进行。

在施工过程中,斜拉索的张拉是至关重要的步骤,直接影响到桥梁的结构稳定性和安全性。为保证斜拉索张拉的顺利进行,采取了分级张拉工艺。在斜拉索张拉前,进行了详细的准备工作,确保了施工的安全、顺利进行。

在斜拉索完成挂索后,接下来是关键的初张拉阶段。由于受到工作空间面的影响,采用了不同的张拉方式来应对不同位置的斜拉索。具体而言,主桥的 C1～C5 号斜拉索采用对称张拉方式,而 C6～C13 号斜拉索则采用异端不对称张拉方式,以确保张拉的高效进行。

对称张拉方式在 C1～C5 号斜拉索上的应用能够保持系统的对称性,确保在张拉过程中力的均衡分配。这种方法的优势在于可以更好地控制和调整张拉力,保证整个张拉过程的稳定性。通过这种方式,可以在局限的工作空间内,有序、高效地完成对 C1～C5 号斜拉索的初张拉工作。

对于 C6～C13 号斜拉索,选择了异端不对称张拉方式。这种方式的优点在于它适用于有限的工作空间,同时能够准确施加所需的张拉力。具体为通过在不同端点上施加不对称张拉力,能够确保在局部空间内实现有效的初张拉。这种方法结合了对称性与工作空间限制的处理,使得初张拉能够在特定条件下顺利进行。

在张拉过程中,采用了精心选择的张拉设备。这些设备不仅能够适应不同的张拉方式,还能提供准确、稳定的张拉力。通过充分利用这些设备,可以在有限的空间内高效、安全地完成斜拉索的初张拉工作,为接下来的张拉阶段奠定坚实基础。对称与不对称张拉方式的灵活运用,能够充分发挥设备的性能,确保了斜拉索的稳定张拉,为工程的顺利进行提供了有力保障。

考虑到施工过程中桥面上荷载、主梁线形的控制,决定采用分级张拉工艺进行斜拉索张拉。

这种分级张拉的策略允许在不同的施工阶段逐步施加张拉力,以确保斜拉索的安全、稳定张拉。

此举有助于适应施工现场的条件和特点,最大限度地减少了施工风险并确保了工程的顺利进行。分级张拉工艺的采用体现了对工程安全和质量的高度关注,是为保障工程顺利完成所作出的明智选择。

1. 斜拉索分级张拉流程

(1)拼装桥面吊机,浇筑压重段混凝土,第一次张拉 C1 号斜拉索。

（2）安装混凝土桥面板，第二次张拉 C1 号斜拉索。

（3）浇筑湿接头混凝土，第三次张拉 C1 号斜拉索，吊机前移。

（4）按标准安装流程对称吊装结合梁的主梁、横梁、小纵梁，并进行第一次张拉 C_i 号斜拉索。

（5）安装混凝土桥面板，第二次张拉 C_i 号斜拉索。

（6）浇筑湿接头混凝土，第三次张拉 C_i 号斜拉索。

（7）吊机前移，直至 C13 号斜拉索第一次张拉完毕。

鉴于施工过程中的复杂性、特殊性以及对桥面荷载和主梁线形的精准控制的要求，选择了分级张拉工艺方案，充分考虑了桥梁结构施工的特殊情况，旨在逐步施加张拉力，确保斜拉索在张拉过程中的安全性、稳定性和精确性。这样的决定体现了对施工安全和工程质量的高度关注，为项目的顺利进行奠定了坚实的基础。

2. 斜拉索张拉前的准备工作

在斜拉索张拉前，针对张拉设备技术、设备、安全和质量等方面进行了严格的检查。在设备方面，首先针对张拉千斤顶和张拉油表的标定，提高了设备使用的精确度，确保其高精准度和相互配套的准确性，也保证了设备间的匹配度。另外，仔细检查锚头和张拉杆，确保其完好无损，以防在张拉过程中出现意外。同时，对安全系数的检查也不可忽视，以确保使用的张拉杆符合安全要求。

在技术方面，对张拉工作人员进行了详尽的技术交底，张拉过程中及时对斜拉索张拉力和伸长量进行量测，保证斜拉索张拉力和伸长量符合设计和规范要求。

3. 张拉及调索

在斜拉索张拉过程中，严格遵循监控单位下达的张拉指令至关重要。操作人员应认真记录伸长量和油表读数，确保准确记录每个阶段的关键数据。遵循设计规定的张拉顺序是保障施工顺利进行的关键，同时，张拉设备的配套使用也至关重要，设备应经过准确的标定确保其精确度。在整个张拉过程中，特别要注意安装防退扭装置，以防止索体在张拉时发生转动，确保整个张拉过程的稳定性和安全性。然而，在硬牵引过程中，由于索力较小且索体不易发生转动，因此不需要安装防退扭装置，这有利于简化施工流程，提高施工效率。这些措施和操作保障了斜拉索张拉过程的顺利进行和操作的精确可靠。

4. 索力调整

在斜拉索工程中,确保调整后的索力符合设计或规范的要求至关重要。调整索力前,应进行详尽的计算,确定各级调整值并相应列出延伸量,以确保调整过程的准确性和精度。为了顺利进行索力调整,需要事先做好相关的索力检测和其他观测工作。调整时,按照预定的级次,逐级调整索力,以达到设计要求的张拉力。在需要降低索力时,可以通过先进油拉动斜拉索的方式,使锚杯螺母松动,然后回油以降低斜拉索的索力。这种谨慎和有序的索力调整过程确保了斜拉索的稳定性和符合要求的工程性能。

第九节　主桥合龙段施工

一、合龙段概况

根据梁段编号,主梁合龙段为 G 梁段,G 梁段由两片边主梁、一片横梁、四片小纵梁构成。G 梁段边纵梁长 3992mm,梁高 2.5m,单片梁重 5t;横梁为 $H2$ 横梁,长 19730mm,梁高 1.9m,单片重 10.7t。单构件重量均满足桥面吊机吊重要求。主纵梁与主纵梁、主纵梁与横梁、横梁与小纵梁之间均采用螺栓连接。合龙段 G 梁段平面段布置图如图 10.23 所示。

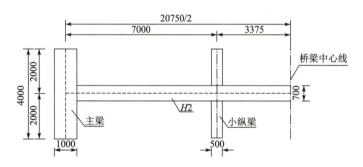

图 10.23　合龙段 G 梁段平面布置图（尺寸单位：cm）

二、施工工艺

边跨合龙段为 12 号块,中跨合龙段为 14 号梁段,采用"温度合龙"。右幅合龙时间在

2023年9月上旬,此时兰州最低平均温度为12~20℃;左幅合龙时间在2023年10月上旬,此时兰州最低平均温度为10~15℃。边跨施工完成后,进行后续中跨施工。主要施工步骤如下:

(1)边跨12号块钢梁安装后步骤为:12号块钢梁安装→边跨现浇配重浇筑→C12号斜拉索一张→12号块桥面板安装→11号桥面吊机前移到12号块(边跨可以拆除)→10号、11号块湿接缝浇筑→C12号斜拉索第二次张拉→中跨13号块钢梁安装。

(2)先初定合龙段长度,12号桥面吊机前移4m,中跨悬臂端配重1/2合龙段重量,测量最大悬臂端13号块端部坐标及温度数据。根据测量数据,在场内进行合龙段精确配切开孔,将13号块运至现场,白天将合龙段吊至合龙口上方。

(3)夜间在温度较低时段,将合龙段吊入合龙口,释放相应合龙段配重,待达到设计温度后精确调整上下翼缘间隙宽度(过程300t千斤顶辅助),利用冲钉锁定。

(4)14号块钢梁安装完成后步骤为:拆除0号梁段处临时锚固(横向→竖向→纵向,并辅助应力观测),完成0号块体系转换→拆除辅助墩及过渡墩临时固结,完成辅助墩及过渡墩体系转换→桥面吊机后退16m浇筑12号、13号、14号块湿接缝混凝土→张拉边跨预应力→张拉中跨预应力→拆除桥面吊机等临时荷载→全桥索力线形通测,索力线形调整→桥面铺装及辅助设施安装→荷载试验。

三 主要施工方案

1. 边跨合龙段施工

边跨合龙段为12号梁段,施工方法同标准梁段施工,采用悬臂施工作业。

施工步骤:10号块处配重(中线处放置4块桥面板)→主纵梁悬拼→横梁悬拼→小纵梁悬拼→配重箱室底板焊接→配重箱室混凝土浇筑(三分之一)→斜拉索第一次张拉→配重箱室混凝土浇筑(剩余三分之二)→桥面吊机拆除→10号、11号块湿接缝浇筑→现浇桥面板浇筑→斜拉索第二次张拉。

边跨现浇桥面板浇筑时,需预留伸缩缝安装槽口,因槽口处需进行边跨预应力张拉,为防止预应力张拉与伸缩缝预埋钢筋冲突,槽口预留深度为650mm、宽度为2330mm,伸缩缝预埋钢筋待预应力张拉完毕后再进行安装和槽口混凝土浇筑,如图10.24所示。

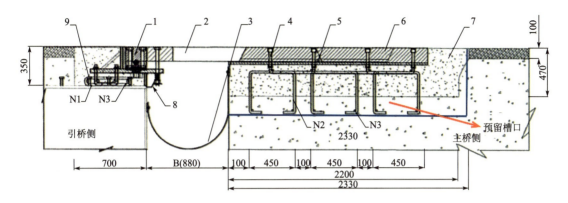

图 10.24　边跨伸缩缝槽口示意图（尺寸单位：mm）

1-多向变位铰；2-跨缝板；3-橡胶止水结构；4-螺栓组；5-防翘限位滑动副；6-固定梳齿板；7-后浇 UHPC-120；8-支撑肋板；9-$\phi 19mm \times 80mm$ 剪力钉

2. 中跨 13 号段施工

中跨 13 号梁段施工方法同标准梁段施工。南北岸 13 号梁段同时架设，采用悬臂施工作业，架设完毕后合龙段施工前，根据监控指令同时调整 13 号梁段姿态。

施工步骤：主纵梁悬拼→横梁悬拼→小纵梁悬拼→斜拉索第一次张拉→桥面板安装→斜拉索第二次张拉→桥面吊机前移 4m 锚固→13 号块悬臂端配重→同时调整大小里程 13 号梁段姿态→合龙前观测。

悬臂端配重：悬臂端配重为合龙段桥面板＋合龙段两片主纵梁重量置换，合龙段共 6 片桥面板，13 号块施工完毕后分别在悬臂端各放置 3 块桥面板，横向一字排开；采用水袋法置换合龙段两片主纵梁重量，水袋放置在 13 号块悬臂端正中间，大小里程各配重一片合龙段主纵梁重量，待合龙段主纵梁起吊后同步释放水袋配重。

3. 合龙前连续观测

（1）线形连续观测。

在钢梁节段安装完成至合龙前的最大悬臂状态，至少应进行 48h 的温度影响性连续观测，并绘制反映升温和降温过程的"温度-悬臂端点挠度"关系曲线，掌握钢梁线形变化趋势，为合龙口姿态调整提供依据。钢梁线形连续观测时，选择两侧钢梁悬臂前端 2～3 个节段、主梁各跨跨中断面进行 48h 连续观测，监测频率为 2h/次。钢梁线形观测断面及测点布置示意图如图 10.25 所示。

（2）合龙口间隙连续观测。

在钢梁节段安装完成至合龙前的最大悬臂状态，对合龙口间隙至少应进行 48h 的温度影响性连续观测,监测频率为2h一次。并绘制反映升温和降温过程的"温度-合龙口间隙"关系曲线,掌握合龙口间隙变化趋势,为钢梁纵移量的确定提供依据,确定最终合龙段下料长度。

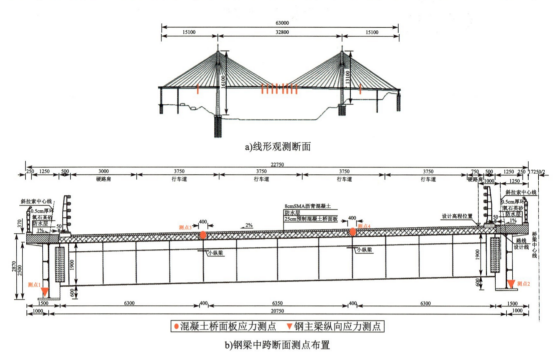

图 10.25　钢梁线形观测断面及测点布置示意图（尺寸单位：mm）

合龙口间隙与温度变化通过位移传感器进行测量,在大小里程 13 号梁段主纵梁端头顶板、底板分别设置位移传感器,对不同时间下的位移量进行观测统计。钢梁合龙口间隙测量示意图如图 10.26 所示。

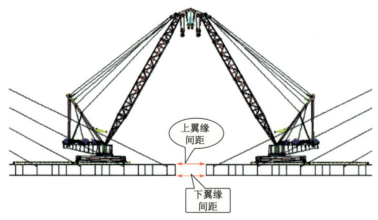

图 10.26　钢梁合龙口间隙测量示意图

(3)钢梁应力及温度场连续观测。

在钢梁节段安装完成至合龙前的最大悬臂状态,对已布设应力传感器的钢梁杆件及温度场至少应进行48h的温度影响性连续观测,并绘制反映升温和降温过程的"温度-应力"关系曲、掌握钢梁应力变化趋势,同时掌握钢梁的温度场分布情况。具体钢梁测试断面选择跨中、3/4跨断面,温度场测试采取自动化测试系统进行,全天候每间隔2h进行一次自动化数据采集。

(4)中跨合龙段施工。

中跨合龙段施工方法采用温度合龙法。

中跨合龙温度的选择:根据施工进度及总体施工计划,右幅合龙时间为2023年9月上旬,左幅合龙时间为10月上旬,查阅近几年兰州市9月、10月温度情况,以持续时间长、稳定为原则,确定右幅合龙温度为20℃,左幅合龙温度为15℃,最终以连续观测后的监控指令为准,确定是否对合龙温度进行修正。

中跨合龙段加工:中跨合龙段施工前,提前进行中跨合龙段加工,中跨合龙段梁长初定为4150mm,待13号梁段安装完毕进行连续观测后,将观测数据以监控指令形式反馈至加工单位,进行中跨合龙段的精确配切和开孔、喷砂及摩擦面处理之后运抵施工现场。

中跨合龙段安装:在南北塔13号块第二次张拉后进行中跨合龙,在温度低于合龙温度的时间段将14号梁段嵌入合龙口,一端进行冲钉连接固定,另一端等待温度升高后接近合龙温度时,随着温度的升高,梁长变长,待螺栓孔契合后,第一时间打入冲钉,确认螺栓孔精确对位后连接14号梁段两端所有螺栓,进行初拧和终拧。合龙段施工包括以下几步:

第一步:13号索第二次张拉,桥面吊机移至12号块。

第二步:配重,调整合龙口姿态(配重或调整索力),进行连续观测。

第三步:在温度较低时将中跨合龙段嵌入合龙口。

第四步:根据合龙温度,安装边纵梁,同步配重释放。

第四步:安装横梁及小纵梁。

第五步:桥面板安装及湿接缝浇筑。

四 解除临时预应力及临时锚固

临时预应力为塔区预应力,编号为NL1、NL2、NL3、NL4,单幅单塔共16束;临时锚固分为塔区竖向、横向、纵向临时锚固及辅助墩、过渡墩临时固结。

解除顺序:先解除塔区临时预应力,再解除塔区三向临时锚固,最后解除辅助墩、过渡墩临时固结。

1. 临时预应力解除

临时预应力解除遵循以桥梁中心线对称解除的原则,先中间后两边或先两边后中间均可。

解除方法:临时预应力为两端锚固,解除时单端松动解除。使用千斤顶,按超过设计张拉力单根张拉松动夹片缓慢回油释放张拉力的方法,待整束预应力一端全部松动释放后,另一端自然松动解除,将钢绞线从孔道中抽出,钢绞线抽出后对孔道进行压浆封堵。

2. 塔区临时锚固解除

解除顺序:先解除竖向锚固,再解除横向锚固,最后解除纵向锚固。

(1)竖向锚固解除。

竖向锚固解除时有两个注意事项:①解除之前应完成竖向支座螺栓灌浆,并保证灌浆强度满足设计要求;②精轧螺纹钢预应力解除时,禁止直接割除,使用千斤顶按超过设计张拉力张拉松动后将螺母扭松,缓慢回油后释放张拉力然后将精轧螺纹钢割除。单个塔区竖向锚固共4处,解除时同时解除对角线两处。

竖向锚固精轧螺纹钢解除后,将梁底钢管混凝土垫块切割凿除即可。

(2)横向锚固解除。

横向锚固为焊接在侧向挡块的工字钢,解除时将工字钢割除即可,横向锚固解除前,需确保横向抗风支座安装到位。

(3)纵向锚固解除。

纵向锚固为钢管拉压杆,连接座借用阻尼器永久基座,解除时退出销轴,将拉压杆和连接耳板更换为阻尼器连接耳板和本体即可。

3. 辅助墩、过渡墩临时固结解除

辅助墩、过渡墩临时固结为钢管混凝土支撑,解除时直接切割凿除即可,临时固结解除前需确保竖向支座安装到位及螺栓灌浆处理,灌浆强度满足设计要求。

五 桥面板预应力穿束及张拉

主桥预应力分为边跨预应力及中跨预应力,边跨预应力布置范围为边跨6号块至端头,除备用束外单幅边跨共24束,预应力规格型号为12ϕ15.2mm、9ϕ15.2mm,最长预应力为83.15m;中跨预应力布置范围为大小里程中跨8号块之间,除备用束外单幅中跨共30束,预

应力规格型号为9φ15.2mm,最长预应力为141.6m。

预应力张拉顺序:先边跨、后中跨,先长束、后短束,两端、左右对称张拉。

预应力钢束均采用两端整束张拉,锚下张拉控制应为$0.72f_{pk}=1340$MPa。边跨预应力在边跨现浇段提前预留边跨侧张拉端,边跨及中跨预应力待中跨合龙后进行张拉,张拉原则为:预应力张拉应在混凝土强度达到设计强度的90%(不得使用早强剂),弹性模量达28d弹性模量的90%以上后进行。

1. 预应力穿束

为防止预应力钢绞线分散穿束过程中存在的钢绞线长短不一、钢绞线之间内摩阻增加、整体受力性差、伸长值降低、预应力有效性降低的问题,钢绞线端头形成整体后整束牵引穿束。

采用卷扬机作为牵引动力,φ16mm钢丝绳作为牵引绳,将卷扬机钢丝绳牵引端挂在钢绞线牵引头上,锁定牢固,启动卷扬机缓慢匀速拉动钢绞线。当牵引头被牵出孔道后,拆除牵引装置,解除钢丝绳,进行下一钢束施工。

边跨穿束时从边跨端部槽口处进行,卷扬机设置在另一端锚头处桥面牵引。先从一端头穿过一根钢绞线,将牵引钢丝绳就位,牵引钢丝绳一端连接卷扬机;另一端通过牵引头连接预应力钢束,连接好后进行整束牵引穿束。预应力钢束穿束过程分两段进行:a段利用卷扬机整束牵引,牵引至预留槽口处,并预留b段长度后,将b段长度钢束打散,利用人工在锚头范围内单根穿束。边跨预应力穿束示意图如图10.27所示。

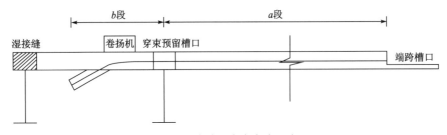

图10.27 边跨预应力穿束示意图

中跨穿束时从其中一端预留槽口处进行,卷扬机设置在另一端预留槽口处桥面牵引。先从一端预留槽口穿过一根钢绞线,将牵引钢丝绳就位,牵引钢丝绳一端连接卷扬机;另一端通过牵引头连接预应力钢束,连接好后进行整束牵引穿束。预应力钢束穿束过程分三段进行:a段利用卷扬机整束牵引,牵引至预留槽口处,并预留b段、c段长度后,将b段、c段长度钢束打散,利用人工在锚头范围内单根穿束。中跨预应力穿束示意图如图10.28所示。

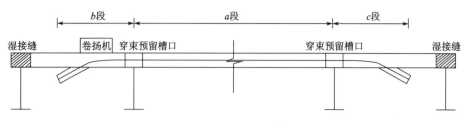

图10.28 中跨预应力穿束示意图

2. 预应力张拉

(1)张拉平台搭设。

张拉前,利用梁底兜底安全平台,搭设好张拉的操作平台。预应力张拉操作平台示意图如图10.29所示。

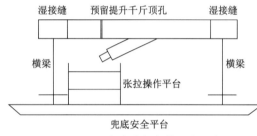

图10.29 预应力张拉操作平台示意图

(2)千斤顶安装及预应力张拉。

千斤顶安装:钢束使用砂轮机切除钢绞线端头焊接热影响区段,根据编号情况,逐根穿入锚具的对应孔道位置,安装时使工作锚落入锚垫板上的预留槽口中,并与孔道轴线同心。安装工作夹片,用钢管将工作锚夹片打紧,然后安装张拉限位板及千斤顶。千斤顶通过检修小车运至待张拉钢束下方,利用小孔穿过钢丝绳,通过2t手拉倒链葫芦将千斤顶提升至齿块处进行安装。

千斤顶对位后,在后端安装工具锚,从钢绞线端头沿钢绞线送到工具锚孔中,并用钢管将工具锚夹片打紧。以上工作全部完成后,对千斤顶供油,使千斤顶受力并与齿块锚面垂直,再次检查锚具、千斤顶、孔道三者轴心是否同心,有偏差时应用手锤轻击锚环调整位置;检查合格后,做好张拉的准备。

预应力张拉:预应力张拉采用穿心千斤顶,同种类型钢束沿桥梁中心线两侧对称两端张拉,张拉顺序为先长束后短束。张拉过程采用张拉应力和引伸量双控,以张拉应力为主,实测引伸量与计算引伸量之差在±6%以内,若张拉应力与相应引伸量值误差过大,应及时检查原因,研究处理方法。

钢绞线束在达到控制应力时,持荷5min后锚固。张拉完成后,在锚圈口处的钢绞线上做记号,作为张拉后对钢绞线锚固情况的观察依据。

预应力孔道压浆:预应力张拉完成后48h内进行压浆。管道压浆要求密实,宜采用不收缩浆体,在出浆口设置接浆桶,需待管道一端饱满连续出浆且排出的与压浆进口浓度相同的浆体后方可停止压浆。

压浆结束后,立即用水对表面进行冲洗,防止浮浆黏结。张拉压浆后,及时按设计要求进行封锚施工。压浆人员应详细记录压浆全过程,包括每个管道的压浆日期、水灰比及掺加料、压浆压力、试块强度、障碍事故细节及需要补做的工作。压浆过程应连续进行,中途不应停顿。

六 合龙段偏差调整

1. 纵向合龙间隙调整

合龙段安装后,随着温度的升高和降低,合龙段间隙在变小和增大,当出现温度反复变化合龙口螺栓仍然无法对位时,合龙间隙在纵桥向存在偏差,采用千斤顶设置反力座的方式进行对拉和对撑来调整偏差。反力座平面布置示意图如图10.30所示。

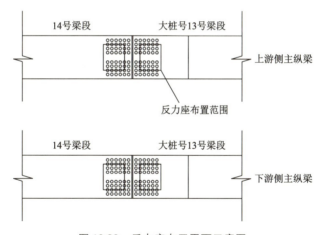

图 10.30 反力座布置平面示意图

反力座布置在合龙间隙两边钢梁的顶板上,反力座底钢板与钢梁顶板通过普通M30螺栓锚固。当合龙间隙比预定值略小时,将千斤顶放置在两反力座之间进行对撑;当合龙间隙比预定值略大时,将千斤顶放置在13号梁段反力座一侧,利用钢绞线固定14号梁段反力座,实现二者之间的对拉。采用两台300t千斤顶,对拉预应力筋采用$12\phi15.2mm$钢束及配套锚具。通过计算,当单侧对拉或对撑力达到200t时,间隙可伸长或缩短1cm。反力座对撑和对拉示意图分别如图10.31、图10.32所示。

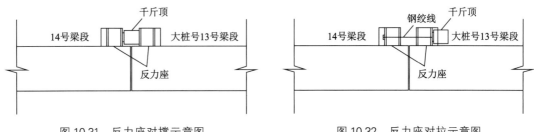

图 10.31 反力座对撑示意图　　　　图 10.32 反力座对拉示意图

反力座采用 3cm 厚钢板焊接而成,钢板间均为角焊缝,焊高不小于 10mm;底钢板进行螺栓开孔,开孔直径 33mm;横向钢板中心开直径 7cm 孔,作为对拉时预应力钢束穿束孔道。反力座平面、立面示意图分别如图 10.33、图 10.34 所示。

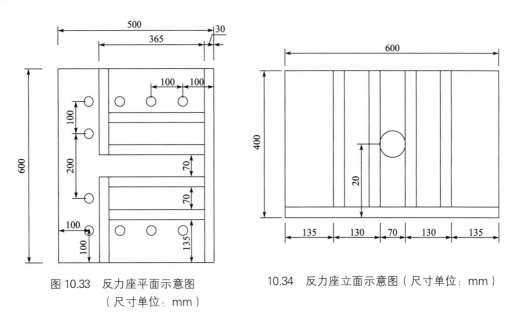

图 10.33　反力座平面示意图
（尺寸单位：mm）

10.34　反力座立面示意图（尺寸单位：mm）

2. 竖向高程纠偏

钢梁拼装完成形成框架后,当出现竖向高程上与理论高程存在差异时,应以调整当前梁段为主。若正在拼装的梁段端部高程低于理论高程时,通过调整对应的拉索初张索力来实现;若端部高程高于理论高程,则在梁段悬臂端局部增加临时压重予以调整。具体调整值以监控指令为准。

3. 横向纠偏

钢梁在悬臂散件拼装过程中,即应对其轴线偏位进行严格控制,将边主纵梁安装后轴线的相对偏差控制在 5mm 以内、钢梁框架整体拼装完成后轴线的相对偏差控制在 10mm 以内,超出要求时均应进行轴线的横向纠偏调整。

具体措施为:边主梁在悬拼时(即形成框架前),通过在边主梁和前一节段最前端横梁的梁底设置斜向对拉装置来进行调整。斜向对拉装置由 10t 手拉葫芦和钢丝绳构成,形成钢梁框架后则通过适当增加当前上、下游拉索的不平衡索力来实现(不平衡索力控制在规范允许的偏差范围内)。具体调整值以监控指令为准。

4.扭转纠偏

梁段与梁段之间由于扭转而不匹配时,可采用以下措施进行调整:扭转较大时通过索力调整,扭转较小时则采取增加临时压重和施加不平衡荷载的办法进行调整。具体调整值以监控指令为准。

5.钢梁纠偏标准

钢梁运输、吊装过程中,应采取可靠措施放置构件变形、碰撞或损坏漆面,钢梁在出运前必须对其制作的相应实测项目进行检查记录,符合要求后方能出运至施工现场,钢梁运抵现场在吊装安装时须达到安装精度要求。

七 中跨合龙注意事项

(1)合龙前,要与气象部门取得密切联系,准确掌握合龙前后的气象资料。应尽量选择良好天气施工,合龙时钢梁梁体温度差最小或无温差。

(2)合龙工作开始后,应不间断地尽快完成。

(3)合龙前,应连续几天测量温度变化对钢梁的影响,找出合理的调整方法。

(4)合龙口需要微调时,应详细计算出微调装置的顶拉力。

(5)主跨合龙索力调整时,同排索力要尽量同步。

第十节 主塔涂装

主塔涂装依据涂装时有效标准《公路桥梁钢结构防腐涂装技术条件》(JT/T 722—2008)等相关公路桥梁相关规范进行。主塔涂装应本着安全第一、质量至上的原则,精心组织施工,合理安排工期。

上塔柱两柱间设 3 对管径 1m 的钢管斜撑，其中最下面一对采用钢管混凝土，其他采用空钢箱。下塔柱柱间设置一对钢管混凝土斜撑，在两联塔与承台之间设置钢箱斜撑，其中南塔采用钢箱混凝土，北塔采用空钢箱。

一　水文情况

桑园子黄河大桥跨越黄河，位于黄河兰州水文站下游 20.80km，黄河兰州水文站从 1934 年 7 月开始就有了观测资料，在实测资料系列中，1981 年洪水是黄河兰州水文站自有实测资料记载以来的最大洪水，洪峰流量 5600m/s（1981 年 9 月 15 日 4 时，重现期相当于 20 年一遇），其洪峰流量受龙羊峡水库、刘家峡水库调蓄的影响，还原后洪峰流量为 7090m/s（重现期约为 200 年一遇洪水）。

二　气象情况

项目位置在全国公路气候自然分区中属甘东黄土山地区。总的气候特点是：降水稀少，干燥寒冷，昼夜温差大，冬季较长。根据兰州气象站实测资料统计，多年平均气温为 9.5℃，最冷为 1 月，平均气温为 -6.4℃，7 月平均气温最高，为 22.3℃；极端最高气温为 39.8℃，极端最低气温为 -21.7℃。多年平均年降水量为 320.2mm，多年平均蒸发量 1448.7mm，无霜期 168d，最大风速 27.6m/s，风向多为东南、东南偏南风向（SE、SEE），工程区标准冻土深度 118cm。

三　涂装工艺

主塔和塔间钢箱斜撑色号为中国建筑色彩标准 1614，钢管斜撑色号为中国建筑色彩标准 1674。主塔涂装防护体系采用水性丙烯酸封闭底漆 + 水性丙烯酸中间漆 + 纳米弹性丙烯酸水漆。钢结构涂装防护体系采用环氧富锌底漆 + 环氧云铁中间漆 + 丙烯酸聚硅氧烷面漆。主塔结构涂装采用 ZLP630 系列电动提升高处作业吊篮进行施工。根据现场施工条件和涂装工艺要求，桑园子黄河大桥主塔自上而下分段进行施工，涂装作业总体使用辊涂方式施工，局部区域采用喷涂施工工艺。施工采用的长效水性混凝土防腐涂装配套体现见表10.3。

长效水性混凝土防腐涂装配套体系(防腐年限>25年)　　　　表10.3

涂层	配套涂料品种	特性	涂膜遍数	干膜厚度(μm)
腻子	柔性抗开裂专用腻子	填充气孔,小坑找平	1~2	—
底涂层	水性丙烯酸封闭底漆	良好渗透性、耐碱性	1~2	≤50
中间涂层	水性丙烯酸中间漆	屏蔽,增进底面漆附着力	1	100
面涂层	纳米弹性丙烯酸水漆	保光保色、耐老化,有良好韧性和延展性	2	80
合计				230

涂装施工图首先进行基层全面打磨、清理,涂刮柔性抗开裂专用腻子打磨,若打磨不合格再进行局部点涂。合格后,开始涂底漆(水性丙烯酸封闭底漆)、中间漆(水性丙烯酸中间漆)、纳米弹性丙烯酸水漆。

吊篮使用专业厂家生产的ZLP630系列电动提升高处作业吊篮。吊篮标准节有1.5m标准节、2.0m标准节、3m标准节三种,根据工作需要可任意拼接,根据现场实际作业情况下塔柱定制8~10m标准吊篮,具体结构尺寸如图10.35所示。

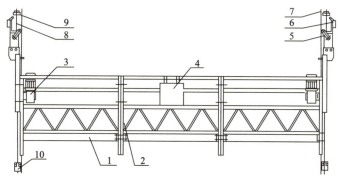

图 10.35　常规标准电动吊篮结构示意图

1-底架；2-栏杆；3-提升机；4-控制箱；5-安全锁；6-限位开关；7-工作钢丝绳；8-安全钢丝绳；9-限位块；10-重锤

对于桥面涂装来说,首先对桥塔混凝土面进行打磨收面,其中包括:混凝土模板接缝处理(用角磨机配合合金钢片将解封处及较小的错台打磨顺平);去除污渍(混凝土表面污渍会影响层与层之间的结合力度);切除外露的预埋钢铁件(用电动切割机);处理表面残浆和喷淋浆;处理蜂窝、麻面、孔洞、沙眼。使用砂纸机对桥体涂装位置进行彻底细致打磨,增加与涂层的结合力。混凝土涂装基面pH值小于10,含水率小于8%。

打磨结束后进行小范围试验。在塔柱5~10m²的面积上进行小区域涂装,检查涂料色彩、涂装工艺以及各道涂层质量。完成后对涂层外观进行目视法检测,涂层应均匀、无色差、无流挂、无斑点、不起泡、不龟裂、不剥落。

过程控制验收分为原材料、基面处理、基底处理补漆、过程验收。之后进行最终检验,即涂层养生完成后的质量检测。对抽样检测区进行目视检查,涂层应连续均匀平整,不允许有露涂、流挂、变色、色差、针孔、裂纹、气泡等缺陷。也可用超声波检测厚度。

钢结构涂装施工表面预处理是防腐工艺措施的关键工序,采用手工(电动工具)将钢结构锈蚀部位打磨至 St3 级,即:钢材表面应无可见的油脂和污垢,无附着不牢的氧化皮、铁锈和油漆涂层等附着物,除锈应比 St2 级更为彻底,底材显露部分的表面应具有金属光泽。其他部位用砂纸打磨漆膜至露出新鲜表面。遇到 6 级及以上大风、雨、雪、雾等恶劣天气时,应停止室外除锈作业。

先涂装底漆,涂刷前应先进行试涂,观察涂层的颜色、测量涂膜厚度是否符合设计和规范要求,合格后进行大面积涂装并进行全过程监督检查。严格控制稀释剂的加入量,不得大于 5% ~ 15%(根据温度变化进行增减)。之后进行过程控制验收。

二者涂装完成后进行吊篮拆除。

全程进行质量控制(事前控制、事中控制、事后控制)。对于安全,杜绝安全生产死亡责任事故;杜绝一般以上道路交通事故、火灾事故;杜绝一般以上特种设备责任事故;杜绝重大险情或造成严重不良影响的事件;遏制各类因工重伤事故;员工年负伤率不大于 3‰;重大事故隐患整改率 100%;特种设备取证率 100%;大型施工设施设备使用前检查签证率 100%。坚持"安全第一,预防为主"的方针,建立健全安全管理组织机构,完善安全生产保证体系,杜绝安全特别重大、重大、大事故,杜绝死亡事故,防止一般事故的发生。消灭一切责任事故,确保人民生命财产不受损害。

第十一节　引桥波形腹板钢箱梁安装

南引桥左幅第 1~2 孔采用 40m 跨简支波形腹板钢箱组合梁,南引桥右幅第 1~4 孔,单幅桥面宽 19.75m。北引桥采用 40m 跨连续波形腹板钢箱组合梁,左、右幅各四跨。

根据 40m 钢箱梁重量及长度,选用 40m、200t 架桥机。架设组合梁单元位于直线段,组合

梁对角最大宽度为5200mm。为保证架桥机内档距离大于5500mm,将架桥机双主梁中心距定位为9000mm,架桥机长度为72m。在架设组合梁时,利用天车配重满足自平衡过孔要求。

1. 架桥机架梁施工工艺

运梁车采用推进的方式把钢箱梁运送到架桥机中托位置,1号天车下落吊具,捆梁钢丝绳捆梁。

1号天车将梁头吊起离开幅运梁车高度15cm,1号天车和运梁车同步前行,至反托位置处停下,2号天车下落吊具捆梁钢丝绳捆梁。

1号、2号天车同时起吊载梁前行至预定位置开始下落梁体。

前后吊梁天车落梁就位,运梁车倒车开出架桥机。反托收顶,使架桥机中托以后主梁悬空,架桥机通过中托和前支腿横移,待梁快就位时,横移天车上方小车,微调使梁体就位。

待梁体调整好位置后,安放临时支座,反复2~3次落梁、提梁,压实支座,待临时支座压实后解除钢丝绳。运梁车运输第二片梁。

架桥机横移回位后,把反托顶升,支撑桥机主梁。1号、2号天车向后倒,就位等待架设第二片梁。

在梁场采用门式起重机或汽车起重机将箱梁装到运梁炮车上,到达架桥机喂梁区作业面,架桥机进行架梁。

安装第二片、第三片梁:喂梁→架桥机前、后吊梁天车吊梁并将边梁纵向移动到前一跨位→架桥机整机携梁横向移至落梁位置。

第二片梁落下后,架桥机不动,增加小车吊装横拉杆。待横拉杆高强度螺栓全部穿入丝孔。如有丝孔错位,可利用架桥机微调,使螺栓能顺利穿入丝孔。高强度螺栓压紧后,再接触捆梁钢丝绳,架桥机回位。

2. 吊装步骤

使用起重机架设,在起重机进行正常吊装施工前,需对起重机进行试吊及空载、满载、超载试验,确定起重机能否正常工作。

为便于吊装,在构件上设置专门的吊装耳板或吊装孔。吊耳和吊装孔尽量对称设置在构件重心两侧。主梁每段焊4个吊点,避免在吊装过程中产生过大变形,梁端吊点设置在端横梁隔板处,使得起吊部位结构刚度满足要求。具体吊装施工步骤如下:

(1)平整场地,保证运梁及架设场地具备架设条件。

（2）使用炮车运输箱梁至桥边，安装临时支座，吊装波腹板钢混组合梁（重150t）。选用两台260t汽车起重机施工作业，最大回转半径7m，臂长25.16m，额定吊重为105t；每台汽车起重机起吊重量为77t。每跨架设完成后，进行横梁安装，再进行湿接缝施工。

3. 架设完成调整

当梁下降到离支墩约50mm时，停止下降，对准箱梁两端的水平横向、纵向轴线，水平方向的轴向校对调节可以通过架设在水平方向的4只2t手拉葫芦来微控调节。当支墩支座处横向、纵向的水平轴线都对准无误后，开始调节钢箱梁高程，分段横向的水平度高程可以用5t手拉葫芦，通过调节滑车组的穿绕钢丝绳来实现，当钢箱梁两端达到预定高程时，在钢箱梁底部支墩上的临时支座（沙桶）处固定，钢箱梁底部和支墩间用垫板垫实，重新测量轴线、高程、水平度。在确保测量数据无误的情况下，将钢箱梁临时锚固，起升机构开始逐步卸载，在卸载的过程中始终密切观测定位钢箱梁段的高程、轴线、水平度。确认无误后，松钩拆卸索具，准备下一片钢箱梁的吊装。完成同一幅2片钢箱梁架设后，进行横梁的吊装及连接。

二 钢结构工地焊接

钢梁段吊装就位后，完成梁段间焊缝的焊接、桥面附属件的现场吊装和焊接。

1. 工地焊具体操作

（1）焊接前，核对破口尺寸，清除破口内的水、锈蚀、油污及定位焊外的焊渣、飞溅物及污物。

（2）焊接后，除去焊道上的飞溅、焊瘤、咬边、表面气孔、未熔合、裂纹等缺陷。

（3）焊接顺序。

现场焊接时，根据吊装顺序安排焊接顺序。下面以一联吊装为例分析吊装过程中各个焊缝焊接顺序。

第一步：吊装中间箱梁块体。首先同时完成顶板与底板纵缝焊接，然后完成中腹板焊接。

第二步：吊装两侧挑臂块体。根据现场施工情况，两侧挑臂块体可同时施工，两侧均为首先同时完成顶板与底板纵缝焊接，然后完成中腹板焊接。

第三步：完成环缝焊接。环缝焊接时，首先焊接顶板与底板焊缝，按照由中间向两侧的顺序进行;然后焊接两侧腹板位置焊缝,按照由下向上的原则进行。

第四步:完成嵌补件的焊接。

(4)焊接方法。

根据焊缝的焊接位置和操作方便程度进行焊接方法选择:

①尽量采用埋弧自动焊,即 CO_2 气体保护半自动焊打底,用埋弧自动焊盖面。

②焊接顺序。根据先焊长焊缝、后焊短焊缝,先焊熔敷量大的焊缝、后焊熔敷量小的焊缝的顺序焊接。

③桥段工地连接焊缝:先焊顶、底板的横向对接焊缝,后焊腹板的对接焊缝,最后焊板肋和嵌补段的焊缝。

2. 焊接控制

(1)焊接环境出现大风、雨雪天气、湿度较大情况时,须设有效防护措施,否则禁止施焊。

(2)对引弧板、引出板、垫板的控制。

①不可以在焊缝以外的母材上打火、引弧。当需承受动荷载且需经疲劳验算时,焊缝以外的母材除不允许打火,引弧外不得装焊夹具。

②焊缝两端必须配置引弧板、引出板,其材质与被焊母材相同,坡口形式也应相同。禁止使用其他材质的材料充当引弧板和引出板。

③手工电弧焊和气体保护焊焊缝引出长度应大于或等于 25mm,其引弧板和引出板的宽度应大于或等于 50mm,长度应为板厚的 1.5 倍且不小于 30mm,厚度不小于 6mm。

④其他焊接方法的,焊缝引出长度应大于或等于 80mm,其引弧板和引出板的宽度应大于或等于 80mm,长度应为板厚的 2 倍且不小于 100mm,厚度不小于 10mm。

⑤焊接完成后,应用火焰切割去除引弧板和引出板,并修磨平整。不得用锤击落。

(3)对焊接变形的控制。

①对于对称截面的构件,宜采用对称于构件中和轴的顺序焊接。

②对双面非对称坡口焊接,宜采用先焊深坡口侧部分焊缝,后焊浅坡口侧,最后焊深坡口侧焊缝的顺序。

③对于长焊缝,宜采用分段退焊法或与多人对称焊接法同时运用。

④宜采用跳焊法,避免工件局部加热集中。

⑤对于拼接板焊缝宜采用预置反变形;对于一般构件可用定位焊固定,加强其刚性

约束。

(4)焊缝返修。

①按产品探伤报告确定缺陷位置,确认后采用碳弧气刨、砂轮打磨或机械加工等方式去除缺陷(若采用碳弧气刨,需打磨掉残渣及渗碳层直至露出金属光泽)。

②待补焊位置应打磨成四侧边倾斜的坡口形式,并修整边缘,使边缘圆滑过渡,不得存在硬边。

③对已打磨光滑的补焊位置进行磁粉等有效方法进行检查,以确保缺陷已清理干净。

④补焊应尽可能在坡口内进行引弧,熄弧时应填满弧坑;待补焊缝不宜过短,应在确认的缺陷尺寸基础上两侧各延长30mm以上。

⑤对两次补焊后仍不合格的部位,另外确定返修方案。

⑥按原工艺选择焊接材料、预热温度、焊接工艺参数及层间温度等指标。

连接架桥机吊环与吊点,并调匀每个吊点的钢丝绳,使得每个吊点及每根钢丝绳受力基本均匀,然后开始缓慢提升。当节段脱离运梁车10cm左右时,持荷10min,对架桥机、吊点等做一次全面检查,一切正常后进行连续提升。提升过程中跟踪节段提升状态,确保节段水平,保证吊装的安全。

第十二节 70m 钢桁梁安装

一、安装背景

桑园子黄河大桥引桥左幅第三跨跨越桑园子山险文物保护区,跨径70m,采用简支钢桁-UHPC 轻型组合梁结构,其中钢桁架由主桁、横联组成,主桁采用Ⅱ型截面,平联采用 K 形体系,主桁上下弦杆、横梁上下弦杆均采用 π 形截面杆件,腹杆件均采用标准 H 型钢。桁架中心高5.5m,外缘全宽17.25m,节间长度5m。桥面板采用 UHPC 华夫型桥面板,UHPC 华夫型桥面板板厚8cm,桥面板下方的纵横肋交错布置,肋高14cm,宽18cm。桥面板与主桁、横梁之间通过布置于主桁、横联上弦杆上的剪力钉群连接。简支钢桁-UHPC 轻型组合梁断面图如图 10.36 所示。

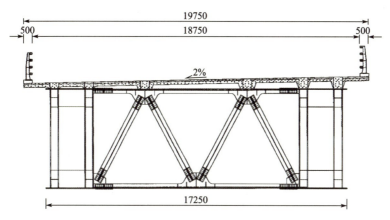

图 10.36　钢桁-UHPC 轻型组合梁断面图（尺寸单位：mm）

二　方案概况

整体 70m 钢桁梁可分两跨架设,具体分为 23000mm 与 47000mm,分跨长度满足 50m 架桥机架设要求。在分跨位置处可搭设一组临时支架(临时辅助墩),架设时先将两段梁的左右主桁架设到位,然后安装横联与桥面板,该方案安全性及效率均优于顶推施工方案和吊装方案,且 2 号墩、3 号墩处均无须搭设临时支架,在保护了天险文物保护区的同时,节省了辅助材料的投入,在缩短工期的同时也降低了施工成本。

三　钢桁梁架设施工

临时基础及场内组拼台架施工→场地内组拼钢梁→临时支墩安装(可提前准备)→架桥机安装→A 段钢主桁架设→A 段横联连接→架桥机过孔→B 段主桁架设→B 段横联连接→临时支墩拆除→桥面板及湿接缝施工。

1. 临时基础及场内组拼台架施工

为保护天险文物保护区不被破坏,在天险文物保护区小桩号侧开挖 2500mm 深基坑;为满足地基承载力要求,基坑下部铺设 800mm 厚度水泥稳定碎石;临时墩采用钢筋混凝土基础,混凝土强度等级为 C30,混凝土长度为 8000mm,宽度为 5000mm,高度为 800mm,混凝土基础内部设置直径 10mm、间距 150mm 的双层双向钢筋网,混凝土基础顶部设置预埋钢板。

场内组拼胎架一共四条,采用长47000mm、宽500mm、高400mm,强度等级为C30的素混凝土条形基础,基础表面埋设有膨胀螺栓,用膨胀螺栓固定台架立柱。临时支架基础及纵向示意图如图10.37所示。

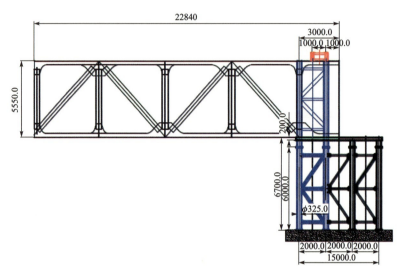

图10.37 临时支架基础及纵向示意图(尺寸单位:mm)

2. 场地内组拼钢梁

首先将主桁下玄放置在台架上,调整其线形和拱度,调整完成后采用码板将主桁拼接点临时连接固定,然后采用冲钉栓接直腹杆与斜腹杆,待组装完成后,将上玄吊起与直腹杆与斜腹杆进行栓接。最后将主桁A1、A2段上下玄焊接成为整体,形成A段主桁。主桁安装过程应按图纸要求调整,保证总长、直线度、对接焊缝及上拱度,并注意轻吊、轻放、慢移。冲钉和螺栓均按图纸要求施工。B段主桁与A段主桁组拼工序相同。主桁梁拼装示意图如图10.38、图10.39所示。

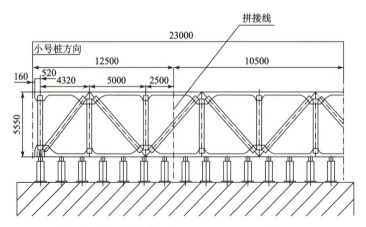

图10.38 主桁梁拼装示意图(一)(尺寸单位:mm)

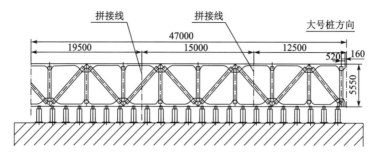

图 10.39 主桁梁拼装示意图（二）（尺寸单位：mm）

3. 临时支墩安装

在混凝土基础上方设立钢结构支架作为临时支墩，临时支墩使用 $\phi325\text{mm} \times 8\text{mm}$ 圆管立柱和I16工字钢做斜撑。支架钢结构平台高度为3350mm，与桑园子黄河大桥左幅2号墩柱支座及3号墩柱支座高度相同，在钢结构平台上部设立高度2265mm架桥机前支腿支撑平台，保证架桥机前支腿支撑稳定。临时支墩安装如图10.40所示。

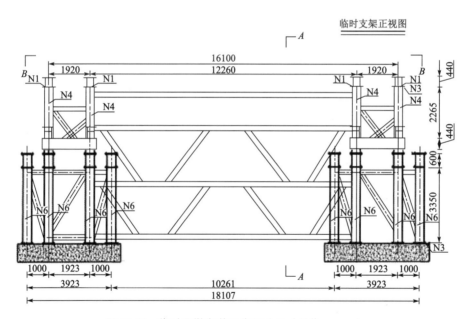

图 10.40 临时支墩安装示意图（尺寸单位：mm）

4. 架桥机安装

最重单跨单主桁长47000mm、重195t，因此，选用 50～300t、长度为84000mm 的架桥机。由于桥墩间距较大，主桁高度较高，故将架桥机双主梁中心距加宽至14500mm；天车横梁加高1500mm 并增加斜撑。天车横梁改装示意图如图10.41所示。

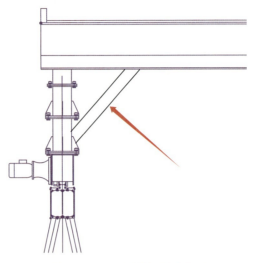

图 10.41　天车横梁改装示意图

5. A 段钢主桁架设

桥机过孔并检查无误后,用喂梁轨道车将主桁梁运送到架桥机喂梁区域。架桥机前、后天车吊起左片主桁梁,同步向前运行,待前后位置基本到位;前、后卷扬机同步下落,距离支座高度 100mm,喂梁轨道车左移,直到要架设的位置;将主桁梁放到墩柱的支座上(或沙桶),通过调整沙桶内沙的高度来进行调整落梁高度,保证落梁的精准。必要时安装千斤顶,以便调整时使用;主桁安放到位后进行轴线、高程复测,复测符合设计要求后,进行支撑和捆绑,防止滑落和倾倒。然后架桥机松钩,继续进行其余梁段吊装。

6. A 段横联连接

将横联的上下玄杆及腹杆在二拼场内用临时螺栓和冲钉组拼接,形成体系,再利用喂梁小车运输至架桥机处,最后用架桥机吊装。横梁吊装到位后,利用码板将横联与主桁临时固定,待配钻完成后,采用高强度螺栓连接。安装时应注意,横联应自然拼装,不得强力拼装,同时保证连接板不发生错位,摩擦面整洁平整,高强度螺栓施拧到位。

7. UHPC 华夫型桥面板及湿接缝

将桥面板运输至现场,为保证安装效率,采用汽车起重机进行装车,吊装时应该轻拿轻放,严禁碰撞。不得碰坏棱角,保护好面层和外露钢筋等。吊装前,仔细检查钢丝绳及吊车支点,桥面板安装过程中面板钢筋冲突时可适当移动钢筋调整钢筋位置,但不允许切割钢筋及剪力钉。桥面板安装完成,起重机松钩后,应立即对面板周边的钢筋进行固定。整跨桥面板安装完成后，采用吊模工艺进行湿接缝模板安装，安装完成后清理干净里面的杂物，浇筑超高性能混凝土并覆盖养生。

第十三节　桥面板预制

一　桥面板预制施工工艺流程

桥面板预制施工工艺流程如图10.42所示。

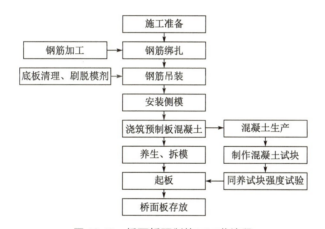

图10.42　桥面板预制施工工艺流程

桑园子黄河大桥南引桥合计预制桥面板96片，其中左幅1~2跨共32片，右幅1~4跨共64片。顺序为：左幅第1跨→第2跨；右幅第1跨→第2跨→第3跨→第4跨；

主桥合计预制900片，左幅450片，右幅450片。顺序为：左幅以5号、6号墩为中心向两侧同时预制；右幅以6号、7号墩为中心向两侧同时预制。

桥面板侧模、底模采用专业加工厂家进行加工，底模分3节加工制造采用螺栓进行连接，底模平整度偏差不得超过1mm，具体见表10.4。

侧模、底模加工尺寸　　　　　　　表10.4

项目		允许偏差(mm)
外形尺寸	长和宽	+0, -1
	肋高	±5
面板端倾斜		0.5

续上表

项目		允许偏差(mm)
连接配件的孔眼位置	孔中心与板面的间距	±0.3
	板端中心与板端的间距	+0, -0.5
	沿板长、宽方向的孔	±0.6
板面局部不平		1
板面和板侧挠度		±1

考虑到桥面板的几何尺寸,南引桥预制桥面板有两种类型,A 板为 72 块,配置 4 套模板;B 板为 24 块,配置 2 套模板,主桥桥面板种类较多,包括 A1~A15、B1~B15。根据每种桥面板的尺寸,A1、A14、B1、B14 板共计 684 片,配置 6 套模板;A15、B15 板共计 24 片,配置 1 套模板;A2~A13 板 64 块,B2~B13 板 128 块,合计 192 片,配置 6 套模板,主桥带锚头桥面板采用 6 套定制模板进行预制。

二 模板安装及精度控制

模板安装完成后,测量检测模板的平整度、平面位置是否满足要求,不能满足要求则进行调整。模板调整到位后,用止浆带封堵钢筋孔处的空隙。模板安装的允许偏差和检验方法见表 10.5。

模板安装的允许偏差和检验方法　　　　　表 10.5

项目	允许偏差(mm)	检验方法
轴线位置	15	尺量每边不少于 2 处
表面平整度	5	2m 靠尺和塞尺不少于 3 处
两模板内侧宽度	-5~+10	尺量不少于 3 处
相邻两板面高低差	2	尺量

三 钢筋加工及绑扎

1. 钢筋检验

钢筋的质量及规格必须符合设计要求,力学性能符合国家标准规定,具有出厂质量证明书,并在使用前按规定现场抽检,合格后方可使用。钢筋在加工弯制前应调直,钢筋表面的污渍、漆污、水泥浆和用锤敲击能剥落的浮皮、铁锈等均应清除干净,钢筋应平直无局部折曲。

2.钢筋加工

主桥预制桥面板钢筋加工:环形钢筋采用闪光对接焊形成,相邻钢筋接头应错开,同一断面接头不能超过50%,相邻两块桥面板的纵横向环形钢筋预制时,应错开一个钢筋直径,便于预制板之间相互扣环搭接。预制桥面板施工时注意预埋吊环钢筋,以主桥A1板(边跨)为例,吊环钢筋布置在四角处,距长边50cm,距短边109cm,其他类型预制桥面板参照此尺寸,如与主筋位置冲突可适当调整预埋位置。2号钢筋为湿接缝预留钢筋,为保证湿接缝2号钢筋能相应交错布置,应对梳齿板模板进行改造加工,确保工程质量。横桥向和顺桥向环形钢筋示意图如图10.43、图10.44所示。

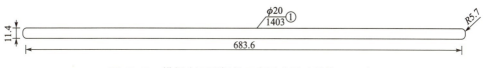

图10.43　横桥向环形钢筋示意图(尺寸单位:cm)

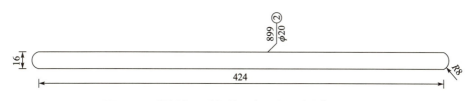

图10.44　顺桥向环形钢筋示意图(尺寸单位:cm)

四 引桥预制桥面板钢筋加工

预制桥面板横向、纵向环形钢筋采用双面或单面搭接焊接,应满足其搭接长度:根据设计图纸要求,顺桥向环形钢筋搭接长度为15cm,横桥向环形钢筋搭接长度为14cm,相邻钢筋接头应错开,同一断面接头不能超过50%。以南引桥预制桥面板A板为例,其搭接形式如图10.45、图10.46所示。

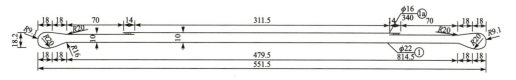

图10.45　横桥向环形钢筋搭接平面示意图(尺寸单位:cm)

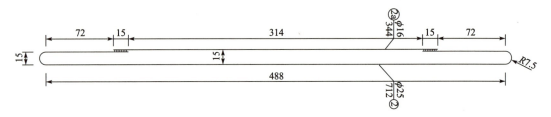

图 10.46　顺桥向环形钢筋搭接平面示意图（尺寸单位：cm）

绑扎钢筋时，注意预埋吊环钢筋，吊装时采用 4 点起吊，预埋位置为四角处，距短边 50cm，距长边 127.5cm。当预埋位置与主筋位置冲突时，可适当调整吊环钢筋位置，吊环钢筋构造图如图 10.47 所示。

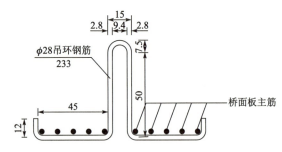

图 10.47　吊环钢筋构造图（尺寸单位：cm）

波纹管安装质量标准见表 10.6。

波纹管安装质量标准　　　　　　　　　　　　　　　　表 10.6

检查项目		规定值或允许偏差(mm)
管道坐标	长度方向	±30
	高、宽方向	±10
管道间距	同排	±10
	上下层	±10

梁体管道位置允许偏差见表 10.7。

梁体管道位置允许偏差　　　　　　　　　　　　　　　表 10.7

项次	检查项目		允许偏差(mm)	检查方法
1	坐标	梁长方向	30	用尺量，抽检 30%，每根检查 10 个点
		梁高方向	10	
2	间距	同排	10	用尺量抽检 30%，每根检查 5 个点
		上下层	10	

第十四节　UHPC 应用

UHPC 华夫型桥面板作为一种新型桥梁结构,具有结构轻、强度高、能够显著降低结构自重、有效减小主桁及杆件的截面尺寸的效果,在高震区条件下具有较好的经济效益,是一种具有全生命周期综合优势的高性能结构。基于此,桑园子黄河大桥 70m 跨径简支结构采用板厚 8cm 的 UHPC 轻型华夫型桥面板,桥面板下方的纵横肋交错布置,肋高 14cm、宽 18cm,桥面板与主桁、横梁之间通过布置于主桁、横联上弦杆上的剪力焊钉群连接,以解决大跨径钢混组合梁的应用难题。考虑结构受力及抗震需求,在大桥锚拉板锚固区、伸缩缝预留槽均使用了 UH-CP 进行填充。

桑园子黄河大桥科研团队采用简单易得的优质地域性原材料以及减缩、超分散、高减水的 UHPC 专用外加剂,开展了大量研究,研制出 UHPC160、免蒸养低收缩 UHPC120。这种高掺量、多种类胶材及钢纤维 UHPC 的钢纤维分散均匀,粉体颗粒团聚量少,水化充分且体积收缩小。团队研制出的 UHPC 经第三方试验机构检测,工作性能、力学性能、体积稳定性及耐久性等指标均满足规范及设计要求。

第十五节　施　工　测　量

一　施工测量的主要任务

桑园子黄河大桥施工测量的主要任务见表 10.8。

桑园子黄河大桥施工测量的主要任务　　表 10.8

施工阶段	施工测量任务	测量结果要求
施工准备设计阶段	1. 放样线路中心线,圈定施工红线; 2. 进行原地表地形测绘; 3. 大型临时设施放样等辅助工作	满足《工程测量规范》要求,满足国家有关测量强制性标准

续上表

施工阶段	施工测量任务	测量结果要求
施工阶段的测量工作（即施工放样）	1. 施工控制网的复测与加密； 2. 控制网施工过程中的定期复测； 3. 设计图纸的会审和内业计算； 4. 进行构造物的施工放样； 5. 对构造物几何尺寸进行检查和检测，校正施工偏差； 6. 关键阶段联测； 7. 构造物的变形检测	1. 满足国家有关测量强制性标准； 2. 满足设计要求； 3. 满足施工的需求； 4. 为计价提供依据； 5. 满足相关工程检验评定标准的要求
工程验收阶段	构造物变形观测，竣工测量及竣工资料的移交	为监控工程的安全、稳定及设计是否合理提供依据

施工测量应实行多级测量复核制，施工测量中应遵循"等级、整体、控制、检查"的基本原则。遵循"等级"原则，是指复测设计院提供的平面控制测量成果和高程控制测量成果的精度是否满足工程施工测量的等级要求。遵循"整体"原则，是指兼顾工程的全局性和技术要求的完整性，进行平面、高程控制网加密，满足施工过程中放样和检查的需要。遵循"控制"原则，是指在具体施工过程中，先进行工程主轴线定位，再进行局部放样的原则，保证单位工程的相对关系。遵循"检查"原则，是指对每道工序进行放样和竣工验收，避免施工误差的积累。

测量方法及测量精度应满足国家行业测量规范、规定和设计的要求。

施工测量应积极稳妥地推广新技术、新设备、新方法。

1. 测量组职责

（1）根据施工组织设计和施工进度安排，编制本施工区段施工测量计划。

（2）根据工程规模、生产需要，编制测量人员、仪器设备配置计划。

（3）参与本标段交接桩工作，负责本区段测量控制点的保护工作。

（4）参与控制测量复测方案和总体测量方案的编制，负责本施工区段的专项测量方案、测量作业指导书的编制与报审。

（5）按规范和监理要求，做好本施工区段的现场施工测量和报验工作。

（6）负责竣工测量工作，整理施工测量的各项竣工资料。

（7）配合建设、监理单位对测量工作的监督、检查和指导，配合测量监理工程师进行抽查和中间质量检查验收工作。

（8）负责日常施工测量工作，落实测量复核制度。

（9）制定仪器设备检校计划，定期送检和自检。

2. 测量组负责人岗位职责

(1) 认真贯彻执行国家有关法律法规和有关测量规范、标准、规程。

(2) 在项目分部总工程师的领导下,负责本施工区段施工测量工作,落实测量复核制度,对施工测量质量负责。

(3) 根据施工组织设计和施工进度安排,编制项目分部施工测量计划,编写本施工区段的测量方案、作业指导书;编写技术交底文件,并进行全员交底。

(4) 负责项目测量人员、仪器设备的管理。

(5) 配合测量队做好控制测量工作,做好测量标志的保护,经常检查、复核控制点,确保控制点的准确性。

(6) 负责本施工区段测量图纸审核及基础测量数据的计算复核工作,并对现场测量工作进行检查和指导。

(7) 负责测量原始记录和测量资料的复核审查,负责测量日志管理。

(8) 组织测量人员定期进行培训和学习,制订并落实培训计划。

(9) 按照上级测量部门要求,及时上报相关资料。

(10) 负责本施工区段测量质量监督、检查,对现场出现的测量问题及时向上级部门汇报,并组织解决。参与本施工区段测量事故的调查分析。

3. 测量员岗位职责

(1) 在测量负责人的领导下,负责具体施工测量工作的实施,服从管理、听从安排,按时完成各项测量任务。

(2) 熟悉测量规范、设计图纸及有关技术要求、测量方法,严格按测量方案、作业指导书进行测量工作。

(3) 认真负责、实事求是地做好工程各阶段的测量工作,作业规范,记录齐全、书面整洁,资料编制及时,数据真实准确。

(4) 熟悉所使用测量仪器的性能,严格按操作规程进行使用和保养,定期对测量仪器进行自检自校。

(5) 及时向测量负责人汇报施工测量工作。

(6) 积极学习测量新技术,认真参加技术培训,不断提高工作技能。

(7) 遵守测量各项管理规章制度。

4. 仪器配置

根据项目施工要求配置表 10.9 所列的主要测量仪器设备。

主要测量仪器配备表　　　　　　　　　　　　　　　　　表 10.9

序号	仪器名称	型号	生产厂家	测量精度	检定情况	备注
1	全站仪	TS60	徕卡	±0.5″	合格	1 台
2	电子水准仪	Sprinter250M	苏州一光	±0.3mm/km	合格	1 台
3	水准仪	DZS3-1	北京	±0.4mm/km	合格	1 台
4	水准仪	LS4432	常州	±0.5mm/km	合格	2 台
5	RTK 型 GNSS 接收机	V60	中海达	2.5＋1ppm	合格	1 套

注：$1ppm = 1 \times 10^{-6}$。

仪器至少每年送计量检定部门检验，并在有效期内使用。使用过程中定期进行自检自校，并形成记录。应注意保证仪器性能的可靠性。

二 施工测量控制网的复测与加密

1. 设计院交桩内容

四川省公路规划勘察设计研究院交付本项目 5 个控制点，点位标志为混凝土地埋标志控制点，控制点保存完好。

（1）坐标系统：采用 1980 国家大地坐标系（投影带中央子午线：103°50′00″投影面大地高程：1635m）。

（2）高程系统：1985 国家高程基准。

（3）里程系统：线路总体平面设计图确定的里程系统。

2. 控制网复测内容

（1）平面控制网复测。

本项目范围内平面首级网按二等测量精度进行测量，以整网 C04 及 D11 为已知点对平面首级网进行约束控制，检查首级网点位精度。高程控制测量分为三部分，岸上常规二等水准测量、1 处跨河水准测量及三角高程测量。其中，岸上常规二等水准测量及跨河水准测量共同构成闭合水准线路。

跨河水准测量按照二等水准测量规范要求，采用三角高程测距法进行。在跨河处两岸各

三 施工测量精度要求

斜拉桥是超静定的结构体系,它的每个节点坐标位置的变化都会影响结构内力的分配。根据专用规范、施工招投标文件和《公路工程质量检验评定标准》(JTG F80/1—2017),主塔施工各测量项目相应精度要求见表10.15。

主塔施工各测量项目相应精度要求　　表10.15

施工部位	项次	检查项目	规定值或允许偏差	检查方法和频率
塔柱	1	塔柱底偏位	10mm	全站仪:纵、横各两方向
	2	塔柱垂直度或倾斜度	$1/3000H$	全站仪:纵、横各两方向
	3	外轮廓尺寸	±10mm	尺量:每段3个断面
	4	壁厚	±5mm	尺量:每侧2处
	5	锚固点高程	±10mm	水准仪或全站仪
	6	斜拉索锚具轴线偏差	±5mm	全站仪
	7	安装钢锚箱的顶面高程	±10mm	水准仪或全站仪
	8	预埋件位置	5mm	尺量:每件
索塔横梁	1	轴线偏位	10mm	全站仪:检查5处
	2	外轮廓尺寸	±10mm	尺量:3~5个断面
	3	壁厚	±5mm	尺量:3个断面
	4	顶面高程	±10mm	水准仪:检查5处
	5	对称点顶面高程	2 0mm	水准仪:检查2处
钢锚梁段安装	1	轴线偏位	5mm	全站仪:检查2处
	2	梁底高程	±5mm	水准仪:每支座1处,每横梁2处

注:H为塔柱高度。

四 分项工程施工测量

1. 桥梁基础施工测量

(1)钻孔桩测量。

钻孔桩主要包括:南岸主桥左幅5号承台桩基、4号过渡墩和3号辅助墩,右幅6号承台桩基、5号过渡墩和4号辅助墩,引桥左幅0号、1号和2号墩,引桥右幅0号、1号、2号和3号墩;北岸主桥左幅6号承台桩基、7号过渡墩和8号辅助墩,右幅7号承台桩基、8号过渡墩和9

号辅助墩,引桥左幅9号、10号、11号和12号墩,引桥右幅10号、11号、12号和13号墩。桩基采用冲击钻机施工钻孔灌注桩。

钻孔桩定位测量全站仪极坐标法行放样。钻孔桩施工测量工作流程:桩位中心放样→设置护桩→调整护筒→平面检查→倾斜度检查→钻机对中就位→钻机水平调整→报检→钻孔过程控制→竣工检查验收。

极坐标法放样:在控制点上架设全站仪并对中整平,初始化后检查仪器设置:温度、气压、仪器常数、棱镜常数;输入(调入)测站点的三维坐标,量取并输入仪器高,输入(调入)后视点坐标,照准后视点进行后视,检核另一控制点,然后调入放样点坐标进行放样。极坐标现场测量放样示意图如图10.48所示。

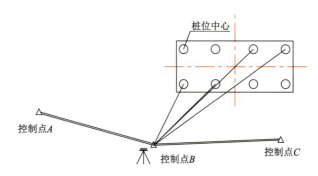

图10.48 极坐标现场测量放样示意图

(2)护筒埋设与检查。

桩位中心放样后,在护筒纵横轴线位置上放4个护桩,根据护桩调整护筒平面位置,护筒顶面露出地面至少20cm,护筒埋设好后,应对护筒的中心位置及倾斜度进行检查。用全站仪放样出桩位的中心位置,并用水准仪测量护筒顶面高程,量出护筒的偏差;用吊垂球检查护筒的倾斜度。

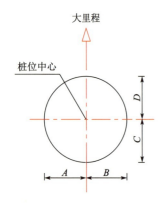

图10.49 钻孔桩护筒检查示意图

钻孔桩护筒检查示意图如图10.49所示。

护筒中心偏差的计算如下:

横桥向偏差:

$$\Delta_{横} = (A - B)/2 \quad (10.1)$$

纵桥向偏差:

$$\Delta_{纵} = (C - D)/2 \quad (10.2)$$

根据质量检验验收标准的要求,$\Delta = \sqrt{\Delta_{横}^2 + \Delta_{横}^2}$ ≤50mm。

(3)钻孔桩检查。

①群桩钻孔桩检查。

首先放样出钢护筒的纵横轴线并用红油漆标记,然后在钢护筒顶面用弦线按纵横轴线方向上的红油漆标志交会出桩位中心,钻机就位时,用吊垂球的方法使钻机钻杆中心与桩位中心处于同一铅垂线上,用水准仪对钻机的水平度进行调整,钻杆中心与设计桩中心偏差不大于20mm,并根据要求填写桩位测量放样报检表等资料,向监理方报检。

钻孔过程中,经常性检查钻机平面位置的正确性和钻机底座的水平度情况,保证成孔时桩位中心平面位置与倾斜度满足规范要求。钻孔完成后,及时进行孔位的竣工测量,用全站仪极坐标法放样出桩位中心、纵横轴线,用水准仪放样桩位高程,并用细线交会出桩位中心位置,量取桩位中心位置到护筒边的距离,并做好记录。以此作为钻孔桩钢筋笼下放及混凝土灌注的基准,在钢筋笼下放完成后,重新用细线交会出桩位中心位置,并调整钢筋笼中心位置和桩位中心位置在同一铅垂线上。由于桩位竣工验收以钢筋笼中心为准,钢筋笼最后一节下放时,要根据护筒偏位和垂直度做定位装置,防止钢筋笼倒向一侧,紧贴护筒。

②单桩独柱钻孔桩检查。

单桩独柱竣工允许偏差为5cm,且考虑桩基主筋与墩柱主筋的顺利对接,为钢筋笼下笼提供依据。钢筋笼安放定位时应注意下放钢筋笼时,对好中心,在最后一节笼进去时要仔细检查。检查的标准是:钢筋笼中心与桩孔中心±10mm、钢筋笼高程定位±50mm。钢筋笼限位安装示意图如图10.50所示。

③桩位竣工验收。

当每个墩台的钻孔桩全部施工完毕,承台、系梁基坑开挖到位、桩头破除到设计高程后,即可进行钻孔桩竣工测量。用弦线和钢卷尺定出每根桩顶的中心位置,再测量出每根桩中心位置的坐标,与设计坐标进行比较,计算出在纵、横两个方向上的坐标差值。钢护筒、桩位允许偏差见表10.16。

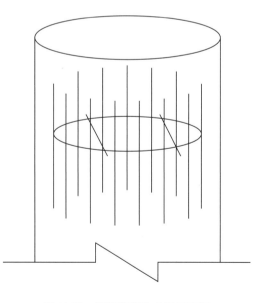

图10.50 钢筋笼限位安装示意图

钢护筒、桩位允许偏差　　　　　　　　　　　表 10.16

序号	项目		允许偏差
1	钢护筒	中心位置	群桩、单排均为 50mm
		垂直度	1/100
2	桩位	中心位置	群桩为 100mm、单排桩为 50mm
		垂直度	1/100

2. 承台施工测量

（1）承台施工放样测量。

承台放样采用极坐标法，在附近控制点上架设全站仪，在承台基坑边测设测量转点。按方向测回法观测两个测回测设转点，测量两测回，测量值在允许范围内时，取两测回均值作为转点成果，然后在转点置仪器放样承台角点及中心点。使用水准仪从控制点引测高程，检查承台垫层顶面高程是否合格，对高程超限的位置进行调整，达到立模要求。同时使用全站仪测距三角高程进行测量复核，合格后报监理工程师监测确认。

（2）承台模板检查。

承台模板的检查采用全站仪极坐标法直接测量模板角点坐标，根据测量的数据计算出模板的尺寸偏差和轴线偏位，并用检定钢尺进行复核测量。用水准仪在模板上放样出承台顶面的设计高程，并使用全站仪测距三角高程进行复核，用油漆标示，作为混凝土浇筑时的控制依据。承台模板检查合格后，在承台面层钢筋上焊小钢板，放样墩身承台面轴线，作为墩身预埋钢筋定位的依据。承台模板检查示意图如图 10.51 所示。

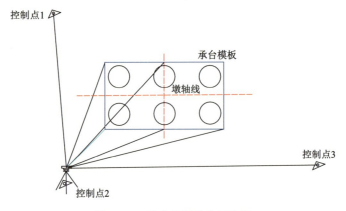

图 10.51　承台模板检查示意图

承台模板的允许偏差见表 10.17。

承台模板的允许偏差　　　　　　　　表 10.17

序号	项目	允许偏差(mm)
1	模板高程	±15
2	结构尺寸	±30
3	轴线偏位	15
4	相邻模板表面高低差	2

(3)承台竣工测量。

承台混凝土浇筑、养生完成后,即可进行承台的竣工测量。用全站仪放样出墩轴线,通过二次置镜复核放样成果,同时测量承台角点坐标,使用水准仪测量混凝土顶面的高程,配合检定钢尺丈量平面尺寸,将实测平面尺寸、高程值与设计尺寸、高程进行比较,计算出承台的轴线、高程偏差。承台竣工允许偏差见表 10.18。

承台竣工允许偏差　　　　　　　　表 10.18

序号	项目	允许偏差(mm)
1	顶面高程	±20
2	结构尺寸	±30
3	轴线偏位	15

3.墩身施工测量

(1)墩身放样测量。

承台混凝土养生完毕后,放样墩身中轴线,以全站仪坐标法设站+极坐标法放样出墩身特征点。在控制点上架设全站仪并对中整平,初始化后检查仪器温度、气压、仪器常数、棱镜常数等参数设置;输入(调入)测站点的三维坐标,量取并输入仪器高,输入(调入)后视点坐标,照准后视点进行后视,测量后视点的坐标和高程并与已知数据检核,并检核第三点已知点坐标,实测坐标与已知坐标的互差不应大于10mm,且放样距离要小后视距离。放样完毕后,须再次复测后视点或检核点,确认放样的精度及准确性。检查记录计算资料、签字、填写测量放样报验单,与现场施工人员进行交接手续。

输入(调入)要放样的墩身坐标,应用全站仪的放样功能指挥司镜员移动棱镜直至放出点位。测量并记录现场的该节墩身坐标和高程,与理论坐标比较检核,确认无误后在标志旁标注。

重复以上过程,放样出所有待放点位。用钢卷尺复核各点位间的间距,如果与设计图纸上的间距相差过大,则应重新放样。

放样完毕后,须重新架设仪器,仪器定向后,测量2个已放点位坐标,确认放样的精度及准确性。

用水准仪按二等要求,从控制点引测高程至承台顶水准点,闭合至另一高程点,计算平差求出承台顶水准点,再从承台顶水准点放样墩身立模高程。墩身高程放样示意图如图10.52所示。

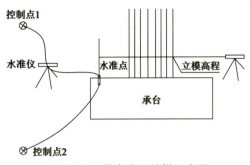

图10.52 墩身高程放样示意图

(2)墩台模板检查。

首先检查墩身模板的下口是否对准承台面放样的墩身轴线点,根据立模墨线,用钢尺检查模板端口尺寸是否正确,然后架设全站仪于控制点,直接测量模板中心点坐标,并用检定钢尺丈量复核模板断面尺寸,检查垫石预埋筋、预留孔位置偏差。在模板侧面悬吊线锤检查模板垂直度。根据测量的数据计算模板的尺寸偏差和轴线偏位。

放样出墩身顶面的设计高程,并用油漆标示,作为混凝土浇筑时的控制依据。墩身高程放样使用几何水准或光电测距三角高程测量方法测定,采用悬吊钢尺法进行检核。高程精度应符合二等水准测量要求。

墩身模板尺寸的测量限差为20mm,高程设放限差为30mm,模板上同一高程线的测量限差为10mm。

墩身模板允许偏差见表10.19。

墩身模板安装允许偏差　　　　　　　　　　　　　　表10.19

序号	项目		允许偏差(mm)
1	模板内部尺寸		5,0
2	空心墩壁厚		±3
3	轴线偏位	柱或墙	8
4		墩台	10

(3)墩台竣工测量。

墩身混凝土浇筑、养生完成后,即可进行墩身的竣工测量。测量方法、数据计算与承台竣工测量相同,竣工允许偏差见表10.20。

墩台竣工的允许偏差　　　　　　　　　　　　　　表10.20

序号	项目	允许偏差(mm)
1	轴线偏位	10
2	断面尺寸	±20
3	顶面高程	±10
4	预埋件和预留孔位置	5

墩身顶高程传递使用几何水准或光电测距三角高程测量方法测定。

(4)桥台施工测量。

桥台施工测量细部结构物较多,包括台身、台帽、垫石、挡块等。结构尺寸、轴线相对关系应在内业计算、复核清楚。平面采用极坐标法进行放样与检查,高程使用水准仪放样检查。锥坡放样包括坡底轨迹线放样和坡面放样。其中,坡底轨迹线放样应根据锥坡的填土高度和纵横坡度分别计算出锥坡底面椭圆长半轴和短半轴,然后进行放样。可使用内侧量距法和弦线支距法计算坡底轨迹线。

4. 垫石、支座施工测量

(1)墩顶贯通测量。

墩身完成后,分段在墩顶布置加密点,平面采用附合导线加密的方法,如图10.53所示,以2个控制点为起算边,按照三等导线测量技术要求,逐点进行观测,附合至其他2个控制点,经严密平差求得加密点的坐标。三等导线测量技术要求如表10.21所示。

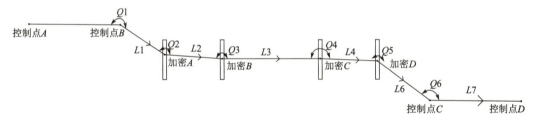

图 10.53 墩顶平面加密点导线测量示意图

三等导线测量技术要求　　表 10.21

等级	测角中误差(″)	测距相对中误差	方位角闭合差(″)	导线全长相对闭合差	测回数		
					1″级仪器	2″级仪器	6″级仪器
三等	1.8	1/150000	±3.6$\sqrt{n}$	1/55000	6	10	—

高程加密点采用测距三角高程对向观测的方法,按照二等水准测量要求进行,从一个高程点传递到墩顶加密点,逐点进行观测,附合至其他高程点,经严密平差求得加密点的高程。以此加密点成果作为垫石、支座测量的依据。

(2)平面放样测量。

放样垫石时,在墩顶加密控制点上架设全站仪,用极坐标法放样墩身纵、横轴线和垫石纵、横轴线,并根据垫石尺寸弹出垫石四周墨线,使用检定钢尺检查复核墨线间距尺寸。垫石模板检查依据已经弹好的墨线来进行,检查内容主要包含孔位偏差、垫石尺寸差、垫石轴线偏差。图10.54为垫石放样示意图。

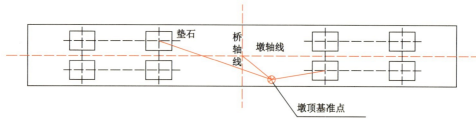

图 10.54 垫石放样示意图

5. 高程放样测量

利用高程贯通测量成果,在墩顶架设水准仪,后视邻墩高程基准点,在垫石模板上测出各垫石的四角高程,并在低于设计高程 2mm 处用红油漆做好明显的标记,放样完成后通过相邻墩顶高程控制点的联测进行复核。

6. 垫石竣工测量

在墩顶基准点上架设全站仪,放样支座中心、轴线,并用墨线弹出十字线用于支座安装,再用钢尺丈量出垫石轴线偏位及孔位偏差,在墩顶高程点使用水准仪测量垫石顶高程,测量每个垫石 4 个角点和 1 个中心点,垫石竣工高程及高差、螺栓孔孔位偏差、垫石位置偏差,应满足表 10.22 所列要求。如偏差超过规范,应提前进行处理直到满足规范要求。

垫石允许偏差和检验方法　　　　　　　　　　表 10.22

序号	项目	允许偏差(mm)
1	轴线偏位	10
2	断面尺寸	±20
3	支承垫石顶面高程	0,−10
4	支承垫石四角高差	3
5	预埋件、预埋孔的位置	5

7. 支座安装测量

支承垫石混凝土浇筑完成后,测量支承垫石顶面高程、四角高差、平面位置、锚栓孔位置及深度情况,如不符合要求,及时进行处理。检验核桥墩中心的距离、支座的十字线,使距离与扭角的弧长均不得超过 ±1mm。支座上、下座板必须水平安装,活动支座上、下座板横向应对正,纵、横向的错动量应根据安装支座时温度与设计温度差值及未完成收缩、徐变量进行计算确定。以垫石上做好的十字线与高程控制点为依据,对支座平面位置和高程进行调整,再用水准仪进行复核,直至满足设计及规范要求。支座安装允许偏差见表 10.23。

支座安装允许偏差　　　　　　　　　　　表10.23

序号	项目		允许偏差(mm)
1	支座下底板中心与墩台纵向错动量	墩台高度<30m	20
		墩台高度≥30m	15
2	支座下底板中心与墩台横向错动量	墩台高度<30m	15
		墩台高度≥30m	10
3	同向支座中心横向距离	偏差与桥梁设计中心对称时	30，-10
		偏差与桥梁设计中心不对称时	15，-10

8. 塔柱施工测量

结合斜拉桥斜塔施工的特点,提出了斜塔施工放样的一般方法。斜塔按倾斜角度可分为小斜度塔和大斜度塔。大斜度塔的施工相对困难,施工过程存在模板及构件制作、安装误差,需要设置预偏度而不断调整模板。针对斜塔施工的特点,结合测量学中三角高程及平面坐标测量法,本书提出了先定高程、再通过高程反算坐标的一般方法。将该方法运用到桑园子黄河大桥中,有效提高了测量效率与放样定位的准确度。同时还针对该工程实例,编制了一套计算方法,可供同类工程项目参考。

因桑园子黄河大桥南塔下塔柱外侧斜度为84°,内侧斜度为78°,北塔下塔柱外侧斜度为80°,内侧斜度为76°,上塔柱均为81°,故属于小斜度塔,如图10.55所示。

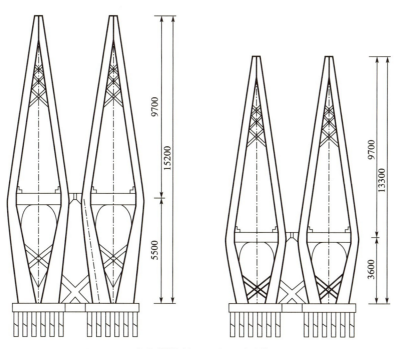

图10.55　南北塔横断面图（尺寸单位：mm）

(1)测量过程中需要考虑的因素。

劲性骨架、钢筋、混凝土等自重所产生的预偏值;预埋件等结构物的预抬值;气温对塔柱所产生的变形值;横梁、塔柱浇筑完混凝土产生的挠度;已施工塔柱在预应力下所产生的挠度。

(2)施工测量方法。

相对该工程而言,编制了以下三种测量方法:

①里程偏距法(适用于直线段)。

以该工程北塔为例,通过设计图纸可知,北塔外侧倾斜率为 $4.776:28.409$,内侧倾斜率为 $8:33$,里程一侧倾斜率为 $1.25:36$,从而不难算出塔柱每上升 $1m$ 偏距及里程的变化。通过细部图纸,可计算出各个肢在承台顶的偏距,由此可编制以下计算公式:

右肢偏距:右侧:$L+0.168h$;左侧:$L+0.242h$。

左肢偏距:右侧:$L-0.242h$;左侧:$L-0.168h$。

其中,L 表示设计线到承台顶塔柱的距离,h 表示实测高程与承台顶的高差。

同理可得,里程方向计算公式:

大里程:$K-0.035h$;小里程:$K+0.035h$。

其中,K 指承台顶塔柱的桩号,h 表示实测高程与承台顶的高差。

②角度测量法。

在进行该方法的施工放样时,要先重新建立新的坐标系。以承台正中心建立新的坐标系,以道路前进方向为 $X0$,以道路前进方向的右侧为 $Y0$,以高程为 $Z0$,则可以推出以下计算公式:

右肢:右侧:$Y=Y0+12+h/\tan80°$;左侧:$Y=Y0+4+h/\tan76°$。

左肢:右侧:$Y=Y0-4-h/\tan80°$;左侧:$Y=Y0-12-h/\tan76°$。

其中,Y 表示新建坐标系的东坐标,h 表示实测高程与承台顶的高差。

同理可得,里程方向计算公式:

大里程:$X=X0+4.5-h/\tan88°$;小里程:$X=X0-4.5+h/\tan88°$。

其中,X 表示新建坐标系的北坐标,h 表示实测高程与承台顶的高差。

③断面法。

随着科技的进步,测量软件也越来越多,而该工程所用到的软件叫"测量员"。它几乎满足所有测量所用到的内容需要,在施工放样中有效提高了工作效率。

首先,用计算机辅助设计(Computer Aided Design,CAD)将设计图纸按 1∶1 等比例绘制;其次,将绘制好的 CAD 图纸保存为 DXF 格式,然后在测量员软件里面的小程序"隧道断面库"

里导入保存好的DXF格式的图,保存之后就可以在软件里的另一个小程序"隧道超欠挖"中直接进行测量。

主塔施工测量的重点是:保证塔柱、下横梁、上横梁、钢锚梁、索导管等各部分结构的倾斜度、外形几何尺寸、平面位置、高程满足规范及设计要求。主塔施工测量的难点是:在有风振、温差、日照等情况下,确保高塔柱测量控制的精度。其主要控制定位方法有劲性骨架定位、钢筋定位、塔柱模板定位、下横梁定位、上横梁定位、钢锚梁定位、索导管安装定位与校核、预埋件安装定位等。

主塔施工测量控制的主要技术要求如下:

a. 塔柱倾斜度误差不大于塔高的1/3000,且不大于30mm,同时满足设计要求。

b. 塔柱轴线偏差为10mm,断面尺寸偏差为±10mm,预埋件位置偏差5mm。

c. 钢锚梁安装轴线偏位为5mm,梁底面偏差为±5mm,梁顶面高程偏差±10mm。

d. 下横梁、上横梁轴线偏位为10mm,外轮廓尺寸偏差为±10mm,顶面高程偏差为±10mm。

e. 斜拉索锚固点高程偏差为±10mm,斜拉索锚具轴线偏差为±5mm。

9. 索导管施工测量

主塔钢锚梁及索导管安装定位是测量过程中控制难度最大、精度要求最高的部分。钢锚梁、索导管安装定位以TS60全站仪三维坐标法为主,以极坐标法校核;钢锚梁及预埋钢锚梁底座底面高程、顶面高程、平整度测量采用苏一光DSZ2水准仪测量,以TS60全站仪三角高程法测量校核。主塔钢锚梁安装主要控制测点平面示意图如图10.56所示。预埋底座安装直接影响第一节钢锚梁的安装精度,索导管安装定位精度取决于钢锚梁安装定位精度,因此预埋底座的精确安装是第一节钢锚梁精确安装的前提。按设计数据控制,进行主塔锚固点与主梁锚固点中心线的投线复算与几何点的归算检验。

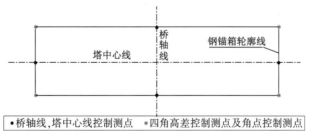

图10.56 主塔钢锚梁安装主要控制测点平面示意图

(1)定位要素确定和定位原理。

物体在三维空间中有6个自由度,即3个平移量(X,Y,Z)和3个旋转量($Q1,Q2,Q3$)。斜拉索(包括两端的索导管)在斜拉桥系统空间位置包括:$Q1$,表示索导管与桥轴线前进方向夹角,又称纵向夹角;$Q2$,表示索导管与垂直于桥轴线方向夹角,又称横向夹角;$Q3$,表示索导管与铅垂线方向夹角,又称竖向夹角。设计图中给定了斜拉索上端索导管锚固点与索塔系统中的空间相对尺寸和索导管锚固点和出口点的高程,根据这些已知数据,便可以得出索导管的空间位置。

如图 10.57 所示,$O1$、$O4$ 点是索导管锚固点和出口中心点。设计图中给出 $O1$ 点在索塔中的相对尺寸 D、锚点高程、出口高程及相应的索导管倾角。定位时根据尺寸 D、锚垫板尺寸、锚点高程、斜拉索倾角,可推算出 $O1$、A 点坐标。再根据索导管长度 L、出口高程推算出 $O4$、D 点坐标。定位时只要精确测量 $O1$、A、D 三点,索导管在索塔的准确位置就能确定了。

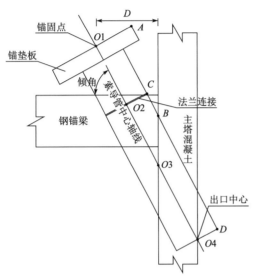

图 10.57 主塔索导管定位、校核控制测点立面示意图

(2)钢锚梁及预埋底座安装前检查。

在钢锚梁及预埋底座吊装之前,采用鉴定钢尺、精密水准仪和全站仪对钢锚梁(包括索导管)及预埋底座的几何尺寸、高程测量观测点、结构轴线测量控制点、标记等进行检查。如果检查有误或误差超过设计及规范要求,应立即找出原因给予纠正,重新确定其平面位置与尺寸。

(3)预埋底座及钢锚梁安装定位。

预埋钢锚梁底座按图纸设计位置精确测量定位,浇筑混凝土后,再次对预埋底座平面位置、高程以及平整度进行测量,并进行钢锚梁轴线和边线的放样。

钢锚梁安装定位的关键是控制中心轴线、高程及平整度,使主塔中心线与钢锚梁结构中心轴线重合,钢锚梁平面位置及高程符合设计及规范要求。其中,第一节钢锚梁安装定位控制是关键。第一节钢锚梁的安装精度直接影响整个钢锚梁的几何线形,应确保钢锚梁表面倾斜度偏差小于 1/3000,轴线的平面位置偏差小于 5mm。第一节钢锚梁段用塔式起重机吊至基座上,先安装定位螺栓,再进行微调,使钢锚梁中心线与预埋底座中心线重合,最后复测钢锚梁平面位置、高程、平整度及倾斜度。若钢锚梁定位控制测点(截面角点、特征点、轴线点)实测三维坐标与设计三维坐标不符,应重新就位钢锚梁,调整至设计位置,将误差调整至设计及规范要求的范围内,再进行高强度螺栓的安装和施拧工作。第二节以及以后各节钢锚梁安装时,先用匹配的冲钉精确定位,再进行复测,将误差控制在设计及规范允许范围内。严格控制每节段钢锚梁的平面位置、高程、倾斜度、顶面平整度,避免误差向上传递累积。

对于不能直接测定的索导管控制测点,可根据已测定的点与不能直接测定点的相对几何关系,用边长交会法检查定位。

(4)索导管定位校核。

待钢锚梁安装定位完毕,连接相应段的斜拉索索导管,校核钢锚梁上索导管控制测点。对法兰连接的索导管,必须再次校核,确保索导管的水平倾角、横向偏角、偏距及中心位置正确,其中主要校核点位于锚垫板上,校核其平面位置与顶面高程。主塔索导管校核控制测点布置图如图10.58所示。

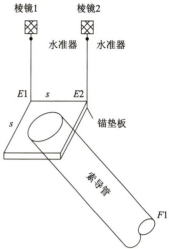

图10.58 主塔索导管校核控制测点布置图

10. 主梁及锚拉板施工测量

(1)精度要求见表10.24。

主梁及锚拉板施工测量精度要求 表10.24

部位	检查项目	允许偏差	检查方式
主梁	轴线偏位	≤±10mm	全站仪
	高程	≤±10mm	全站仪、电子水准仪
锚拉板	高程	≤±10mm	全站仪、钢卷尺
	角度	≤0.5°	全站仪
	轴线偏位	≤±10mm	全站仪

(2)主梁及锚拉板施工放样管理制度。

建立严格的测量→校核→复核→报监理工程师审核的三级检验管理制度。

由项目总工程师负责,项目经理部内部建立完整的测设方案拟定→数据计算与复核→现场测量→测设数据复核→报监理工程师审核程序。

与设计、监理单位及建设单位密切联系,施工前对设计院提供的控制点,按要求复核并及时办理交接手续外,平时应定期对各控制点复测,并将复测结果上报监理工程师。

工程控制网及工程各部位的施测成果,必须在上报监理工程师并得到批复确认后,方可进行下一道工序。

(3)锚拉板施工放样及计算方法

首先在安装场地将主梁基座调至水平,将主梁放置在调平好的基座之后,用水准仪在主梁顶面进行二次抄平,如高差大于1cm,则进行微调,直至主梁顶处各个点处于同一水平面。用全站仪采集主梁两边端头轴线位置坐标,进行线定向,再通过线定向放样出锚拉板在主梁上的轴线坐标(及主梁中轴线)。将锚拉板吊至主梁,将锚拉板中线点与主梁中轴线点重合。利用三角卡尺找出锚拉板上口中心点,然后用徕卡 mini 棱镜进行观测、调整,使其角度符合设计规范要求。当角度误差小于 0.5°时进行临时固定,固定完成之后再次进行复测,复测角度符合后再进一步加固。其次在锚拉板焊接之前及焊接之后都要进行复测、核算,并记录每一次的数据,与之前数据进行对比,确保锚拉板角度的准确性。

11. 主钢梁的起重机拼装

主梁拼装时,应对主梁线形进行控制,其内容包括高程线形测量、中线线形测量等,其中高程线形测量必须是监控单位在对已安装节段进行监控测量后,提供必要的主梁理论拼装线形,以此为依据才能对主梁拼装实施线形控制。

(1)中线线形测量。

在钢梁进入施工现场后,在每一节段钢梁架设时,测量出钢梁中心控制点点位坐标并与设计坐标偏差值并进行调整。由于钢梁受温度影响,横桥向方向上易摆动,因此,对正在拼装的钢梁前端中线调整测量应安排在日出前大气温度变化小、气候稳定的时间内快速完成。为保证钢梁架设的顺直,避免两相邻节间拼装出现折线,两相邻节间的钢梁中线控制采用方向线顺延的办法进行检核。

(2)高程线形测量。

良好的拼装线形,不仅其高程绝对值与设计值相差不大,而且应呈现一条顺滑曲线,而不应出现折线形的突变点。由于钢梁架设过程中,高程线形是一种动态曲线,受温度、边跨中跨两侧重量不平衡等因素影响,不同时间段不同工况节段两端的高程绝对值不同。为防止钢梁出现折线形的突变点,并使钢梁线形按设计状态延伸,高程线形测量应安排在日出前大气温度变化小、气候稳定的时间内快速完成。采用"相对高差法+绝对高程法"进行观测,用水准仪观测节段上的 6 个高程点,并对高程偏差进行调整,调整到位后,在测量相邻 2 个节段高差值并和设计进行对比分析,根据情况进行调整。

随着钢梁架设的延伸,每节段钢梁上的6个测点一起构成控制整个钢梁延伸的高程控制网,如图10.59所示。在每节段钢梁拼装前后、斜拉索张拉前后4个工况下,对最前端相邻5个节段箱梁进行高程测量,并报监控单位。

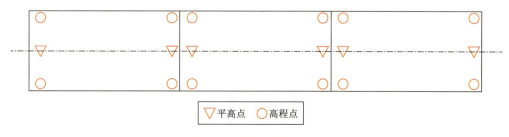

图 10.59 钢梁测点布置图

12. 中跨合龙测量

在同一天24h内,对钢梁同时进行温度、合龙段长度、主梁高程的测量。

(1) 合龙温度观测。

合龙前进行24h的温度观测,采用温度计分别测量大气温度及钢梁温度,观测频率为每0.5h观测一次。

(2) 合龙段长度的观测。

合龙段长度主要通过两根主纵梁来确定。影响合龙段长度的因素主要有当前主梁线形与合龙梁段线形的差异、主梁梁段由于拉索水平分力对其产生的压缩变形、温度变化导致主梁产生的自然伸长与缩短等。主要是用检定钢尺进行主梁轴线及两边梁边线长度的观测,且与温度观测同步。

(3) 主梁高程测量。

观测合龙段两侧5个节段钢梁高程变化及其变化规律。测量精度应满足相关设计和规范要求,观测用的水准仪、塔尺必须进行鉴定,确保测量准确性及一致性,并与温度同步观测。

通过对钢梁进行24h的连续跟踪观测,绘制时间-温度-梁长变化曲线图、时间-温度-高程变化曲线,找出钢梁在不同时间不同温度状态下两悬臂端的高差、合龙段梁长度,以制定合理的合龙工序,做到对合龙段的准确控制。综合分析确定跨中合龙段最佳的安装时间。

第十六节　施工监测重难点及控制措施

一　主塔施工监测重难点及控制措施

1. 主塔线形及内力控制

（1）重难点分析。

桑园子黄河大桥主塔为分幅联塔形式，施工节段多，主塔施工线形控制需考虑竖向和水平的预偏值。其次，主塔施工过程中需加强对内力进行控制，以确保主塔受力安全。需采取合理有效的监控措施确保主塔施工过程线形和内力控制到位。

（2）塔柱线形控制。

桑园子黄河大桥主塔为分幅联塔结构，其塔端在施工过程时，受自重、施工荷载及风荷载等作用产生的水平分力影响，塔柱向单侧倾斜，因此需设置塔柱水平预偏值，保证塔柱成桥线形满足设计要求。同时，在塔柱施工过程中和钢箱梁架设过程中，受塔柱自重和斜拉索的张拉索塔将产生弹性压缩变形。成桥后二期恒载作用下，索塔也会产生一定的弹性压缩变形，应根据预测的索塔弹性压缩量，在索塔施工过程中进行竖向预抬。主塔预偏预抬高示意图如图10.60所示。

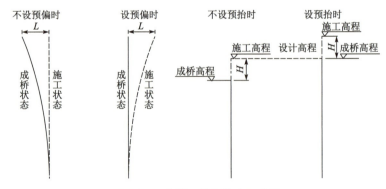

图 10.60　主塔预偏预抬高示意图

主塔预偏：主塔施工水平坐标 = 设计坐标 + 成桥主塔反向水平位移。

主塔预抬高：主塔施工竖向坐标 = 设计坐标 + 成桥主塔反向竖向位移。

(3)内力控制。

桑园子黄河大桥主塔在施工过程时,受自重、施工荷载及风荷载等作用产生的水平分力影响,在塔柱根部会形成较大弯矩,可能导致塔柱根部结构出现较大拉应力而开裂。为消除倾斜塔柱根部的不良应力状态,通常采用的方法是设置横撑,即在塔柱施工到一定高度后,再设置一定的主动横撑,确保塔柱受力安全,降低后续施工对塔柱根部的不利影响。横撑加设时机、设置位置、横撑主动力需通过计算确定。主塔线形及内力控制要点如图 10.61 所示。

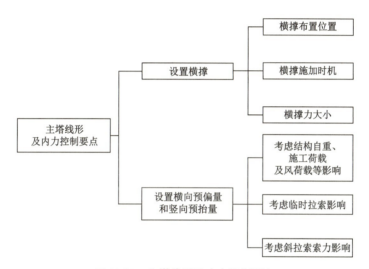

图 10.61 主塔线形及内力控制要点

2. 主塔刚度不同的线形控制

(1)重难点分析。

在上部结构安装过程中,由于主塔刚度不同,南、北岸桥梁线形有一定区别,尤其在中跨合龙时,南北岸需区别考虑。

(2)模型模拟。

通过建立详细的理论分析模型,针对不同塔高导致的刚度不同,详细分析计算主塔施工过程中的主塔变形情况,以及主梁架设过程中主梁吊装、拉索张拉导致的主塔线形响应变化,对主塔的塔偏、索导管预抬值分别进行计算,充分考虑在中跨合龙吊装时的主塔结构响应,确保成桥状态下主塔线形内力满足相关要求。

(3)分幅联塔施工不同步控制。

由于桑园子黄河大桥分幅联塔桥的主梁相互分离,索塔横向相连,在监控过程中还需要重点关注左、右幅之间相互影响的情况,考虑架设进度不同等情况对整体结构的影响。

3. 钢锚梁安装高程及索导管、锚拉板倾角控制

（1）重难点分析。

监控过程中应充分考虑主塔的实际施工线形，设定好钢锚梁的安装高程。结合主塔、主梁的实际施工线形，设定好斜拉索导管在塔端和梁端的倾角，确保斜拉索能顺利穿索张拉，斜拉索不被索导管刮伤，在管口斜拉索不出现弯折应力。

（2）塔端索导管设置合理的预抬量和预偏量。

塔柱在施工时，需考虑合理的横向预偏量和竖向预抬量，塔端索导管坐标应相应地进行横向预偏和竖向预抬。

（3）索道管定位钢内模新技术。

塔柱施工属于高空作业，施工空间狭小，尤其是斜塔柱，加上在塔柱施工中钢筋、劲性骨架、环向预应力、其他预埋件等因素的相互影响，直接增加了索导管精确定位的难度。研究人员研发了一种索导管精确定位装置的钢内模，将上述出塔点坐标和理论锚点坐标由虚点变成实点，进行索导管空间位置的直接定位。

二 斜拉索、主梁制造阶段重难点及控制措施

依据计算分析确定的斜拉索和主梁无应力尺寸，评估和确认制造过程的可靠性和正确性；检查预制索长和主梁节段，分批建立误差数据库，及时更新和纠正后续主梁节段加工尺寸。

1. 斜拉索制造阶段精度控制要点

（1）测定斜拉索弹性模量。

斜拉索的弹性模量对斜拉索的伸长量有直接影响，进而影响桥梁的成桥线形。建议对每种类型斜拉索的弹性模量进行抽样检测。此项工作由斜拉索制作单位根据施工监控单位的要求完成，并将测试数据提交施工监控单位。监控单位可根据斜拉索弹性模量误差修正计算模型，更准确地指导现场施工。

（2）精确计算斜拉索无应力索长。

斜拉索为一柔性结构，在自重作用下，呈现为悬链曲线。目前在悬索桥计算中，主缆无应力下料长度一般采用悬链线求解；而在斜拉桥中，还普遍采用以抛物线理论为基础的公式求解。桑园子黄河大桥斜拉索长度较长，这就导致拉索垂度非线性影响增大，在此状态下，悬索

线理论和抛物线理论之间存在差别,在斜拉索下料时需充分考虑。

斜拉索在自重作用下的线形状态为悬链线,若已知索锚点的空间位置、索力、索截面积及单位长度重量,则可求得此悬链线长度;根据斜拉索的索力所引起的弹性应变沿索长积分可求得索的弹性伸长,由二者之差可得到斜拉索的无应力长度。悬链线法计算示意图如图10.62所示。

索的无应力长度为 S_0,根据 $S_0 + \Delta S = S$,可计算 l,此方程是超越方程,需迭代求解。

(3)考虑温度影响,严控下料长度。

监控单位提供的斜拉索下料长度是设计基准温度下的下料长度,制造厂家在制造时应根据下料时温度对斜拉索的下料长度进行修正,不明确之处及时与监控单位沟通。同时,监理单位对斜拉索下料长度的精度应严格把控。斜拉索制造阶段精度控制要点如图10.63所示。

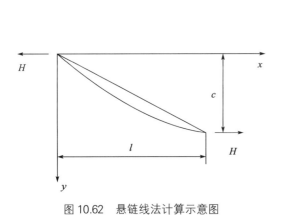

图 10.62 悬链线法计算示意图　　图 10.63 斜拉索制造阶段精度控制要点

2. 主梁制造阶段线形控制要点

(1)设置合理的成桥预拱度。

对于桑园子黄河大桥而言,主梁制造线形一般按照考虑"斜拉索松弛及混凝土收缩徐变影响后恒载挠度 + 1/2 活载挠度"的反拱值进行设置,并拟合成平顺曲线,设置成桥预拱度时,应综合考虑设计单位、建设单位等参建单位的意见设置。

(2)考虑主梁压缩量。

受斜拉索索力影响,钢箱梁在施工过程中纵向会产生压缩变形,相应的梁端索导管坐标随之发生变化。因此,在钢箱梁制造过程中,各梁段应根据计算结果适当予以加长。

(3)主梁称重。

钢箱梁重量直接影响成桥线形,在梁段涂装完成后,在吊装前要对每种类型的钢箱梁梁段精确称重(可在预拼场利用压力传感器或标定的液压千斤顶测量),称重过程中要注意确定梁段的顺桥向的重心位置。监控单位可根据主梁重量误差修正计算模型,调整后续梁段的制造线形。

(4)严控质量,分批制造,消除既有误差。

主梁的制造线形一旦确定,在拼装过程中,受到焊缝宽度和临时匹配件等条件的限制,梁端高程及夹角(无应力曲率)允许调整的幅度较小。如果完全依靠索力来控制主梁线形,会引起内力误差,误差累积后导致线形和内力逐渐偏离预期理想状态。根据相关项目的主梁制造经验,主梁制造时应注意以下几点:

①加强对首节拼装精度的控制,对首节段主梁的制造精度开专题验收会,邀请各参建单位共同验收,将首节段主梁的方向角误差控制在允许范围内,便于后续节段的定位控制。

②现场严格控制梁长、梁高及梁端转角,要求主梁制造单位、监控单位及监理单位等共同对主梁的节段组拼线形进行验收,发现问题立即整改,防止误差的累积。

③节段组拼胎架不宜过短,一般每批钢箱梁拼装节段数量不宜少于5个节段,防止批次过多造成误差的累积。

④对于钢混结合梁斜拉桥,由于斜拉索水平分力作用,主梁承受很大的恒载压力,混凝土桥面板的收缩与徐变将使得钢结构部分的应力增加,混凝土部分的应力减小,且钢结构部分的应力增加幅度较混凝土部分的应力增加幅度大,因此钢主梁应力影响很大,钢混结合结构的斜拉桥必须考虑混凝土收缩徐变的影响。为了消除这种混凝土收缩徐变对钢混叠合梁受力的影响,建议混凝土桥面板预制完成后,停放一定的时间(6个月以上),使钢混叠合梁在桥位悬拼安装前,混凝土的收缩徐变能发生一部分,以减小收缩与徐变对叠合梁内力重分配的不利影响。湿接缝混凝土浇筑后,需要混凝土达到一定的强度,并完成斜拉索的张拉后才可继续进行钢主梁的吊装。在叠合梁施工中,桥面板的施工监控至关重要。

三 主梁内力线形重难点及控制措施

1. 主梁架设过程中内力、线形监控

(1)重难点分析。

桑园子黄河大桥主梁采用钢混结合梁结构,主梁和斜拉索安装控制是本桥施工控制的最主要的工作内容。主梁施工工艺复杂,主梁的制造线形、安装变形均会对主梁结构受力和结构线形造成影响。要求监控充分考虑各种因素的影响,采取合理有效的监控措施,确保上述环节

控制到位。

(2)主梁内力线形控制。

在计算方法上,监控方拟通过空间有限元模型对纵向线形、横向线形以及内力状态进行同步控制。通过考虑几何非线性、拉索垂度效应的正装迭代优化分析,在确定主梁无应力制造线形的同时,确定主梁横向预拱度。并通过前期计算分析,获取线形控制的敏感性参数,提出尽可能稳定的主梁索力张拉方案,降低线形控制风险。

主梁制造线形的主要表现形式为制造高程、相邻梁段间角度或者梁段间的间隙。在节段主梁工厂制作过程中,监控单位同施工单位、钢结构制造单位及监理单位一同强对制造线形的测量管控,对焊缝收缩、温度变化等影响精度控制的工艺水平进行优化,在板单元下料、组装、焊接等工序上严格控制施工误差,为现场节段顺利安装创造条件。

为了保证现场安装的顺利进行,首先应加强对场内制造精度的控制,尽可能与理论制造线形一致。在现场架设阶段,加强对首节拼装精度的控制,将方向角误差控制在允许范围内,便于后续节段的定位控制;对于后续节段,尽可能将两侧边梁的误差水平控制在同等水平,以利于横梁的安装。

在主梁采用悬臂吊装施工时,结构各位置的工况变化多,结构受力复杂,监控单位应提前在主梁上布置应力测试传感器,在悬臂吊装施工过程关键工况,实时监测主梁关键部位的应力变化情况,如有结构应力发生突变或应力值超过材料容许应力时,需提醒施工单位采取相应措施进行调整,确保顶推施工过程中的结构安全。

(3)施工过程结构稳定性分析控制。

桥梁结构的稳定、施工过程安全可靠,是确保施工达到设计要求的前提和保障。本桥主跨跨径较大,需提前计算各施工工况下,整个结构的安全稳定性,确保主梁吊装过程中安全稳定系数在可控范围内。

施工过程主梁稳定性控制的关键是施工开始前充分预计施工过程中可能出现的工况及荷载,制定相应的控制措施及目标值,在施工中严格按目标执行,从而达到预定目标。

(4)主体结构整体安全性控制。

主体结构的整体安全性控制主要是在结构全过程分析的基础上,选取典型控制断面,对结构应力状态进行实时监测。

2.成桥状态内力线形优化控制

(1)重难点分析。

桑园子黄河大桥的成桥状态需要经历复杂的内力变化和体系转化过程,为保证分幅联塔斜拉桥体系成桥后的内力状态和位移状态满足设计要求，需加强桥梁成桥状态的内力线形优化控制。

(2) 确定合理的成桥状态。

在斜拉桥结构计算中，确定成桥目标状态和施工目标状态是两项至关重要的工作，通常是先确定成桥目标状态，然后以成桥目标状态为基础，根据施工工序确定各施工目标状态。

合理的成桥状态应兼顾以下原则：①恒载索力分布要尽量均匀合理。②恒载状态，主梁弯矩应与活载效应的弯矩方向相反，在数值上接近于活载最大效应值与最小值代数和的一半，这样能使荷载组合时，弯矩包络图的中心线接近于零，有利于充分利用材料的强度。③在恒载作用下，主塔的弯矩不能太大，并适当考虑活载的影响。根据本项目结构设计特点，在恒载状态下，塔柱宜向主跨侧有一定的预偏。④荷载组合作用下，塔梁和拱肋的应力包络图宜尽量平坦，不应有较大突变，最大、最小应力均需在规范允许的范围内且有一定的安全储备。⑤辅助墩支座反力在恒载下要有足够的压力储备，在活载及成桥阶段其他荷载作用下不出现负反力。⑥成桥状态桥面线形平顺，且满足设计要求。

(3) 确定合理的中间施工状态。

选择合适的结构计算方法确定其中间施工状态，然后严格按照确定的中间施工状态组织施工，这是保证成桥后结构内力和位移满足设计要求的前提。主桥需要确定的中间施工状态有主塔爬模施工状态、主塔封顶施工状态、主梁悬臂施工状态、拉索张拉前后施工状态等。

四 施工过程中索力重难点及控制措施

(1) 重难点分析。

桑园子黄河大桥的拉索倾角变化大，结构空间效应明显，在拉索索力作用下，主塔将承受巨大的压力和不平衡弯矩。因此，要求施工控制理论分析必须准确模拟空间索面，确定合理的拉索初张力及张拉顺序，保证施工过程中主塔柱间受力平衡，并结合理论计算和监测结果进行对比分析，对各阶段斜拉索张拉力进行调整。现场索力测试时要求测控精度满足工程要求，确保索力测试的准确、可靠。

(2) 提高测试精度。

本桥拉索采用平行钢丝斜拉索，斜拉索采用伸长量控制为主、索力控制为辅的原则进行。拉索的测量方法有振动频率法、磁通量法、穿心式压力环法。

同时,大桥在运营期考虑建立健康监测系统,可在施工期提前安装部分测试元件,从而为索力监测精度提供保障。

此外,索力测试一般要考虑温度和风的影响,应尽量选择在温度较低且稳定、无风或微风的天气条件下进行。当条件不允许时,可以在温度比较容易进行修正的情况下施工。而风荷载产生的附加索力会引起索力误差,包括静风响应索力和抖振响应索力。这部分影响可采取根据实测风荷载建立有限元模型进行理论分析的方法进行修正。

(3)避免大规模二次调索。

为了避免成桥前后的大规模二次调索,设计员将在施工控制仿真计算中采用正装迭代优化分析,以纵桥向整体线形和内力状态为控制目标,进行最优索力优化,最终提出合理的斜拉索张拉方案。

第十七节　施工监测内容

一　施工监控理念

本项目施工控制以全面的施工阶段正装理论计算为指导,结合各阶段的监测数据对施工全过程进行。既要实现成桥目标状态,也要实现中间施工阶段目标状态,以保证每一施工阶段结构的内力和线形都处于预测和控制之中,并使本桥最终达到设计要求。有效的施工控制应能够尽量减小实际状态与理论目标值的差别,在本桥的施工控制中,拟根据偏差的特点和性质采用分类最小偏差施工控制法(也称自校正调节法)进行控制。

施工中结构偏离目标的原因主要可分为三种:

(1)控制计算参数误差是指桥梁施工过程中存在着许多在设计阶段不能完全确定的影响参数,如材料的弹性模量、混凝土的收缩徐变、施工荷载等,由于计算模型中这些参数与其实际值不符,导致通过计算所得到的理想状态以及施工控制参数(张拉索力、安装高程等)不正确。因此,在施工控制阶段,为了保证计算模型能正确地反映实际结构,需要根据实测的状态变量值(位移、索力等)与相应的理论值之间的差异对影响参数进行识别与修正。

(2)测量误差是指由于仪器精度、测试手段、环境因素、操作人员等的影响,使得测试值与真实值之间存在差别。为了消除这类误差的影响,需要采用滤波的方法,从被污染的数据中得到结构的真实状态。

(3)施工误差是指由于施工技术水平的限制,或施工操作的错误而导致结构偏离所要求的状态,主要包括定位误差、索力张拉误差等。这部分误差需要采取一定的控制手段进行调整,以使实际的结构状态与理想状态的偏差为最小。

为了达到最优施工控制,实现施工控制状态下施工偏差最小,合理的控制理论应该能充分考虑各种偏差的影响,要求具备三大基本功能:

①校正功能。校正计算模型,以减小设计参数误差的影响。

②滤波功能。通过滤波识别结构的实际状态,进而预报施工过程中结构线形调整值。

③调整功能。调节施工误差和其他已有偏差。

分类最小偏差控制理念融合自适应控制和预测控制优点,以使施工偏差最小为目标。其流程如图10.64所示。

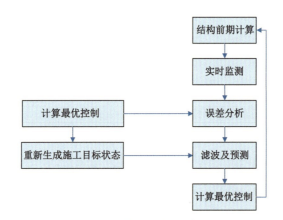

图10.64　分类最小偏差施工控制流程

二 施工监控计算内容

1. 设计复核性计算

施工控制在实施时的第一步工作是要形成控制的目标。

施工控制的预测计算首先将采用设计计算参数对施工过程进行分析,计算出控制目标的理论值。理论值由主梁理论挠度、主梁理论轴线、主梁截面理论应力、斜拉索理论索力等系列数据组成。

按照设计图纸进行施工监控总体计算,并与设计计算主要结果进行相互校核,以确保控制的目标不与设计要求失真。

由于桥梁的设计和施工中存在这两种既不相同又相互联系的计算过程,并且在实际工作中这两类计算可能采用不同的计算模型,由不同的单位来完成,因此,为达到使施工控制能按设计意图指导施工的目的,并最终满足设计预期的理想状态,首先要校核设计计算与施工控制计算的闭合性。只有在两者计算结论基本一致的前提下,施工控制的开展才有实际意义。否则,需要监控人员与设计人员一起仔细核对两种计算过程,找出并解决存在的问题。

2. 理想施工状态确定

理想施工状态确定包括钢箱梁制造线形计算、斜拉索下料长度计算、结构预拱度计算、斜拉索张拉力计算等。该项工作按照规范及设计文件给出的参数进行计算。

(1) 钢箱梁制造线形计算。

对钢箱梁而言,由于主梁节段间的转角调整受高强度螺栓等因素的影响,其调整量非常有限。为了保证悬拼节段间精确匹配及主梁达到设计线形,需准确计算主梁的制造线形,即主梁的无应力线形。

主梁制造线形计算步骤如下:

① 按照设计线形进行有限元分析,然后根据设计院提供的成桥索力进行一次成桥计算,得出结构初步线形及索力。

② 进行施工拼装过程计算分析。按照拟定的控制方法进行拼装至合龙过程计算,按照初步线形进行调整,使调整后(成桥状态下一定年限后)的线形与初步线形基本相同,得出施工阶段分析线形及索力,在此线形基础上加活载的一半的反拱值得出制造线形。

③ 将主梁制造线形代入原始模型进行正装,按照步骤②的控制计算方法,得到结构一定年限收缩徐变后的结构线形及索力,作为斜拉索无应力索长的计算参数。

(2) 斜拉索下料长度。

斜拉索是斜拉桥的重要受力构件之一,精确地计算斜拉索下料长度对于顺利、安全地施工是非常重要的。如图 10.65 所示,斜拉索的下料长度(端到端)为:

$$L_a = L_1 + (t_1 + t_2)/2 + h_1 + h_2 \tag{10.8}$$

考虑将张拉和锚固端的螺母都放置在锚杯的 1/2 处,t_1、t_2、h_1、h_2 由制造厂家给定,参照相关锚具资料对数据进行校核。

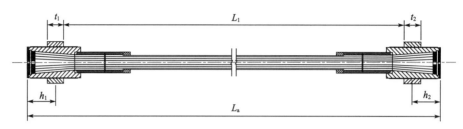

图 10.65　斜拉索下料长度示意图

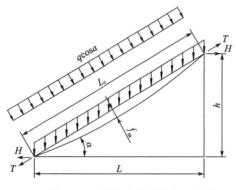

图 10.66　斜拉索实际受力示意图

斜拉索实际受力示意图如图 10.66 所示。本桥监控中采用多段杆单元法进行模拟斜拉索,可以较为准确地模拟斜拉索的垂度效应。斜拉索的下料长度 = 节点间距 + 垂度修正 − 安装伸长量 + 工作长度 + 温度修正量。无应力索长需要考虑主梁成桥预拱度、锚点间距离、垂度效应、弹性伸长量、张拉工作长度等因素综合确定。

(3)结构预拱度计算。

结构理论预制线形计算的关键是对于结构预拱度及预制梁段长度的计算。预制线形指节段的无应力线形,梁场按此预制构件。由于梁段预制时处于无应力状态,因此梁段预制的结构目标线形应考虑结构由于受力变形引起的预拱,进行预拱度的计算。梁段预制长度同时考虑主塔混凝土收缩徐变、梁段弹性压缩进行修正。

通过施工全过程的有限元仿真计算分析可知,预制的梁段按照切线安装的思路,既保证了梁段的胶接间隙,也保证了主梁的线形,得到了成桥实际总位移;通过成桥状态的运营活载计算,在设计荷载的作用下,得到运营中活载的最小位移值和运营阶段结构收缩徐变情况。对于中小跨径的桥梁,为提高行车舒适性和安全性,取活载位移的 1/2;对于大跨径桥梁,结构预拱度是否考虑活载位移待与设计单位沟通后确定,这样就得到了梁段在预制阶段需要设置的预制预拱度值,从而得到节段预制的理论预制线形。

因此,根据以上叙述,结构预拱度计算结果分为施工阶段预拱度、运营阶段预拱度和活载预拱度。

①施工阶段预拱度为根据理论计算建立的计算模型和确定的计算参数,结合施工单位实际施工工况,进行正装计算,得到成桥后(桥面铺装完成)位移反拱值。

②运营阶段预拱度为运营 10 年期间主桥的位移反拱值。

③活载预拱度为汽车荷载向下位移最大值的 1/2 的反拱值。对于大跨径桥梁,结构预拱

度设置方式与设计单位沟通后确定。

（4）斜拉索张拉力计算。

为了使成桥后的结构内力和线形达到预先确定的理想状态，必须确定各施工阶段斜拉索的张拉力和张拉顺序。

本次监控原则上以设计索力为基础，根据施工控制计算的应力与线形结果，对索力进行合理的调整，在调整索力时应考虑以下因素：

①索塔线形：塔偏应满足控制目标线形的要求。

②主梁线形：线形应尽量平顺，避免凸起和折角。

③索塔应力：尽量优化索塔根部应力。

④斜拉索应力：尽量在规范规定容许应力范围内调整。

⑤主梁应力：调索时应特别注意主梁关键断面的应力水平。

⑥支座反力：避免出现支座负反力（拉力）。

⑦施工步骤：尽量采用施工单位提出的施工步骤，不对施工步骤进行大的调整。

3. 主梁安装线形计算

主梁的安装线形计算是指根据实际确定的施工顺序和施工荷载情况，计算各施工阶段和成桥活荷载的结构变形，并据此计算相应阶段悬拼梁段的安装高程。

上述确定斜拉索施工张拉力的迭代收敛结果即可用于主梁安装线形的计算，但是由于施工过程中实际的斜拉索张拉力、施工荷载条件等，以及实际结构参数如梁段重量、构件刚度和材料弹模等均可能与初始计算的预定值不同，因此必须在施工控制中根据实际条件，并结合施工监测系统的反馈结果对模型进行修正后，才能用于后续工况的安装线形计算。

初始的几个节段定位高程按理论值确定，当理论值与实测值不一致时，需根据实测值对结构计算参数进行识别，修正计算模型。修正后按调整下一组梁段定位高程。

4. 施工控制误差分析与参数识别

计算参数误差分析和参数识别建立在大量的测量和计算分析的基础上，可采用的方法包括统计分析、卡尔曼滤波和预测、最小二乘法等。针对本桥而言，结构参数误差与识别主要包含以下几个方面：

（1）斜拉索索力。

斜拉索索力是斜拉桥最敏感的参数，对结构内力状态和变形有显著的影响，精确控制斜拉索索力是施工监控的一个重要内容。由于测量误差的存在,频率法和千斤顶得到数据并不是真实的索力值。需要结合索力、线形、温度场等多方面的测量数据和理论分析对真实的索力进行估计和识别。

(2) 主梁安装误差。

主梁安装误差主要包括构件节段尺寸误差、线形误差,对于施工监控的影响是箱梁重量、截面刚度及无应力线形。可以测量主梁高程、结构重量及尺寸等来识别箱梁安装误差。

(3) 梁、塔和索的刚度误差。

梁、塔和索是斜拉桥的主要受力构件,由于超静定次数高,刚度误差对于构件内力分配和变形有较大的影响。首先应根据误差可能出现的范围,采用非线性程序进行刚度影响性分析,然后结合多次线形、索力、应力、温度场、动力特性等数据,通过最小二乘法对刚度误差进行估计。

(4) 施工荷载变动。

应建立严格的管理制度控制施工荷载的变动情况,按规定堆放荷载,随时记录荷载的位置、大小和变化情况。

(5) 温度场的影响。

对于大跨径桥梁,温度场对斜拉桥的影响显著。需要布置足够多的温度测试断面和测点,并选择典型的天气状况进行连续温度场测试,掌握温度场变化规律。结合计算分析,可了解结构内力状态和线形随温度场变化规律。

(6) 成桥运营状态验算。

成桥后的监控计算是全桥施工完成后,按实际参数取值考虑既有施工误差及支座偏差等影响,计算成桥线形、应力及稳定性,对全桥作出受力计算,以评价桥梁的成桥状态并为运营提供初始结构状态。

三 各施工阶段监测内容

1. 主塔施工控制阶段

主塔下塔肢外倾、上塔肢内倾,在分段浇筑过程中,其线形及内力是控制的关键。主塔施工过程中,为使塔柱线形、应力及倾斜度满足设计和规范要求并保证施工安全,中塔柱施工过程中应设置水平横撑,并进行主动顶推。水平横撑设置位置、添加时机、水平顶推力需要通过计算确定。水平横撑必须具有足够的强度和刚度,在索塔施工完成后拆除。

塔柱在施工过程及成桥后受到基础沉降、桩基弹性压缩、塔柱自重弹性压缩、混凝土收缩徐变变化、成桥索力等的作用,塔柱竖向存在一定的压缩量,纵向有一定变形,因此需考虑斜拉索锚固点的竖向预抬高,纵桥向进行预设塔偏。

2. 主梁悬臂施工控制阶段

(1)施工工序优化。

在施工单位编制施工组织方案时,监控单位对关键工序、关键工况进行计算,优化施工工序,确定斜拉索初张拉力、梁段拼装工序、中边跨合龙方案等,参与配合施工单位编制施工组织方案。

(2)梁段称重。

主梁安装过程中,其实际吊装重量与理论计算重量必然存在差别偏差,而重量的偏差对施工过程中施工监控的影响是巨大的。所以,为减小因梁重误差对控制精度的影响,钢梁制造方应提供详细的梁重信息,并在梁段安装前两个工作日内将梁重信息以书面形式经监理确认后,转发至监控单位。

(3)临时荷载控制。

在钢梁安装过程中,准确控制桥面临时施工荷载是顺利实现施工监控目标和设计意图的前提条件,施工单位在钢梁安装、斜拉索张拉和测量测试时,应严格按照各自提交的临时施工荷载情况进行布置。监控测量测试时,首先检查桥面临时施工荷载,看是否与施工单位上报荷载布置一致,若不一致则要求进行整改,直至满足条件方可测试。

(4)桥面线形控制。

节段间连接方式采用栓接结合方式,钢梁安装时较难调整桥面高程。如果桥面线形出现较大偏差,则主要采用索力进行高程调整。

在每一标准控制阶段,均测出悬臂端3个梁段前端的高程,然后与理论计算值进行比较。通过对比分析,可以看出,主梁线形是否在控制范围之内,梁段之间是否平顺。如超出控制范围,则配合索力分析,采取有效措施来调整主梁线形,调整完毕后方能进行下一阶段施工。

(5)钢梁内力控制。

为使成桥状态下,钢梁的受力状态符合理论施工状态,需要在典型工况下加强主梁内力监测。同时,根据施工监控全过程计算分析结果,对施工过程中受力较大构件的重点部位进行重点关注。

(6) 斜拉索初张拉。

在斜拉索张拉过程中,应严格控制当前索的索力值,避免因索力误差影响后续梁段的安装。斜拉索张拉过程中及完成后,相关各方应及时进行测试。在张拉过程中,施工单位应分级记录千斤顶的油压读数,监控单位使用锚索计及频谱仪对索力进行测试。以上三方数据汇总后,进行分析识别,综合确定实际索力值。

(7) 斜拉索终张拉。

一般情况下,公路桥一期恒载占整个恒载的比重较大,可采用在施工阶段将斜拉索张拉至成桥索长的方法。这个过程中,一般以线形控制为主,在合龙后调索以索力控制为主。

在大桥施工监控过程中设定2个目标状态:①为满足无应力状态法要求的主梁弹性连续条件,以中跨合龙时合龙口理想状态为中间目标状态;②以成桥状态为最终目标状态,在施工阶段将斜拉索张拉至成桥索长。

(8) 阶段调索。

随着主梁悬臂的伸长,各项误差的累积效应会越明显,甚至会出现结构不安全或施工状态偏离设计值过大的情况。此时,监控计算组会根据全桥通测结果进行计算分析,并向施工单位下发调整指令,对现有结构线形进行阶段性调整。另外,在中跨合龙前后为调整合龙状态,亦有可能进行全桥调整。

3. 合龙控制阶段

斜拉桥的合龙控制是关键工序,合龙精度往往是评价监控工作成败的一个重要指标。合龙过程是一个体系转换的过程,因此,要求施工监控考虑各种影响因素,为主桥的合龙确定最佳的合龙方案和时机。

在合龙前应对桥梁状态进行全面测试,测试工作包括主梁轴线、挠度、大气和钢梁温度、应力测量。钢梁悬臂架设阶段,每拼装主梁一个节间进行一次轴线、挠度、应力测量,并和计算值进行比较,以对钢梁架设施工质量进行监控,为全桥合龙提供数据,同时绘制连续48h时间温度曲线,以及悬臂端部高程、里程、合龙口间隙、塔偏随温度变化曲线,以选择适当的合龙时间。

4. 成桥阶段控制阶段

(1) 铺装线形拟合计算。

主桥结构施工完成后,由于各种误差因素的存在,桥面铺装前,桥面线形与理论计算理想情况不可避免存在一定的偏差,需要根据桥面实际通测线形,结合理论计算情况,拟合桥面铺装后的线形,确保成桥状态下的结构线形平顺性。

(2)确定结构竣工状态。

桥面铺装完成后,监控单位通测结构的最终竣工状态,可将斜拉索参数、主塔线形测点、主梁线形测点等相关内容移交至后期养护单位,为运营维护提供结构参数初始值,确保运营维护期间的结构测试数据连续性。

四 各施工阶段监测结果

1.上塔柱施工阶段内力控制

(1)测点布置。

以南塔为例,根据现场实际情况,主塔应力测点布置于上塔柱,如图10.67所示。

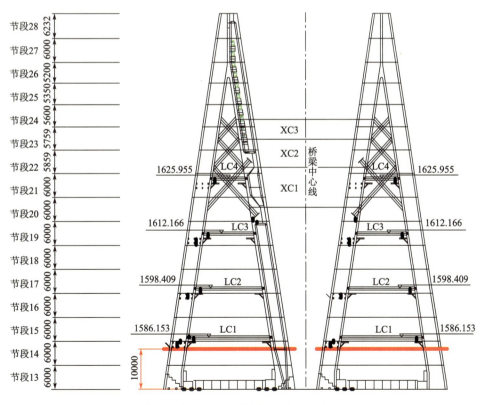

图10.67 南塔上塔柱测试断面(尺寸单位:mm)

注:图中数字表示主动横撑高程。

(2)测试结果。

钻石型桥塔根部弯矩随着桥塔自重、施工荷载等荷载的增加而变大,因此,塔柱根部应力是施工控制的关键。以南塔左幅为例,各施工阶段上塔柱根部截面应力如图10.68所示。

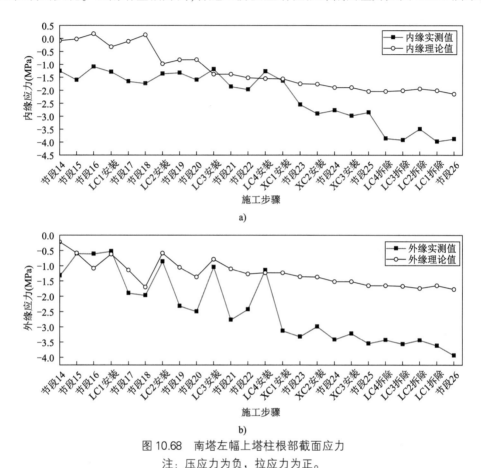

图10.68 南塔左幅上塔柱根部截面应力

注:压应力为负,拉应力为正。

由图10.68可知:南塔左幅上塔柱根部内缘应力在横撑顶推阶段中发生突变,塔柱实测应力与理论应力发展趋势基本一致,最大应力偏差为1.96MPa,满足监控要求。

2. 主梁悬拼阶段控制

(1)线形控制。

①线形测点布置。

根据现场实际情况,测点布置如图10.69所示。

② 测试结果。

在中跨合龙前后为调整合龙状态,亦有可能进行全桥调整。以南塔右幅为例,合龙前高程如图10.70所示。

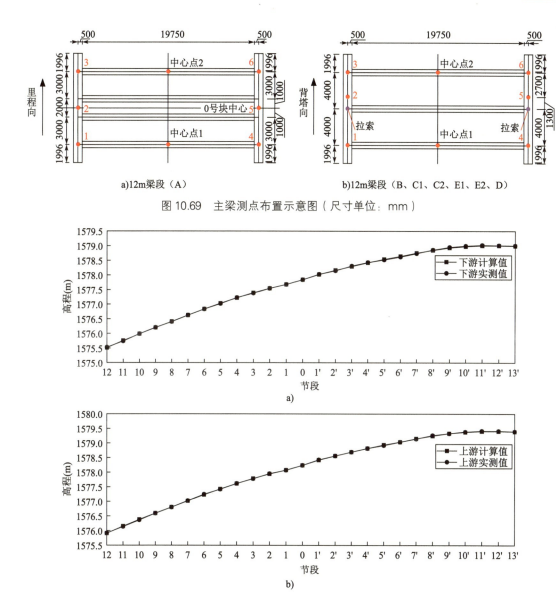

图 10.69 主梁测点布置示意图（尺寸单位：mm）

图 10.70 南塔右幅合龙前高程

由图 10.70 可知：南塔右幅高程较为平顺，主梁实测高程与计算高程相近，最大应力偏差为 0.019m，满足监控要求。

（2）应力控制。

① 应力测点布置。

根据现场实际情况，测点布置如图 10.25 所示。

② 测试结果。

为使成桥状态下，钢梁的受力状态符合理论施工状态，需要在典型工况下加强主梁内力监测。同时,根据施工监控全过程计算分析结果,对施工过程中受力较大构件的重点部位进行重点关注。以4—4断面为例,各工况下应力如图10.71所示。

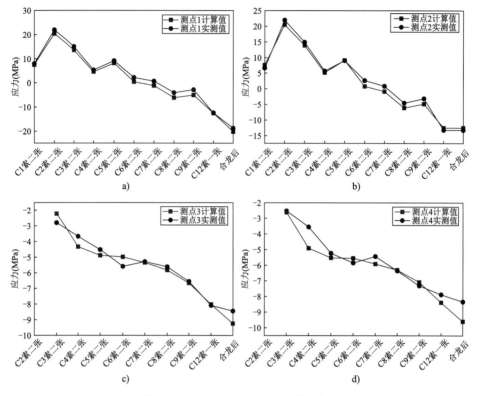

图 10.71 南塔右幅主梁4—4截面应力

由图10.71可知:南塔右幅4—4截面实测应力与计算应力发展趋势基本一致,钢主梁最大应力偏差为2.09MPa,混凝土最大应力偏差为1.35MPa,满足监控要求。

(3)索力控制。

①索力测点布置。

根据现场实际情况,设计测点布置如图10.72所示。以下结果表明,斜拉索编号与设计图纸基本一致。

②测试结果。

在中跨合龙前后为调整合龙状态,亦有可能进行全桥调整。以南塔右幅为例,合龙前内侧索力如图10.73所示。

由图10.73可知,南塔右幅索力实测值与计算值相近,最大索力偏差为4.9%,满足监控要求,合龙后进行索力调整,达到设计索力。

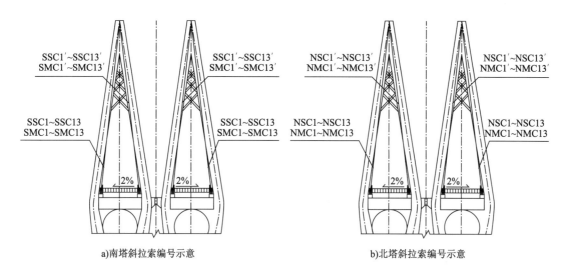

图 10.72 索号布置示意图

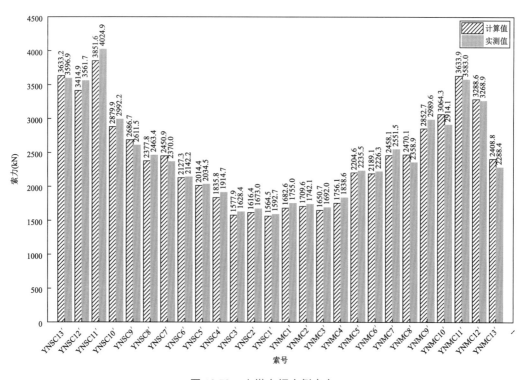

图 10.73 南塔右幅内侧索力

(4)合龙阶段控制。

①测点布置。

在合龙前,应对桥梁状态进行全面测试,包括中跨合龙段长度。

②测试结果。

斜拉桥的合龙控制是关键工序,合龙精度往往是评价监控工作成败的一个重要指标。合龙过程是一个体系转换的过程,因此,要求施工监控考虑各种影响因素,为主桥的合龙确定最佳的长度和时机。

实测 2023 年 9 月 11 日、12 日气温变化如图 10.74 所示,中跨合龙段间隙变化如图 10.75 所示。当有阳光照射时,下游比上游、上翼缘比下翼缘合龙口间隙变化速率快,且合龙口间隙变化量为 3~8mm/℃。右幅合龙时间为 2023 年 9 月 15 日,确定右幅合龙温度为 20℃。根据现场观测数据确定进行配切定孔位,梁厂开孔。

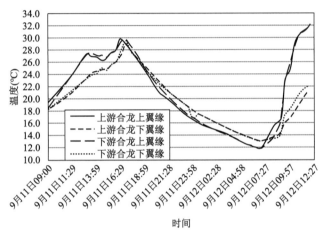

图 10.74　时间-温度变化实测图

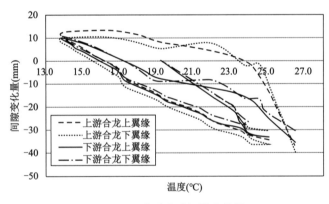

图 10.75　中跨合龙间隙变化量

CHAPTER
第十一章

智慧建造

第一节　钢栈桥安全运行监测系统

钢栈桥安全运行监测系统采用传感、采集、全球导航卫星系统(Global Navigation Satellite System,GNSS)传输等技术,在关键部位安装传感器、报警器及摄像头,对黄河水位和大桥结构物(沉降、收敛、应力、应变、倾角等)参数进行动态监测和安全预警,后台连接手机,若发生超限情况,立即发送短信至管理人员,同时报警器警示,管理人员接到通知立即排查,后台数据自动生成周报、月报等,实现定点采集、远程传输、平台支撑、分级预警、在线分析等功能,通过对结构物数据监测,综合分析和评价结构物的稳定性,为钢栈桥的健康运营状态提供数据支撑。同时,钢栈桥安全运行监测系统也可作为观察来往车辆的辅助系统,其显示界面如图11.1所示。

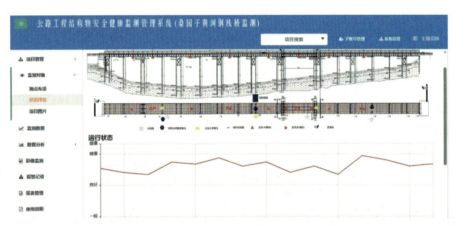

图11.1　钢栈桥安全运行监测系统显示界面

第二节　塔式起重机可视化及危险源预警

1. 塔式起重机安全监控管理系统

塔式起重机安全监控管理系统是基于传感器技术、嵌入式技术、数据采集技术、数据处理技术、无线传感网络与远程通信技术相融合的系统,通过前端监控装置和平台无缝融合,实现开放式的实时塔式起重机作业监控。塔式起重机安全监控管理系统显示界面如图 11.2 所示。

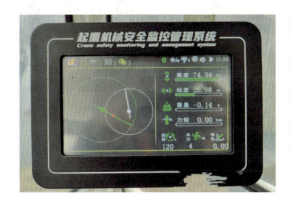

图 11.2　塔式起重机安全监控管理系统显示界面

在对塔式起重机实现现场安全监控的同时，通过远程高速无线数据传输将塔式起重机运行工作状况安全数据和报警信息通过第四代移动通信（4G）网络实时发送到远程地理信息系统（Geographic Information System，GIS）监控平台，从而实现实时的动态远程监控、远程报警和远程告知，使得塔式起重机安全监控成为开放的实时动态监控。

2. 塔式起重机吊钩可视化安全管理系统

吊钩可视化是一套辅助传统塔式起重机作业的可视化数字集成产品，由智能数据分析系统和高清可视化影像传输设备两大部分组成。该系统工作原理是通过在塔式起重机、吊臂和小车上安装嵌入式智能科技影像系统，利用高清摄像头捕捉吊装区动态信息，并以无线传输的方式实时显示在智能可视终端上，从而实现塔式起重机的可视化操作。

3. 起重机远程监控系统

起重机远程监控系统是通过信息化手段进行设备运行全过程监控记录的一套监控系统。塔式起重机和施工升降机已经成为建筑工地必不可少的大型施工起重机械，但同时由起重机械引起的安全事故也屡屡发生。随着计算机技术、自动控制技术、通信技术的飞速发展和广泛应用，以计算机系统为核心和操纵控制平台为基础的起重机械远程监控系统已经成为当今建筑工程起重机械安全监督管理的必备手段。起重机远程监控系统显示界面如图 11.3 所示。

图 11.3　起重机远程监控系统平台显示界面

第三节　施工监控云监测平台

联合中铁大桥科研院开发施工监控云监测平台,对桥梁施工过程中应变、位移、索力等实时监测,在项目进度跟踪、监控成果展示、电子档案归档、结构安全预警、监控指令流转、监测数据结果实时展示、在线处理与预警等全过程控制方面起到积极推动作用。施工监控云监测平台显示界面如图 11.4 所示。

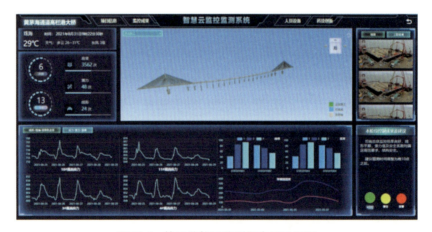

图 11.4　施工监控云监测平台显示界面

施工监控云监测平台可实现如下功能：

①施工进度展示。基于 BIM 技术的施工阶段进度展示。②应力自动化。关键截面应力自动化实时监测。③桥面吊机监测。桥面吊机走形实时监测。④索力实时监测。全桥索力采用雷达测试实时显示,节段吊装显示端部索力。⑤温度显示。实时监测环境温度和结构关键截面温度。

此外，施工监控云监测平台也可基于 GNSS 实时显示塔偏。①监控成果。对于监控指令、月报、应力、线形、索力、温度、塔偏进行统计展示。②预警系统。针对本阶段的监控成果分析进行预警，预警分为可控、警告和报警三级。③视频监控系统。在塔顶放置高清摄像头，对桥面临时荷载的布置情况和关键施工节点的进度进行展示。

第四节　BIM + GIS 可视化综合管理云平台

BIM + GIS 可视化综合管理云平台以 BIM 技术为核心，包含智慧工地、智能建造、智慧沙盘、桥梁数字化智慧管理、信息化中心建设等模块，各个模块之间数据互通。智慧桥梁平台由硬件、数据层、应用层和客户端构成，其中应用层通过 BIM 协同管理平台进行总体管理，并实现参建各方系统数据接入和集成。

在项目建设管理中，BIM + GIS 可视化综合管理云平台以工作分解结构（Work Breakdown Structure，WBS）为载体、进度为主线，完成总—年—月多级进度计划的制定，逐级细化目标。通过与清单关联、与大桥 BIM 模型关联，依据现场记录生成主塔、主桥、引桥、墩柱等形象进度、产值完成情况，实现进度货币化。同时生成各类报表，减少统计工作量，利用关联线路、进度指标技术，实时预测项目总工期、关键里程碑节点完成时间，自动计算偏差并预警，真正实现进度控制。项目通过 BIM + GIS 可视化的手段获取信息，直击问题点，追溯源头，为项目进度目标的实现保驾护航。

针对项目档案资料，BIM + GIS 可视化综合管理云平台将文件、资料分类分解到单位分部、分项工程，按照要求再逐项归类整理。按照公路工程的时间和施工前进方向进行控制，实现对单位、分部、分项公路工程文件材料的控制，以及对文件的表格种类、数量、填表时间、填表人员的管控。定期上报文件、材料收集数据，对文件完整性、文件组成规范性、文件形成时间等自动进行检查，保证了文件、材料的收集完整、系统和准确，实现了反映工序资料管理的及时性；并进行数据分析，追溯各类前置步骤的完成情况，数据分析完成后进行提示、指导和协助管理。

对接现场质量安全管理监控系统，根据该系统实时上传的视频和质量检测数据进行质量管理，采集施工现场质量监测数据，及时处理，对不达标数据进行报警；对接安全管理系统的安全巡检、隐患整改、专项方案审批流程、安全技术三级交底、安全培训等业务数据，将信息化安全管理数据通过统一的数据接口集成至数据平台，实现各软件数据的整合；对接质量安全智能监控信息化系统,根据标准应用程序编程接口(Application Programming Interface,API),对接拌和站、试验机、张拉压浆等自动监测设备系统的业务数据。施工定位监测系统及施工人员安全监测系统等多种工程自动监测技术的普及应用,也带来了大数据自动处理及推送和预警的技术需求,需要广域的监测信息后处理平台与诸多布设于现场的自动监测子系统对接。

第五节 全生命周期健康监测

采用桥梁健康监测系统,通过在桥梁结构关键位置部署智能结构诊断器、气象环境和视频监控等感知终端,运用无线智能传感器技术和桥梁专业技术,实时采集数据,对主桥线性、斜拉索力、主塔沉降和偏位、主梁应力和振动等实时监测,简单易用。桥梁健康监测系统显示界面如图11.5所示。

图11.5 桥梁健康监测系统显示界面

该系统一共分为14个模块。首页模块让操作人员更直观了解桥梁实时监测数据、基本信息情况、报警信息及桥梁数字孪生技术的应用,采用UE4+BIM+GIS+倾斜摄影技术高度还原现场实际情况(天气+季节),方便快速了解桥梁结构及测点布设,并将传感器和桥梁结构挂接,可以在模型上直观查看桥梁结构传感器的实时数据及报警数据,为桥梁运维提供智慧化的监测服务。

大屏展示模块汇集了甘肃省24座桥梁的整体健康度、报警信息、车流量统计以及地理信息汇总,应用一张图直观地展示甘肃省桥梁健康监测情况。

系统运行状况监测模块可查看省级平台运行状况、单桥系统运行状态、设备运行状态(可查看每座桥梁)。

系统应急监测模块共包含 3 个部分,即应急预案管理、应急事件监测及应急事件档案管理。其中,应急预案管理是根据应急预案类型进行上传管理。应急事件监测是针对应急事件类型进行事件上报。应急事件档案管理是针对上报应急事件进行管理(处置流程的查看及管理)。

健康度监测模块包含整体健康度和构件健康度,根据桥梁结构的预警类型及预警级别进行评定。构件健康度监测模块通过将构件分类,评判监测构件预警级别及预警次数,进而判断构件健康度。

实时监测模块是系统的数据底座,可实现传感器状态监测、二维定位。该部分汇总了省级平台所有桥梁测点监测数据。通过汇总监测点位当前数据、实时数据及历史数据,并通过二维平面定位技术,为后期的专业分析提供基础保障。

交通监控模块的数据来自动态称重系统＋视频监测系统。该部分为交通流量、交通视频、交通荷载 3 个模块。交通流量汇总该桥行驶车流,统计分析车牌及车重、车速等相关信息。交通视频桥面实时数据上传至监测系统,便于及时观察桥面情况。交通荷载主要针对桥梁荷载进行监测,统计年、月、日的超载、车重及最大荷载。

报警管理模块分为结构异常报警、设备异常报警、超速超重报警部分。超速超重报警通过交通监控模块获取的超重及超速数据,每周汇总统计并上报预警。设备异常报警通过系统检测数据离线、异常、常值等判定传感器是否稳定。当结构变化超出规范及计算限值并且设备没有异常时,判定结构异常。

桥梁档案模块收集桥梁设计、施工、检测、运维期资料,在完成桥梁资料数字化的同时,为后期运维分析提供便利。

监测报表模块是对数据的进一步应用,应用实时监控模块监测数据,分析 10min 特征值、数据相关性以及进行数据间对比分析,对数据进行初步应用。

专项分析模块根据省级规范建设指南及甘肃省桥梁情况正在进行复杂风场作用下路网桥梁监测、重载车通行监测、震后路网桥梁状态评估部分的开发。

桥梁管理、系统管理、算法管理模块,即系统参数配置及权限管理模块。通过在这些模块配置系统运维需要的桥梁基本信息、监测指标、账号权限分配、算法配置完成整个系统运行所需要的技术支持及保证。

CHAPTER 12
第十二章

科研创新

第一节　浅覆盖层河床钢管桩成桩技术研究

兰州作为西北地区重要城市,也是唯一一座黄河穿城而过的省会城市,桑园子黄河大桥项目建设过程中,为保证桥梁建设所需材料的运输,需在黄河河道内修建横跨黄河两岸的临时性栈桥。钢管桩因施工环保简便,广泛应用于临时栈桥的施工中,但在角闪岩地质条件下,河床内裸露的岩石和高强度岩层,使得钢管桩沉入岩体的难度大大增加。桑园子黄河大桥项目联合中国科学院兰州化学物理研究所组织开展了黄河流域角闪岩地质条件下钢管桩成桩技术研究,主要包含以下内容:①黄河流域角闪岩地质条件下钢管桩成桩技术;②黄河流域角闪岩地质条件下钢管桩成桩质量控制;③角闪岩地质条件下钢管桩悬臂施工安全保证技术措施。

二　研究内容及成果

1. 黄河流域角闪岩地质条件下钢管桩成桩技术研究

钢栈桥施工时,由于河床上层覆盖泥沙,地质柔软,而河床处于角闪片岩地质区,岩质较硬,前期使用履带式起重机和振动锤进行沉桩,无法沉桩至设计深度。项目研究团队根据岩土地质特性,决定采用振动沉桩+冲击钻头沉桩结合的施工工艺进行沉桩,并通过施工工艺改良,发明了一种特殊齿牙结构的冲击钻钻头,采用冲击钻在钢管桩内引孔,再辅以振动锤跟进的方式,有效解决了振动锤沉桩深度不足的问题。钢管桩沉桩如图12.1所示。

2. 黄河流域角闪岩地质条件下钢管桩成桩质量控制技术研究

设计要求钢管桩应嵌入岩体6~7m。为使钢管桩顺利嵌入岩体,通过模型试验结合数值模拟,研究了土体加载试验情形下,桩侧摩阻力分布规律和桩身沉降特性,并进行了单桩承载力试验,如图12.2所示,为钢管桩成桩质量、承载力、稳定性和钢管桩的整体抗倾覆稳定性质量控制提供参考依据。

图12.1 钢管桩沉桩

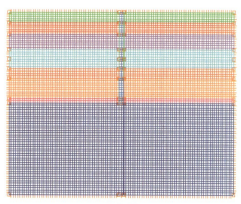

a)模型试验　　　　　　　　　　　　b)数值模拟

图12.2 钢管桩成桩质量研究

3.钢管桩成桩质量控制技术研究

(1)桩侧摩阻力研究。

不同加载等级下的桩侧摩阻力曲线如图12.3所示。从图中可以看出,试验桩桩侧均出现了负摩阻力,且随着加载等级的增加,钢管桩的中性点位置逐步下移,由0.5m下移到0.8m。

不同加载等级下,随着地面加载等级的增大,桩侧最大负摩阻力值均随之增加。同等地面加载等级下,钢管桩最大负摩阻力值小于普通桩,说明钢管桩减小了桩土相对位移以及桩侧最大负摩阻力值。在27kPa地面加载下,钢管桩(桩1)桩侧最大负摩阻力值是24.98kPa,普通桩(桩2)桩侧最大负摩阻力值是26.89kPa,为钢管桩桩侧最大负摩阻力值的1.08倍。

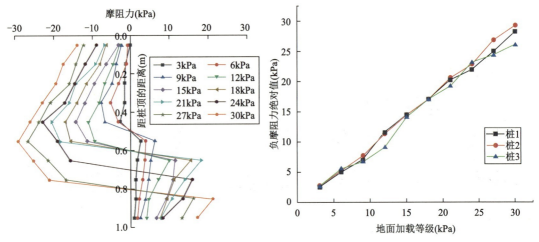

图 12.3 不同加载等级下的桩侧摩阻力曲线

(2)桩身沉降系数研究。

本次试验的地基土的沉降曲线由直线段和曲线段组成,没有出现陡降段。试验最大加载量为 30kPa,地基最大沉降量为 42.38mm。卸载后,地基土回弹量很小,说明土体沉降变形以黄土颗粒的压密和土颗粒间的相对位移导致的塑性变形为主。桩周土的荷载等级-沉降量曲线如图 12.4 所示。

(3)单桩竖向承载力研究。

钢管桩(桩1、桩3)的 $Q\text{-}S$ 曲线为缓变型,无明显的陡降段,加载初期均表现为弹性变化阶段,沉降量小于 20mm;当荷载超过 20kN 后,桩顶沉降量较大,达到 50mm。由于单向转动轴承的存在,根据设计和规范要求,对于缓变型 $Q\text{-}S$ 曲线,取桩顶沉降量为 40mm 时所对应的荷载值作为单桩竖向极限承载力特征值。钢管桩(桩1、桩3)的极限承载力约为 27kN、30kN,普通桩(桩2)的极限承载力为 24kN,说明钢管桩的极限承载力大于普通桩的极限承载力。单桩竖向承载力曲线如图 12.5 所示。

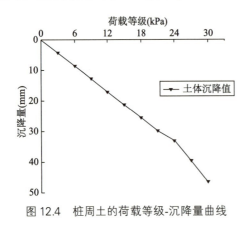

图 12.4 桩周土的荷载等级-沉降量曲线

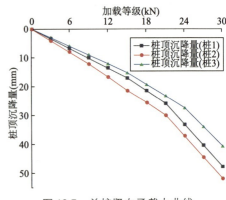

图 12.5 单桩竖向承载力曲线

4. 角闪岩地质条件下钢管桩悬臂施工安全保证技术措施研究

根据本工程所在地理位置,综合考虑质量、进度、成本、安全等因素后,采用"悬臂"施工的方法,针对特有的地质条件,制定切实可行、安全可靠的悬臂施工方案,并在施工和运营期间对栈桥安全进行实时监测。采用数值模拟建立了钢管桩悬臂施工方法的有限元模型,对桩体在锤重和水流荷载作用下水平位移、桩体在自重荷载下竖向位移进行分析,如图12.6所示,保证栈桥在施工期间的安全。

在钢栈桥运营期间,结合无线智能监测技术对栈桥的倾斜、应变、应力等进行实时监测,如图12.7所示,保证栈桥运营期的安全。

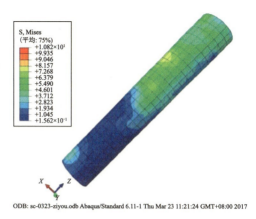

图 12.6　钢管桩有限元模型建立

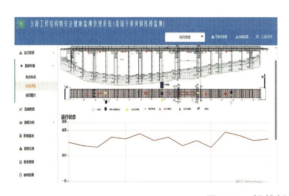

图 12.7　钢栈桥智能监测

第二节　钢-UHPC 轻型组合梁性能研究

一　研究背景

钢-UHPC 轻型组合梁由钢梁与 UHPC 桥面板通过剪力连接件连接组合形成,其中 UHPC 桥面板可采用平板(U形边钢梁+UHPC 华夫型桥面板)或华夫型桥面板(U形边钢梁+UHPC

华夫型桥面板)的结构形式,平均厚度可取为130mm左右。该型组合梁结构应用范围广泛,可应用于斜拉桥、悬索桥及梁式桥等不同结构体系。

前期研究表明,与传统钢混组合梁相比,钢-UHPC轻型组合梁的UHPC桥面板厚度仅为普通混凝土桥面板厚度的40%~50%,可使组合梁的自重降低40%左右,从而使组合梁的使用跨径得到进一步拓展;对于斜拉桥而言,传统钢混组合主梁经济适用于跨径为400~600m的桥梁,而钢-UHPC轻型组合梁可将组合斜拉桥适用跨径拓展至1000m。此外,由于UHPC材料抗拉性能远优于普通混凝土,且收缩徐变系数很小,可以有效解决传统组合梁中混凝土极易开裂问题,同时,新型组合梁一般无须设置预应力结构,大幅简化了施工程序。应用预制混凝土桥面系统可以显著加快施工进度和桥面修复,延长使用寿命,降低全生命周期造价,最大限度地减小施工对社会的影响。

二 研究内容及成果

1. UHPC 材料性能研究

高粉体含量和低水胶比是UHPC材料的显著特点,也是实现超高强度和高密实度的保证。但同时由于上述特点,造成UHPC材料流动性差,成型困难,自收缩较大,且原材料适应性较难平衡。采用紧密堆积、高性能聚羧酸减水剂和高性能矿物掺合料可以获得高流态UHPC。通过对比可压缩模型以及修正安德森模型进行颗粒紧密堆积设计获得适宜的颗粒质量比例。通过塑性黏度和屈服应力研究外加剂-水泥-矿物掺合料三体系适应性。通过复合胶凝体系设计、水化历程、孔结构以及断裂力学分析验证UHPC材料的特性,并提出相应的收缩及流变控制技术。进一步分析UHPC受压、受拉应力应变特点,并对不同原材料组成UHPC受力特点进行分析。通过上述研究,最终提出基于紧密堆积模型的UHPC材料配比并达到如下性能指标:①立方体抗压强度大于180MPa;②单轴拉伸强度大于8MPa;③极限拉伸应变大于5000με,且具有高应变硬化特征;④流动性能达到四级(USF4);⑤波纹管自收缩小于400με。

基于可压缩模型(CPM)的紧密堆积及流变性能的UHPC外加剂-水泥-矿物掺合料三体系适应性研究为本项目创新点,同时研发的UHPC材料具有超高强度及低收缩特性,适用于UHPC华夫型桥面板结构预制。

2. UHPC 材料施工工艺研究

UHPC具有高黏度、低水灰比的特点,使得施工时较难流动、施工后水分易蒸发,形成早期收缩裂缝。通过提高搅拌功率和搅拌形式、振捣方式、养生时机选择以及养生方式选择,研究UHPC施工工艺,并研究不同养生温度、湿度条件下UHPC的水化特点、强度发展规律,结合试验段铺设,提出其施工注意事项。通过上述研究提出的UHPC材料合理蒸养制度满足上述性能指标。

3. 钢-UHPC 轻型组合梁合理构造研究

(1) 比较 UHPC 华夫型桥面板、钢-UHPC 现浇桥面板、钢-UHPC 叠合板的力学性能,重点分析不同形式的桥面板在施工方式、自重、结构承载力、刚度、耐久性、收缩徐变等方面的差异,选择最合适的桥面板形式。图 12.8 所示为钢-UHPC 组合梁整体受力分析。

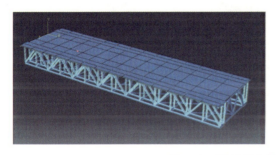
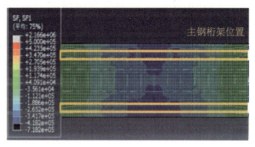

图 12.8　钢-UHPC 组合梁整体受力分析

(2) 确定 UHPC 桥面板形式后,进一步深入研究桥面板的力学性能和关键构造,对设计、施工提出合理指导。建立精细化有限元模型,针对 UHPC 华夫型桥面板合理结构体系进行研究,提出纵横肋及面板合理设计参数;针对 UHPC 叠合板,研究 UHPC 预制层+普通混凝土后浇层、UHPC 预制层+UHPC 后浇层、普通混凝土预制层+UHPC 后浇层等不同叠合方式对叠合板受力性能的影响,分析预制层与现浇层的最优的厚度比例;针对 UHPC 现浇桥面板,如图 12.9 所示,分析厚度、钢纤维含量等设计参数对力学性能的影响。

图 12.9　华夫型桥面板湿接缝受力性能研究

第三节 大温差条件下钢混组合梁防裂技术研究

一 研究背景

1. 西北地区组合梁温度场规律与合理温度荷载研究

我国西北地区地形复杂,太阳辐射强、光照充足,气温日较差大、降水少、变化率大,具有高海拔、大落差、复杂山区遮挡、干燥多风等地理与气候特点。但是,现行的交通行业规范对组合结构桥梁的温度计算地区分划不够详细,例如《公路桥涵设计通用规范》(JTG D60—2015)规定桥梁升降温按严寒、寒冷、温热等5个地区分类计算,难以准确反映西北地区以及甘肃省复杂的地理与气候特点。

桥梁在正常使用工作状态下承受复杂时变的温度作用。温度场与桥梁所处的地理位置、环境气温、雨雪寒潮气候现象、太阳辐射与遮挡关系等众多因素相关,同时受辐射、对流与传导等作用的影响。桥梁在正常运营过程中主要经受年温度循环与日温度循环这两种典型温度周期,此外伴随寒潮、强冷空气等气候现象而来的气温骤降,形成温度负梯度,也会对桥梁温度场产生明显影响。温度场的周期性变化或骤然变化会导致桥梁产生温度效应,若结构附加变形被支座等边界条件所约束,梁体会将产生显著的约束应力,严重时可导致桥面板开裂、支座抬起等病害甚至桥梁破坏。

温度效应产生的桥梁病害的可分为以下两类:混凝土桥面板开裂、桥梁支座病害导致的桥梁破坏。研究表明:温度应力是引起混凝土桥面板开裂的重要因素之一,温度效应甚至会产生和活载同等量级的应力。对于墩梁固结的刚构桥,温度引起的内力会成为结构设计的控制条件。

2. 西北地区组合梁大温差下防裂技术研究

西北地区大风、大温差条件下,混凝土耐久性问题十分突出,而组合梁桥面板易开裂又是这种结构的通病。而这方面的系统研究目前还比较少,既有研究对钢混组合结构混凝土桥面板采用不允许开裂的拉应力限值法。随着对混凝土桥面板损伤、破坏等方面认识水平的提高以及混凝土开裂对桥梁力学性能与耐久性的影响等方面研究的深入,对允许混凝土桥面板开裂展开了进一步的研究,采用混凝土裂纹宽度限值代替拉应力限值的设计方法。有学者研究了钢混组合结构中的各种抗裂措施,主要有桥面板滞后结合、跨中压重、支点位移法以及墩顶张拉预应力钢束,并对其抗裂性能进行了对比分析。例如,上海崇明越江通道长江大桥 B4 标段的钢混组合梁桥,采用桥面板滞后结合法和支点升降法,结果表明,墩顶桥面板获得了 3.01~4.70MPa 的压应力储备。常州市马公桥工程采用支点位移法施加预应力,通过施工过程监测与仿真模拟计算结果,分析了支点位移法的实际效果。还有学者进行了钢-高强钢纤维组合梁反位试验,认为高强钢纤维混凝土具有开裂荷载较高、相同加载水平条件下裂缝宽度较小、相同挠曲变形时裂缝较密集、裂缝宽度小的特点。但在西北地区大温差条件下,对组合梁开裂的研究,可参考的资料非常少,因此,有必要对其进行深入研究,提出西北大风、大温差条件下温度应力的计算方法和提高混凝土耐久性的措施。

二  研究内容及成果

1. 西北地区组合梁温度场规律与合理温度荷载研究

利用当地气象观测统计资料,结合高效数值模型模拟场地的长期温度历史数据,再综合考虑桥梁的地理环境信息、整体结构参数等因素,利用极值模型计算得到桥梁在日照辐射、遮挡条件和季节温差作用下一定超越概率的设计温度场,形成温度场计算通用平台。基于实桥监测数据与数值模型开展桥梁的竖向温度梯度分布与温度效应研究。

结合实桥监测数据,研究温度效应对结构自振频率等动力参数变化的影响,对基于动力指标的桥梁健康监测进行温度变化导致的结构模态参数变化修正。研究钢-UHPC 轻型组合梁的温度效应。针对日照辐射下的钢-UHPC 轻型组合梁竖向温度梯度分布(成桥后),提出合理的监测方案,基于实桥监测数据与数值模型开展竖向温度梯度分布与温度效应研究。研究日照辐射和季节温差对桥梁结构自振频率等动力特性的影响,结合实际工程开展监测,基于长期数据进行数值分析研究。如图 12.10 所示,进行精细温度场研究,最终获得钢-UHPC 轻型组合梁桥合理计算分析方法和该类组合梁桥实用设计方法,为该类型新型结构的推广建立技术支撑。

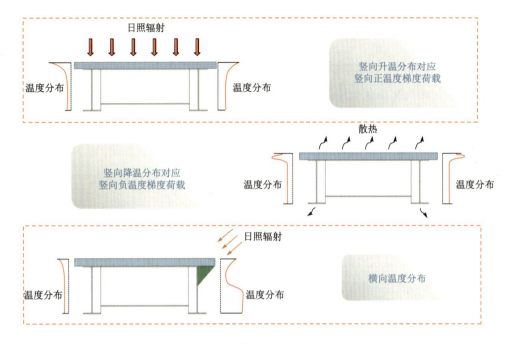

图 12.10　精细温度场研究

2. 西北地区大温差下组合梁防裂模型试验及技术研究

试验采用日照温度作用、年温变化作用、日温变化作用和骤然降温作用 4 种温度荷载工况。其中,日照温度作用对应于竖向正温度梯度,年温变化作用和日温变化作用对应于桥梁的均匀温度作用,骤然降温作用对应于竖向负温度梯度。通过建立主桥负弯矩区缩尺模型和有限元分析模型,在上述 4 种温度作用下,考虑栓钉黏结滑移影响,进行组合梁防裂技术研究。对改变剪力连接件形状、尺寸和布置情况,施加预应力和配置钢纤维,采用微膨胀混凝土三种抗裂措施进行试验分析,确定其在大温差条件下的抗裂效果。

通过实测和试验模拟,研究适用于本项目主桥及引桥所采的组合梁局部温差梯度形式;考虑栓钉黏结滑移影响下,组合梁的温度应力分布规律,提出防裂技术要求及有效的措施。

研究方法包括缩尺模型试验、有限元分析等。首先对组合桥梁的日照温度场进行缩尺模型试验,如图 12.11 所示,建立组合桥梁温度场的精细数值模型,并采用参数分析方法扩大试验的深度和广度;根据桥梁温度场的分布特点提出典型的温度分布模式与组合梁温度应力分布规律,给出我国西北地区的温度荷载设计值;结合模型试验桥梁温度场与有限元分析给出温度效应下桑园子黄河大桥主梁内力分布;以不同抗裂措施下的缩尺模型试验为例,讨论西北地区温度效应与荷载组合下组合梁负弯矩区混凝土裂缝发展规律,组合梁负弯矩区截面的承载力和刚度,组合梁的滑移效应及其对受力性能的影响。

图 12.11　日照辐射加载照片

第四节　耐候钢锈层稳定化处理研究

耐候钢主要有裸露使用、涂装使用以及锈层稳定化处理后使用,其中比较有应用前景的是稳定化处理后使用。日本学者于 20 世纪 50 年代便开始了对耐候钢表面处理技术的研究开发,目前,国外开展的耐候钢表面稳定化处理工艺有耐候性涂膜技术、氧化物涂层处理、氧化铁-磷酸盐系处理以及使用新型表面处理剂,国内一些研究机构也在开展针对耐候钢表面稳定化处理技术的研究,但针对不同环境的稳定化技术研究尚不成熟。

美国主要采用自然喷淋水处理方法对免涂装耐候钢桥表面进行稳定化处理,此法对环境友好,操作简单,但存在处理周期长、稳定化锈层的形成时间长等缺点,并且操作时需考虑当地微环境、喷淋周期以及锈层演化过程。自然喷淋水处理方法适用于对环境保护要求较高的情况。

日本学者在耐候钢表面锈层稳定化处理技术方面做了大量的研究开发工作,目前主要是采用化学稳定剂的方法对表面进行处理。该方法能快速形成稳定化的保护性锈层、对损坏处及时进行修补,但缺点是一些稳定剂污染环境,比如含铬盐的稳定剂等。

我国对耐候钢的研究起步晚,国内还尚未开发出较成熟的广泛应用于稳定耐候钢构件表面锈化层的技术。目前的锈层稳定化技术可以分为新型涂膜处理技术、水性稳定化溶液处理技术、耐候钢表面水处理三个方面。因此,在低成本的前提下,借鉴国外的经验,根据我国大气环境的特点,针对不同的大气环境类型,开发出具有环境针对性且经济实用的新型表面稳定化处理技术,具有显著的经济价值和重大的社会意义。

二、研究内容及成果

1. 带稳定耐候锈层细节抗疲劳强度研究

对带稳定耐候锈层的免涂装耐候钢梁模型,在大气腐蚀条件下开展疲劳试验研究与数值断裂力学模拟分析研究,分析耐候锈层、初始缺陷、细节几何构型等因素对耐候钢梁细节锈蚀-疲劳性能的影响规律,探究稳定锈层条件下耐候钢桥细节锈蚀-疲劳裂纹萌生、扩展的机理,明确控制细节锈蚀-疲劳强度关键因素。耐候钢焊接头试件如图 12.12 所示,耐候钢焊接接头试件数值模拟研究如图 12.13 所示。

图 12.12　耐候钢接头试件　　　　图 12.13　耐候钢焊接接头构件试件数值模拟研究

2. 锈层破损条件下的细节抗腐蚀疲劳强度研究

对锈蚀层破损的免涂装耐候钢梁模型,在大气腐蚀环境条件下开展疲劳试验研究与数值断裂力学模拟分析研究,分析锈蚀损伤、初始缺陷、细节几何构型等因素对细节锈蚀-疲劳性能的影响规律;在氯盐侵蚀环境条件下开展腐蚀疲劳试验研究与数值断裂力学模拟分析研究,分析锈蚀损伤、氯盐侵蚀、初始缺陷、细节几何构型等因素对细节锈蚀-腐蚀疲劳性能的影响规律。基于试验研究与数值研究成果,提出锈蚀层破损件下耐候钢梁疲劳细节锈蚀-疲劳及锈蚀-腐蚀疲劳裂纹萌生、扩展的影响机理,明确控制细节疲劳与腐蚀疲劳强度关键因素。耐候钢焊接接头腐蚀试验如图 12.14 所示。

图 12.14　耐候钢焊接接头腐蚀试验

第五节　高震区桥梁新型抗震装置研究

大跨径斜拉桥一般是交通网络中的重要节点工程,工程建设投资大、社会经济地位重要,震后一旦损害则修复非常困难。因此,对其抗震性能的要求很高。然而,目前关于斜拉桥的抗震性能研究主要集中于单幅斜拉桥,对分幅联塔斜拉桥的抗震性能研究尚属空白。

1. 桥梁减隔震装置研究

近年来,减隔震设计在桥梁抗震领域中得到了快速的发展,成为桥梁抗震设计最主要的方法。在过去的四十多年,工程抗震研究者研发出许多类型的减隔震装置,并做了大量的理论计算和试验研究。

实际震害中,一些进行了减隔震设计的桥梁,在强震作用下,特别是近场地震作用下,仍然出现了不同程度的震害,这引起了各国学者的广泛关注。近场地震通常以短持时高能量脉冲运动为特征,具有强方向性、长周期速度脉冲效应,使结构直接承受高能量的冲击作用,造成较大的梁体位移,并使传统减隔震装置的有效性得到了一定的削弱,因此对桥梁减隔震装置的研究很有必要。

2. 考虑地震动空间效应的抗震性能影响

地震动空间效应是地震工程领域的重要研究内容。相关研究表明,对于架设在山涧、河谷的高墩刚构桥,跨越江河海洋的大跨径斜拉桥、大跨径悬索桥等大跨径空间结构,都需要考虑地震动空间效应的影响,否则将导致分析结果与实际地震作用下的动力响应产生较大差异,使得分析结果不够准确和精确。

地震动空间效应主要由3个因素造成:①失相干效应,是随着距离的增加,地震波失去相关性的特性,跟两个因素有关,一是地震动传播过程中的场地介质特性不同;二是不同震源的地震在同一个地点的叠加。②行波效应,由于地震波到达不同激励点的时间差而产生。③场地效应,由于不同土层的动力特性不同,导致地震波从岩石通过土层传到地表时的强度和频谱都有所差异。对于场地复杂、跨径较大的桥梁结构,忽略地震动空间效应将大大降低有限元分析结果的准确性,因此有必要展开研究。

二 研究内容及成果

1. 以软钢阻尼器为核心耗能的多级耗能机制研究

在软钢阻尼器中,软钢钢板作为核心的耗能装置;在核心耗能装置外,把其他部分的构件设置成次要耗能装置;在软钢阻尼器的基础上,合理地布置和增加一些其他能够用来进行耗能的材料。通过各个材料的结合来进行耗能,实现主次机制共同耗能。

为进行金属阻尼器的强非线性力学特性研究,加工制作了足尺试验模型,开展拟静力试验研究。模型尺寸(不含加持段)为1400mm×1700mm×200mm,加持段两端各2000mm,核心段截面为H形截面,核心段长度为7500mm。核心段材质为Q235,外包构件材质为Q355D。大比例尺试验模型制作如图12.15所示。

2. 软钢阻尼器与墩柱的新型连接方式研究

传统的软钢阻尼器采用焊接连接的方式。这种方式会不可避免地带来焊接区的热应力问题等缺陷,可以适当考虑采用机械连接、螺栓连接等方式。或者在焊接工艺上进行改良,以减少此类问题。

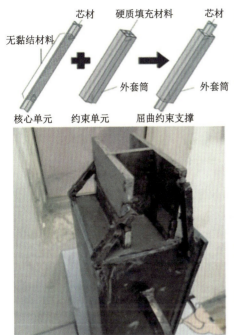

图 12.15　大比例尺试验模型制作

3. 抗震钢、橡胶支座研究

通过对中小跨径桥梁柱式墩地震响应规律的分析，研发一种基于大耗能设计理念的钢支座。在正常使用阶段，钢支座能正常滑动或固定，不影响汽车荷载、温度、收缩徐变等作用下的平动及转动位移需求；常遇地震作用下，钢支座能在弹性范围内工作；罕遇地震作用下，钢支座具有大耗能能力，以降低桥梁下部结构的地震响应。基于耗能机理，对桥墩及桩基减震率进行量化分析，进一步优化截面尺寸及配筋率。

研究具有水平弹性变形能力的金属橡胶支座，以代替现有的普通板式橡胶支座，解决普通板式橡胶支座承载能力低、耐久性差的通病；普通钢支座虽然承载能力高、耐久性强，但不能通过变位实现耗能，不具备正常使用阶段、常遇地震作用下的位移需求及位移恢复能力等问题。制作金属橡胶支座试件，通过压缩试验获得不同压力下支座的加（卸）载力-位移关系，测试支座竖向力学性能，给出金属橡胶支座的竖向刚度和水平剪切刚度；同时，应考虑竖向应力影响，对金属橡胶支座的转动性能进行试验研究。与金属橡胶支座尺寸接近的板式橡胶支座的地震响应数据进行对比分析，以评价金属橡胶支座的减、隔震性能。通过对金属橡胶支座的力学性能试验，形成适用于中小跨径桥梁支座的参数及选型体系。

第六节　钢结构残余应力消除技术研究

一　研究背景

斜拉桥主要由梁、索、塔三部分结构组成。将斜拉索分散锚固在主梁上,于锚固处形成弹性支撑点,大大降低了主梁的弯矩,改善了主梁的受力状态;锚拉板式索梁锚固结构因其传力途径明确、检修施工方便成为当前大跨径斜拉桥索梁锚固形式的主流之一。

锚拉板式索梁锚固结构的主要组成部件包括锚垫板、承压板、锚拉筒、锚拉板、加劲肋和加强板等,其具体构造如图 12.16 所示。锚拉板式索梁锚固体系主要依靠锚拉筒、锚拉板与主梁三者之间的焊缝进行索力的传递。

a)索梁锚固结构位置

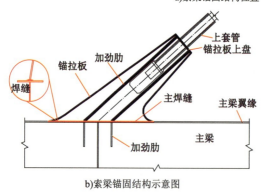

b)索梁锚固结构示意图

c)索梁锚固现场构件

图 12.16　锚拉板式索梁锚固结构示意图

在焊接的过程中,往往存在一个局部不均匀受热的过程,会引起焊接结构产生热应力,容易造成残余应力和残余变形,导致结构的变形,对结构的刚度、稳定性、疲劳特性等都会造成较大的影响。一般地,索梁锚拉板区域的板件厚度较大,且锚拉板尺寸形状各异,焊缝相互交叉,焊接难度大,焊接变形与焊接缺陷难以把控,焊接残余应力场复杂,如图 12.17 所示。因此,对该部位焊接残余应力消除方法进行研究总结具有重要意义。

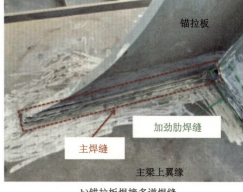

a) 锚拉板厚板焊接坡口　　　　b) 锚拉板焊接多道焊缝

图 12.17　锚拉板焊接焊缝

对于不同构件,由于钢材自身性能、构件重量等的影响,对振动时间、激振频率的选择就显得尤为重要。桑园子黄河大桥焊接残余应力消除通过激振器转速与频率的换算关系,对不同时间、不同转速的消除效果进行对比分析,得出消除效果最佳的参数,固化消除工艺并进行推广,取得了良好的效果。

二　研究内容及成果

重点研究桑园子黄河大桥项目锚拉板焊接、70m 钢桁梁杆件接头节点残余应力消除方法。

通过技术攻关确定了一种高强异形厚板焊接残余应力振动消除工艺的方法。即在焊接残余应力消除前,通过数值模拟和现场检测,绘制对比曲线,验证和校准无损检测方法的准确性,并获取构件残余应力大小,确定锚拉板需要焊接残余应力消除的位置,再通过设置工况对不同消除时间、消除频率进行对比消除,消除完成后用同样方法进行检测,确定最优的消除工艺、消除参数。不同工况焊接残余应力消除后对比图如图 12.18 所示。

通过试验得到如下结论:

(1) 解决了锚拉板区高强异形厚板焊接残余应力消除工艺参数难以准确获取的问题。

(2) 解决了高强度耐候钢材、板厚较厚、板材形状不规则、边界约束条件复杂钢结构焊接残余应力消除问题。

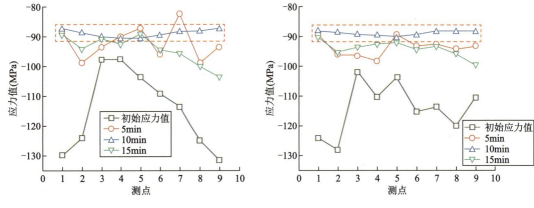

图 12.18　不同工况焊接残余应力消除后对比图

(3)通过数值模拟和现场检测,绘制对比曲线,验证和校准无损检测方法的准确性。确定了最优的检测方法,缩短了施工时间,提高了消除效率、减少了成本投入。

通过振动时效处理法、超声波振动锤击法对两种方法焊接残余应力消除率进行检测,在考虑作业场地、作业环境的情况下,确定最优的锚拉板焊接残余应力消除方案。

第七节　抗 风 风 嘴

一　研究背景

　　分幅桥由于上、下游断面之间存在着显著的气动干扰效应,使得桥梁的静风荷载、涡激共振响应、颤振稳定性及抖振响应等均与单幅桥面存在较大差别。从20世纪90年代开始,大跨径分幅桥面桥梁气动干扰效应开始受到工程界的关注,国内外学者就其颤振、涡振问题开展了较多的风洞试验研究。在颤振稳定性方面,研究发现分幅桥的气动干扰效应不仅可能会降低颤振临界风速,还会使得主梁的颤振形态发生改变。在涡振响应方面,已有研究表明,下游断面涡激振动振幅受上游断面气动干扰效应的作用显著,其最大振幅会出现显著增大,且发现桥梁断面形状、间距比、风攻角等是影响分幅桥面桥梁涡激共振响应的重要因素。

　　然而,大跨径分幅桥面桥梁气动干扰效应十分复杂,相关风致振动研究还比较初步,对颤振发散机理研究还比较初级;且已有的研究都是针对实际桥梁工程在 1~2 个干扰因素下进行的,所得到的干扰规律具有一定的局限性;已有研究针对分幅桥的涡振响应特性还研究得不系统,未取得较有规律的结论;针对分幅桥面桥梁涡振控制措施研究还比较有限,相关抑振措施较为单一;目前国内外还很少涉及分幅桥不同车道风环境的研究,这会给行车安全带来隐患。因此,为确保桑园子黄河大桥抗风安全性和使用舒适性,就双幅叠合梁桥的风致振动特性及车道风环境开展系统研究,并提出相应的抑振措施是十分必要和迫切的。

二 研究内容及成果

1. 主梁颤振稳定性研究

颤振属于危险性的自激发散振动,当来流达到临界风速时,振动的桥梁通过流场的反馈作用不断从来流中吸取能量,从而使振幅逐步增大,直至结构破坏。通过对主梁节段模型的风洞试验,直接测试主梁在不同攻角下发生颤振的临界风速,从而对该桥的动力抗风稳定性进行初步评估,避免桥梁结构在颤振检验风速范围内出现发散性的颤振失稳,必要时提出能改善颤振稳定性的气动措施和建议。颤振试验结果见表 12.1。

颤振试验结果 表 12.1

工况	风攻角	实桥临界风速(m/s)	颤振检验风速(m/s)
成桥状态(优化断面)	−45°	>62	54.5
	−3°	>62	
	0°	>65	
	+3°	>60	
	+5°	>59	

2. 全桥气弹模型风洞试验研究

该试验拟在世界最大的大气边界层风洞——XNJD-3 风洞中进行。综合大桥长度和风洞试验段的尺寸,初步拟定模型几何缩比为 1∶100,以满足对截面轮廓、质量和桥的纵向特征等各种细节的模拟,风洞阻塞度达到约 3%(一般来说,风洞试验阻塞度应小于 5%)。全桥气弹模型试验研究内容包括大桥成桥运营阶段,以及最大单悬臂状态和最大双悬臂状态等典型施工阶段。针对每个阶段,进行均匀流下,2 个风偏角(0°和 10°)以及 2 个攻角(0°、+3°攻角)来流下的稳定性试验(静力失稳、颤振和驰振),以及紊流条件下的抖振位移响应,全面考察大桥的结构抗风性能。全桥气弹模型试验如图 12.19 所示。

 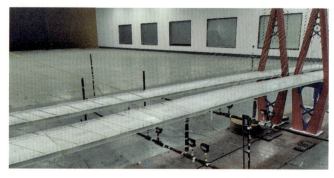

图 12.19　全桥气弹模型试验

第五篇
文化建设

CHAPTER 13
第十三章

党建 + 文化建设

1. 项目党小组基本情况

桑园子黄河大桥项目党支部成立于 2020 年 7 月 22 日,现有职工和集团长聘 26 人,公司长聘 5 人,短聘 6 人,实习生 2 人,临聘 3 人,共 42 人,其中党员 10 人,入党积极分子 1 人。党员人数占全项目部人数的 24%。自项目党小组成立以来,严格按照上级党委安排部署积极开展党建工作。设立独立的党员活动室定期开展党组织生活会、学习会等,按要求规范建立党建工作台账,并保证活动经费。

2. "三会一课"开展

项目党支部严格落实项目部议事规则,进一步规范项目管理行为,建立健全项目重大事项管理运行机制,形成具有项目特色的"三会"(项目专题会议、项目党支部会议、项目经理办公会议)议事流程,明确项目党支部会议研究讨论是项目经理办公会议决策重大问题的前置程序要求,保证党的基本理论、基本路线、基本方略在项目落地落实。同时认真做好党务公开,严格按照公开要求对党总支决议、决定、党建、党风廉政建设、领导班子建设、联系职工群众等方面根据公开范围要求进行公开。

3. 思想建设和意识形态工作开展

为及时掌握项目部职工的思想状况,切实关心职工的工作、学习和生活,了解职工对项目工程进度以及施工管理等方面的意见和建议,调动职工工作积极性,增强队伍凝聚力,促进项目各项工作的顺利开展,项目部通过座谈交流等方式对职工思想状况进行了多渠道、全方位的了解和调研,对项目经营管理、安全质量、制度流程、工作效率、人才队伍、文化活动、廉政建设和职工生活等方面有了准确的了解和掌握,并及时进行谈心谈话,帮助其解决实际困难。

4. 党风廉政与反腐败工作开展情况、综合治理及信访工作

强化监督作用,层层落实党风廉政建设责任制。加强廉洁教育,对各部门、施工处负责人、现场技术员及时签订二、三级廉政交底书,每月按时开展廉政学习会,观看警示教育片,增强全员廉政意识,打造廉洁项目文化。同时设置廉政举报箱,定期公开开箱,做好开箱记录。

在综合治理维稳和信访工作方面,项目制定了《突发群体性事件处置应急预案》《信访维稳工作方案》《信访维稳工作管理流程》等制度。每月定期组织对信访矛盾纠纷进行排查,按时上报信访矛盾纠纷排查化解表。建立了项目内部治安防范管理制度,发现不稳定的情况信息,及时报告。突出重大节假日和重要敏感期的安全值班工作,组织开展值班及综合治理、维

稳等安全检查活动,做好敏感时期的信息报送制度,并做好实施应急预案的物资保障工作。

5.群团工作开展

认真做好新时代群团工作,以青年志愿者服务、青年突击队、工会活动为载体,团结带领广大团员青年适应新形势、激发新活力、展现新作为。开展了"三八"女职工活动、世界读书日活动、"粽情端午忆屈原知识竞答"活动、民族团结进步宣传、世界环境日宣传、全国知识产权宣传周、安全生产月等活动,同时积极落实慰问、合理化建议征集等日常活动,凝练了"团结协作、拼搏进取、朝气蓬勃、积极向上"的项目文化氛围。

CHAPTER
第十四章

人才培养

桑园子黄河大桥项目作为甘肃省全国交通运输行业首个"揭榜挂帅"制实施的科研项目，项目部在人员进场之初就把对人才的培养作为一项重点工作。本着"培养一批技术骨干、输送一批管理人才"的培养理念，切实提升项目人员的专业技能和综合素质，项目部采取了一系列措施，根据个人特点、岗位性质编制了人才培养计划。

一、人才培养策略与实施

项目现有员工42人，是年轻人，资历尚浅，为让每一个人都能发挥自己的特长，快速成长成才，项目部建立了完善的培训体系，包括新员工入职培训、在岗技能提升培训、安全教育培训等。定期组织召开政治理论、廉政教育、传统文化、企业文化、管理制度、安全普法、专业知识等全方位的学习会，确保员工综合素质的全面提升。项目部组织了职工大讲堂和"勤学补拙 精业笃行"技术大讲堂活动，邀请经验丰富的专家和内部技术骨干进行授课。通过培训学习活动，对项目施工技术、行业前沿动态、核心技术有了更深的认识，项目团队整体技术水平和协作能力有了较大提升。除此之外，项目部还组织技术人员测量技能考核，帮助成员提升职业技能。

二、人才培养成果

1. 人员素质明显提升

通过持续开展培训和学习活动，项目部员工的综合素质、专业技术能力等有了明显的提升，对企业的认同度、团队意识和质量、安全意识有了进一步的增强。

2. 技术能力显著增强

通过技术大讲堂和专业技术学习活动，员工的专业技术能力得到了显著的提高。在面对实际工程问题时，能够运用专业知识迅速、准确解决问题。

3. 安全和质量意识深入人心

得益于人才素质的提升和技术能力的增强，项目部在确保工程进度的同时，也实现了工程质量、安全的、有效保障。项目整体进展顺利，未出现安全事故和质量问题。

下一步,项目部将继续完善人才培养体系,根据员工的个人特点和职业发展规划,制订更加精准的培训计划。同时,加强与国内、外同行的交流与合作,引进先进的培训理念和技术,不断提高员工的国际化视野和技术水平。通过持续的人才培养工作,为桑园子黄河大桥项目的顺利完成提供有力的人才保障,为甘肃路桥的长足发展培养一批综合素质好、专业能力强的项目管理人才。

参考文献

[1] 林元培.斜拉桥[M].北京:人民交通出版社,2004.

[2] SVENSSON H. The development of Cable-stayed Bridge in Europe[J]. International Symposium on Cable-stayed Bridge,1994(1):6-8.

[3] 戴杰.钢箱梁斜拉桥合理成桥状态与合理施工状态优化方法研究[D].西安:长安大学,2016.

[4] 贾布裕.组合梁斜拉桥的可靠度分析[D].广州:华南理工大学,2011.

[5] 周绪红,张喜刚.关于中国桥梁技术发展的思考[J]. Engineering,2019,5(6):1120-1130,1245-1256.

[6] 王伯惠.斜拉桥结构发展和中国经验[M].北京:人民交通出版社,2003.

[7] 刘士林,梁智涛.斜拉桥[M].北京:人民交通出版社,2002.

[8] 刘灿.钢桁梁斜拉桥主梁无应力构形计算及应用[D].长沙:长沙理工大学,2017.

[9] ZHANG L,QIU G,CHEN Z. Structural Health Monitoring Methods of Cables in Cable-stayed Bridge:A Review[J]. Measurement,2020,168:108343.

[10] 周孟波.斜拉桥手册[M].北京:人民交通出版社,2004.

[11] ZHANG X,GUO S,LEI J. The Design and Study on Long-Span Road-Rail Cable-Stayed Bridge[J]. IOP Conference Series Earth and Environmental Science,2020,455:012162.

[12] 扬.钢-混凝土组合结构设计[M].张培信,译.上海:同济大学出版社,1991.

[13] 林宗凡.钢-混凝土组合结构[M].上海:同济大学出版社,2004.